I0815310

MALAS HIJAS

Sandra Sánchez González

MALAS HIJAS

Repara el vínculo con tu madre para reescribir tu historia y convertirte en una adulta libre

Papel certificado por el Forest Stewardship Council®

Primera edición: junio de 2024

Printed in Spain – Impreso en España

ISBN: 978-84-666-7895-7
Depósito legal: B-7836-2024

Compuesto en Llibresimes
Impreso en Liberdúplex
Sant Llorenç d´Hortons (Barcelona)

BS 7 8 9 5 7

Índice

Nota de la autora 13
Introducción 15

1. Tengo hambre de mamá 21
Cómo se desarrolla la psique de la niña hasta la adolescencia 23
Comprender el impacto que ha tenido en tu vida llevar una herida con la madre 42
El tabú de cuestionar a la madre 48
Pon palabras a tus verdaderos sentimientos hacia tu madre 51
Mamá, tú y yo somos una: teoría muy breve del apego 55
Yo me sacrifico por ti, mamá 59
Funciones de una buena madre 68
Identificando los patrones de comportamiento y las señales de inmadurez emocional 76
La necesidad vital de separarnos de mamá 86
La «involución» social en nuestra historia 88

2. La madre, la vida 93
Una mirada desde las constelaciones familiares ... 97

La madre, la vida 100
Cuando mamá es solo la progenitora 118
Cómo integro lo femenino a través de mamá 122
La importancia universal de tomar a la madre 126

3. Un viaje con billete solo de ida 128
Liberarse de la necesidad de aprobación y validación constante 132
Establecer límites emocionales para protegerte a ti misma 135
Consecuencias de poner límites a tu madre: el juicio familiar 141
Mejorar la comunicación con tu madre, si se puede . 144
Aceptar el pasado y liberarte de la carga emocional . 147
Definir tus necesidades y prioridades: esa es tu verdad 151
¿Se puede practicar la compasión y el perdón hacia tu madre? 153
¿Qué pasa cuando debemos cuidar de una madre anciana/enferma que no estuvo presente en nuestra infancia? 156
Celebrar a la madre como mi origen 160
Soy una hija adulta 162

4. Próxima parada: mi niña, mi casa 164
Aceptar la existencia de tu niña herida: yo soy tu testigo 166
Comprender el impacto en tu vida actual 168
Liberar el dolor, el enfado y la tristeza acumulados: he ahí tu verdad 172
Escuchar sus necesidades 174
Fomentar la confianza y la seguridad interna como poder transformador 178

Reescribir patrones negativos y fomentar el crecimiento emocional 182
Tomar decisiones basadas en el amor y la autenticidad 185
Buscar apoyo terapéutico y emocional para procesar y sanar tus heridas 187

5. Gestando y pariendo a tu madre interior 189
La madre interior que protege y cuida a tu niña interior 191
Fundamentos de la madre interior 195
Energías sanadoras profundas de la maternidad interior: celebrando mi renacimiento 198
Desprenderse de viejos patrones disfuncionales y obsoletos: me salgo del rebaño 200
Practicar el automaternaje y el cuidado personal .. 203
Cuidado físico 204
Cuidado emocional 205
Cuidado mental 206
Cuidado social 206
Cuidado espiritual 207
Cuidado profesional 208
Cuidado financiero 208
Cuidado medioambiental 209
El arquetipo de la madre 209
Me amo y me acepto completamente 216

6. Mira de dónde vienes para saber hacia dónde vas: la herencia de la herida materna 217
Identificar los patrones y las creencias transmitidas a través del linaje femenino 220
Comprender cómo influyen en nosotras las experiencias de nuestras madres y ancestras ... 227

Sanar las heridas maternas 232
La importancia de la abuela materna y de la abuela paterna 236
Conectar con nuestras madres y ancestras a través de rituales de sanación y honra 240

7. Sanamos una, sanamos todas 248
Busca la sororidad con otras mujeres 252
Abraza tu singularidad y salta del rebaño 254
Reconecta con tu esencia femenina 256
Cultiva una relación amorosa y consciente contigo misma: es un beneficio comunitario 261

8. Los diecisiete rostros de la Mala Hija 267

Epílogo 277
Agradecimientos 282
Bibliografía 284

A mis hijos

Nota de la autora

Antes de meternos en materia, quiero explicar y aclarar varios temas para que no haya malos entendidos ni nadie se pueda sentir ofendida.

Los ejemplos personales que citaré en estas páginas se basan en mis propias percepciones e interpretación de la realidad que viví siendo niña. No es el hecho lo que creó la herida, sino el cómo yo lo recibí en mi psique. El tema de la madre es muy peliagudo, por lo que habrá temas que podrán herir la sensibilidad de alguna de las lectoras, pero la intención no es lastimar, sino abrir conciencias. Si alguna mujer —u hombre— se siente sumamente ofendido, lo lamento.

Por otro lado, te pido que en todo momento leas este libro desde el lugar de hija, y que evites ponerte en el rol de madre. Todas somos antes que nada hijas. El rol de madre biológica o adoptiva viene después, si tuviste o quieres tener hijos. Si eres hombre, también puedes llevar el contenido de este libro a la relación con tu madre. Eso sí, habrá matices, ya que el grupo de personas que siguen mi labor son mayoritariamente mujeres y, además, la madre y la hija son del mismo sexo, lo cual nos condiciona como féminas.

Hablaré de la figura de la madre y casi siempre haré referencia a la biológica porque la mayoría de nosotras hemos sido criadas por quien nos llevó en su vientre. Sin embargo, también será válido para la figura principal que ha estado contigo desde siempre ejerciendo el rol principal de cuidadora, como por ejemplo una madre adoptiva.

Por último, expondré casos reales de mujeres que han realizado terapia individual conmigo, en grupo o que han compartido su experiencia en la comunidad de Malas Hijas en Instagram. En algunos casos los nombres han sido cambiados y algunos detalles modificados para preservar su intimidad en todo momento.

Introducción

«No puedo ser feliz si mamá no lo es. Se lo debo todo a ella. Es lo más importante de mi vida. Ha sufrido mucho con papá y la he de cuidar. Estuvo muy enferma cuando yo era pequeña. Y, encima, fue víctima de violencia de género». A lo que mi niña interior respondió: «Por favor, Sandra, mírame bien, ámame y protégeme. Mamá no estuvo del modo en que nosotras la necesitábamos. Ahora te toca a ti hacerte cargo de ello y cubrir esas carencias. Deja de exigirme y de castigarme como lo hicieron mamá y papá. No me abandones ni me rechaces como hicieron ellos».

Este libro está dedicado a ti, a esa hija que anhela sanar el vínculo con su madre, esté viva o ya haya fallecido. Sé que el vínculo madre-hija es complejo y a veces puede generar limitaciones en tu vida. El camino tal vez sea complicado y lleno de emociones contradictorias. Para qué te voy a engañar: no es nada glamuroso ni cómodo. Pero ahí va la buena noticia: tienes el poder de curar y liberarte para convertirte en una hija libre y adulta, separada de mamá, capaz de vivir una vida plena y auténtica.

¿Por qué Malas Hijas? Esta comunidad nace de mi anhelo de dar un espacio a muchas mujeres que callan por miedo a ser juzgadas si cuestionan los cuidados que recibieron de sus madres. Mi experiencia, mi proceso de sanación de más de treinta años y mi trabajo como terapeuta me han llevado a este momento. Poner en duda cómo fui maternada me hace ser, de cara al exterior, una mala hija; lo que comúnmente se conoce como la «oveja negra». Y para mis adentros soy una mala hija, pero no desde la culpabilidad y el hostigamiento, sino desde la responsabilidad conmigo misma y el desapego sano de mi madre.

Todas, en menor o mayor medida, llevamos una herida primaria que nace de la relación con nuestra madre: la *herida materna*. Este concepto lo acuñó por primera vez Bethany Webster, quien aseguraba que está por todos lados, no solo en relación con tu madre real, sino también en la esfera cultural, espiritual y planetaria. Esto tiene que ver con la desvalorización de lo femenino y de la mujer, de cuánto nos pueden limitar las creencias familiares, de la desconexión con el Todo y del maltrato que estamos ejerciendo sobre cualquier vida que haya en el planeta.

La herida materna es el grado de cobertura que hubo entre lo que mi madre me brindó, de manera consciente o no, la manera en que yo lo recibí y cómo mis necesidades fueron satisfechas. Es importante remarcar que cada niña es única con un ser esencial, diferente al resto, y aunque hablemos de hermanas y hermanos en el mismo seno familiar, jamás interpretarán exactamente igual las acciones de la madre. Tú puedes haber sido una niña con una gran necesidad de contacto físico y que tu madre apenas te abrazara o acariciara. En cambio, otra niña puede haber necesitado mucho espacio físico para poder explorar el mundo que la rodeaba sin tanta intensidad corporal de su cuidadora.

En 2019, en la formación Mujer Consciente, de Carmen Hernández Rosety, escuché por primera vez ese concepto de herida materna. Lo que más me impactó y me hizo ver la luz al final del túnel fue saber que yo no estaba tarada, que era legítimo sentir rabia y enfado hacia mi madre y que no debía sentir culpa por ello. Era común en muchísimas mujeres de todo el planeta, era recurrente en la historia de las mujeres que me acompañaban en esa formación y era una emoción presente en muchas relaciones madre-hija desde tiempos inmemoriales. Empecé a llorar... y a sollozar... y a sentirme huérfana de madre... Sentía cómo me iba vaciando de ilusiones y falsas esperanzas, y a la vez le iba dando espacio a una niña dentro de mí a la cual durante años quise matar. El amor hacia mí misma empezó a ocupar el primer lugar en mi corazón.

Sin embargo, la herida con la madre no solo pasa por el enfado, encubierto o no, hacia ella, ya sea porque nos rechazó, abandonó, humilló, traicionó, desprotegió o manipuló. También hay otro extremo en el que aparentemente todo es maravilloso. Y esto lo podemos ver sobre todo cuando una mujer dice que su madre es su mejor amiga. Aquí también hay una brecha materna que hay que mirar y abordar cuidadosamente. Tanto en un extremo como en el otro no hay lugar para una hija libre.

Apenas existen espacios terapéuticos y profesionales que cuestionen la figura materna en la crianza de los hijos, y muchos tratan de evitar esta herida primaria que nos viene de ella. Esto es así porque los mismos profesionales no quieren enfrentarse a sus propias brechas maternas, porque la sociedad nos dice que a las madres hay que ponerlas en un pedestal —muy poco sólido, por cierto—, porque es tabú decir: «Yo sufrí mucho de niña porque mi madre estuvo ausente emocionalmente». Este juicio social —y a veces ataque— hacia las hijas que cuestionan la crianza deficiente que recibieron nos condena aún más a seguir siendo peones del mismísimo patriarcado, que nos exige, desde niñas, lealtad absoluta a la madre, ser su salvadora, ser responsables de su bienestar y estar en deuda con ella. ¡Menuda patada a la ley sistémica del dar y recibir entre madre e hija!

Podemos cuestionar el paternaje de nuestro padre, la relación con los hijos, con la pareja, con la suegra... pero no nos está permitido poner en duda si mamá me maternó con presencia y amor incondicional.

La madre es la figura que más nos condiciona en la vida porque, ya estando en su vientre, se crea un puente interpersonal. Además, nosotras, al ser mujeres, aún dependemos más de ella incluso siendo ya adultas. No es algo simple todo lo que tiene que ver con ella. Y esta sería la principal y suprema razón por la que la madre es la figura que más nos va a marcar en nuestra vida. Ella será la base de todo nuestro desarrollo cognitivo más básico, de nuestras relaciones futuras y de nuestra propia autoestima y autocuidado. Con la madre puedes sentirte en el mismo cielo, pero también en el mismo infierno.

Ningún ser humano escapa a este propósito biológico, natural y divino. En los primeros meses de vida dependemos de ella todo el tiempo porque es la única que tiene la capacidad de cubrir las necesidades más básicas, como la comunicación, el alimento, el movimiento y el contacto. Claro que hay personas externas que pueden dar gran parte de esta nutrición, pero la bebé sabe perfectamente quién es la principal figura que le provee de seguridad y confianza por el hecho de haber estado dentro de su vientre nueve meses, veinticuatro horas al día, en silencio, sin pedir, pero bien satisfecha. Necesita su piel, su voz, sus caricias, su presencia, su teta, el latido de su corazón, su mirada... No hay nadie como mamá. Y esta actitud es puramente natural, primitiva, mamífera y biológica. Aquí no caben ni normas, ni moralidad ni costumbres. La simbiosis entre ambas es tan grande que cruza el umbral de las teorías psicológicas y psiquiátricas.

Si tenemos muy presente esta unión salvaje y pura entre

madre y criatura, comprenderás que la sociedad va en contra de la crianza natural de los bebés. Como dice Laura Gutman, vivimos en un mundo adultocentrista y en realidad deberíamos vivir en una «civilización niñocentrista», donde los críos fuesen el centro de todos los debates políticos y sociales. No se da lugar a una maternidad sana y respetuosa, no se respetan los ritmos naturales de las madres con sus crías, ni tampoco las necesidades del bebé. Esto es una lacra que proviene de la cultura capitalista, donde el epicentro de todos los intereses son la economía y el dinero. Y es así como hemos bloqueado por los siglos de los siglos la naturaleza intrínseca de la mujer maternante, y es así como hemos devenido hijas —e hijos— heridas, por no poder recibir de nuestra madre lo que necesitábamos desde el minuto cero.

A lo largo de estas páginas vamos a explorar todos los desafíos que conlleva ser «una mala hija». Trataremos las dinámicas maternofiliales, los obstáculos y las oportunidades de crecimiento. Veremos cómo puedes sanar heridas pasadas, establecer límites saludables y aceptar a tu madre real, sin rabia ni culpa, al tiempo que te mantienes fiel a ti misma. Esto permitirá darte cuenta del lugar que ocupas ante tu madre y, por ende, en la vida.

Veremos las diferentes etapas de tu infancia y alguna práctica que te ayudará a cuidar y a sanar a tu niña herida. Aprenderás a reconectar con esa parte de ti, a escuchar sus necesidades y a brindarle el amor y el apoyo que merece. Este libro te guiará hacia un viaje de autocuidado, aceptación y empoderamiento emocional. Y yo te acompañaré a moldear a tu propia madre interna, amorosa y abundante.

Asimismo, es esencial adentrarnos en otro tema profundo, poderoso y trascendental para esta sanación: la herencia de la herida materna en el linaje femenino. A lo largo de las generaciones, muchas mujeres han llevado consigo una carga emocional transmitida por sus madres y ancestros femeninos. Y tú ahora también la estás llevando y quizá ya la estás transmitiendo a tus descendientes. Por tanto, es momento de romper con todo lo que ha encadenado a las mujeres de tu linaje a través de tu herida materna.

Descubriremos cómo puedes aprovechar tu singularidad para convertirla en una ventaja y alcanzar la felicidad y el éxito que mereces.

En este viaje de sanación te invito a ser paciente contigo misma y a practicar la compasión en cada paso de la travesía. Permítele a tu niña herida florecer y brillar, y observa cómo tu vida se transforma en una expresión de amor y plenitud.

Es hora de abrazar tu individualidad y de transformar la historia. No permitas que las expectativas de los demás te limiten. Eres una mala hija, o te vas a convertir en ello, y eso es algo bueno. ¡Ha llegado el momento de volar!

1

Tengo hambre de mamá

> En algún lugar de nuestra psique, todos anhelamos el calor del líquido amniótico que nos baña suavemente y nos mece a la vida. Echamos de menos el sonido confortante de su corazón latiendo dentro de nosotras. Si la separación de la madre se da demasiado temprano o si la conexión con ella se pierde al nacer, la mujer buscará a su madre durante toda su vida.
>
> MAUREEN MURDOCK,
> *Ser mujer, un viaje heroico*

Hasta que cumplí 28 años mi madre fue mi máxima prioridad, más que yo misma. Sentía con ella una simbiosis única. Era mi modelo. La idealizaba y la comparaba mucho con mi padre, dos polos opuestos. Si tenía que apostar por uno de los dos, lo hacía sin dudarlo por mi madre. Me encantaba estar con ella, explicarle mis cosas, acompañarla en sus recados... La percepción que tenía de ella entonces era la de una mujer contenida, pasiva, comedida. En ese tiempo yo ya estaba casada con el padre de mi hijo mayor e independizada. Me casé joven, con 25 años, y con un gran deseo de irme de casa, pues no podía convivir con mi padre, un hombre amargado, tóxico, exigente conmigo y violento. Y además lo tuve que hacer «bien», es decir, que él me llevara de su brazo al altar y que fuera partícipe de la construcción de mi casa. No podía levantar la liebre de que la principal razón de mi marcha era él. Si hubiese sido por mí, me habría ido del nido sin casarme y sin tener un hogar en condiciones, pero era tal el miedo que tenía a sus reacciones que decidí hacer lo «correcto» a sus ojos y creencias. No solo lo hacía por mí, sino también por mi madre, ya que se quedaba sola con un hombre que empezaba a mostrar síntomas de un trastorno de personalidad. Me aterraba llegar a despertar al monstruo que anidaba en él.

A mis casi 28 años mi padre perdió la razón y, sin entrar en muchos detalles, prendió fuego al piso conyugal para asustar a mi madre, quien, aconsejada por mí, decidió pedir el divorcio. Enloqueció hasta tal punto que las consecuencias fueron desproporcionadas: un hogar quemado, orden de alejamiento hacia mi madre y hacia mí, varias denuncias de los vecinos por poner en riesgos sus vidas en el incendio y once años de prisión. Se quedó prácticamente sin nada: sin propiedades, sin amistades, sin libertad, sin familia.

Mi madre se vino a vivir conmigo y con mi marido. Podría haberse ido a vivir con sus padres, que por entonces aún eran personas autónomas. Pero no, la Sandra de entonces salió al rescate de su madre, como tantas veces había hecho desde niña, y se la llevó con ella. De pronto me encontré con una mujer sin oficio ni beneficio ni lugar donde vivir. Yo me sentía responsable de su bienestar y su felicidad.

Al año fui madre por primera vez de mi hijo Francesc y, como muchas de las lectoras seguro que saben, se abrió un tremendo agujero dentro de mí, un vacío abismal que me llevó a un intento de suicidio. Me encontré de repente con tres maternidades: la de mi bebé, la del padre de mi bebé y la de mi madre. No tenía energía para todos y tampoco presencia para mi hijo recién nacido. ¿Por qué menciono la maternidad de mi propia madre? No era consciente de la dinámica establecida entre ambas desde hacía años, donde yo estaba ocupando el lugar de madre y ella, el lugar de hija. En ese momento de crisis familiar, el rol de cuidadora tomó más fuerza y tenía que solucionarle todos los asuntos con mi padre, defenderla ante él (esto fue lo más duro), consolarla cuando lloraba y se lamentaba por el giro que había tomado su vida, buscarle trabajo, animarla a que saliese de casa... En lugar de tenerla yo acompañándome en mi maternidad, absorbiendo sus conocimientos y sabiduría, llorando acurrucada en sus brazos por el puerperio tan duro que viví (sufrí violencia obstétrica), recibiendo su aliento como consuelo... era yo quien la sostenía a ella. Yo no tenía derecho a manifestar mis necesidades; de hecho, nunca lo había tenido. Y empecé a darme cuenta de que mi madre siempre había estado ausente emocionalmente para mí, que yo había hecho de su madre, que me había sentido muy sola durante mi infancia. Y en este punto empezó el duelo hacia ella sin ser consciente al principio. Duró dieciséis años.

Cómo se desarrolla la psique de la niña hasta la adolescencia

Para llegar a entender qué nos pasó siendo niñas, creo necesario saber primero qué nos sucede en nuestra psique desde que estamos en el vientre materno. Cómo se desarrolla el cerebro humano, su proceso de madurez, la capacidad de aprender y de interiorizar lo que ocurre a nuestro alrededor y lo que podemos llegar a interpretar. Si no entendemos esta parte biológica y orgánica del ser humano, seguiremos desnaturalizando los procesos de desarrollo y crecimiento de los cachorros humanos.

La presencia y el papel de la madre en las diferentes etapas de la vida de la niña son esenciales para su desarrollo físico, emocional y social. El amor, el cuidado y el apoyo proporcionados por la madre ayudan a establecer las bases para que la niña crezca como una persona segura, resiliente y equilibrada.

Primeros meses de vida (0-12 meses)

Según la teoría que Paul Maclean desarrolló en la década de 1960, existen tres tipos de cerebros (cerebro triúnico): el *cerebro reptiliano*, el *cerebro emocional* o *cerebro límbico* y, por último, el *cerebro racional* o *neocórtex*.

El cerebro más primitivo (o primera capa) es el cerebro instintivo o reptiliano, que ocupa el 5 por ciento del volumen cerebral. Incluye el tronco del encéfalo, el cerebelo y el sistema reticular, y es el responsable de todas las funciones vitales y automáticas del organismo, como la respiración, los latidos cardíacos, la digestión... Por encima de este cerebro se desarrolla el cerebro de los mamíferos inferiores, el cerebro emocional o sistema límbico, que ocupa el 10 por ciento. Está constituido por la amígdala, el núcleo *accumbens*, el hipocampo, el tálamo y el hipotálamo, y es el centro de la emotividad. Todo lo que ocurre en el medio exterior se procesa en el cerebro límbico, dándole el matiz emocional. Moviliza las emociones y regula el funcionamiento fisiológico del cuerpo de manera instintiva y la sana dependencia de mamá. Y a partir del primer año y medio comienza a despertar el neocórtex o cerebro racional, que es donde se codifican las reglas, los ordenamientos, el pensamiento racional y los usos sociales, modulando las emociones puras.

Teniendo en cuenta la teoría del cerebro triúnico, podemos saber que cuando somos bebés solo sabemos responder a estímulos reflejos y a funciones básicas de la supervivencia, como dormir, comer o llorar. A medida que nos relacionamos con nuestro entorno, se van estableciendo nuevas conexiones y aprendemos rápidamente cosas como dirigir la mirada, realizar movimientos más complejos, etc. Y a partir del año y medio más o menos, vamos aprendiendo a controlar y a soltar diferentes movimientos, acciones, pensamientos y emociones.

Al final te das cuenta de que todas y todos tenemos un mismo fondo porque la mente y las emociones parten de una misma base construida. El resto viene dado por tu propia alma, el lugar donde naces, el día, el año y la hora, la cultura, la propia historia familiar, si tu madre estaba feliz o no en el embarazo, el cómo luego te sostuvo y te nutrió, dónde estaba tu padre, si había hermanos en casa, qué sucesos de peso acontecieron en tu niñez, a qué escuela fuiste, etc. También hemos de tener muy presente que cuando eras bebé y luego niña, no había nadie a tu alrededor que validase tu dolor, que empatizase con tus lloros. No teníamos a un testigo cómplice. Para poder sobrevivir, las necesidades primarias de nuestro ego retroceden y creamos una coraza alrededor del corazón, por lo que nuestro dolor original queda sin resolver.

Nada más nacer, y después de estar nueve meses en el vientre materno, necesitamos en el exterior a alguien que nos cuide las veinticuatro horas, y suele ser mamá quien lo hace. En esta etapa existe una simbiosis con ella porque somos seres codependientes. No existe a nivel consciente el YO, sino un NOSOTRAS. Y con el paso de los meses será nuestra madre la que nos enseñe a ver a nuestro YO. La vida digamos que empieza con una completa fusión del ser y todo lo que vivimos es a través de la madre. Esta fusión suele durar hasta los nueve meses. Necesitamos una mamá 24/7. A esto Laura Gutman lo llama «gestación extrauterina», como si fuésemos animales marsupiales.

Durante estos primeros meses de vida se crea un puente interpersonal con mamá. Si este puente se construyó en la estima y el respeto mutuo, nuestras relaciones serán sanas. Si, por el contrario, la madre no cubrió las necesidades y hubo muchas carencias y nos avergonzamos por lo que sentímos y pensábamos, posiblemente acabaremos en relaciones tóxicas o patológicas.

Nuestras necesidades básicas cuando éramos bebés tenían que ver con:

- La comunicación: recibir de mamá amor, miradas, palabras tiernas, su presencia.
- El contacto: la piel con piel, sentir sus brazos continuamente, sus caricias, sus toques amorosos, su contención como cuando estábamos en el útero.
- El movimiento: dentro del vientre de mamá el movimiento era continuo, por eso lo seguimos necesitando.
- Una alimentación permanente: en el útero no existía espera y éramos alimentadas continuamente. Ahora, por el simple hecho de haber nacido, necesitaremos varios meses para adaptarnos a una rutina alimentaria.

No obstante, en esta sociedad en que vivimos es imposible cubrir dichas necesidades. Venimos de generaciones donde estaba mal visto estar en brazos de mamá, dormir con ella o tomar el pecho a todas horas. Había mucha represión emocional. No se reconocía la naturaleza real de los bebés, y esto, a fecha de hoy, sigue sucediendo en algunas familias y lugares del mundo. No se tiene en cuenta que una bebé no cuenta con una estructura y un horario en sus necesidades. Una bebé es anárquica y no se pueden establecer horarios fijos porque acaban reprimiendo sus instintos naturales. Cuando somos bebés mostramos un narcisismo sano. Necesitamos que nuestra madre nos tome en serio y que nos acepte tal y como somos, y que todas nuestras necesidades sean cubiertas igual que ocurría cuando estábamos dentro del vientre materno. Estas necesidades son primitivas y básicas porque no nacen del ego, que aún no existe en el bebé, ya que vivimos con puro instinto.

En esta etapa vital, la confianza básica —frente a la desconfianza— forma parte de nuestra primera etapa de desarrollo. La madre es nuestro reflejo en este momento de la vida. La bebé siente lo mismo que siente la madre; incluso la manera en que nos amó también la sentimos como propia. Si la madre está conectada a la vida, si confía en ella misma, en el mundo, si es una madre consciente, la bebé entenderá a través de ella que también puede confiar en el mundo. El mundo y la vida son la madre en lo más profundo de nuestro ser. La madre es la base de la confianza ya que es en la única en la que la bebé puede confiar porque le asegura la supervivencia. Para ello la madre ha de tener un claro concepto de su propio Yo, amarse a sí misma, aceptarse tal cual es, aceptar su cuerpo, estar relajada; es decir, se ha de mostrar segura ante su cachorro humano para que también se sienta seguro y confiado. Esto nos asegura la fuerza y el impulso necesarios para nuestro ego y bienestar, y nos ayudará a que, cuando seamos adultas, no nos perdamos en los otros, no busquemos en los demás, sino que satisfagamos nuestras necesidades.

Por eso siempre digo que lo ideal (o un mundo ideal) sería que, para poder criar conscientemente a nuestros hijos, primero tendríamos que curar a nuestra propia niña y niño interior. Sería más fácil para los adultos entender a sus propios descendientes y no criarlos desde la lucha continua.

Primera infancia (de 1 a 3 años)

Este periodo se llama «etapa de separación» y se caracteriza por ser una etapa de antidependencia, con un vínculo opuesto a la madre. En esta vinculación la niña dice cosas como «no», «yo solita», «déjame hacerlo yo sola», «no quiero»... en respuesta a las preguntas o mandatos de sus padres, y mostrando su rebeldía natural. Desobedece, pero siempre cuando siente la presencia y la vigilancia de sus padres. La niña necesita a su madre, pero empieza a surgir en ella ese impulso de querer separarse mediante la oposición. Ese proceso natural de separación viene a ser como nuestro nacimiento psicológico, es decir, el nacimiento de nuestro YO. Dejamos de ser NOSOTRAS porque nos damos cuenta de que somos seres independientes de nuestras madres.

El hecho de que empecemos a trasladarnos solas físicamente, mediante el gateo o los primeros pasos, nos ayuda a realizar esa separación. Nos damos cuenta de que somos capaces de llegar solas a conseguir objetos, movernos de un lugar a otro o mover el cuerpo a nuestro antojo. Empezamos a explorar nuestro entorno y a descubrir quiénes somos, probando nuestras fuerzas y nuestra voluntad. Tenemos los sentidos a tope y nos muestran cosas interesantes que nos estimulan a querer saber, conocer, saborear, tocar, experimentar... Si en la etapa anterior de fusión total con tu madre se estableció una confianza sana, ahora la niña explorará su entorno de una manera más natural. Erik Erikson la denomina «etapa de incorporación». Si esta curiosidad básica y natural se ve nutrida, será la fuente de todos los riesgos y las aventuras creativas del futuro. En esta etapa no existe el peligro, el riesgo, el miedo... Por tanto, nuestros padres tuvieron que estar muy atentos con nosotras, permitiendo que exploráramos sin peligro, o bien nos dejaron a la intemperie sin vigilancia, o bien nos sobreprotegieron y no nos permitieron experimentar.

A partir del primer año y medio se empieza a despertar el neocórtex o cerebro racional, que es el lugar donde se codifican las reglas, los ordenamientos, el pensamiento racional y los usos sociales, modulando las emociones puras. Digamos que aprendemos a aguantar (controlar) y a soltar (dejar ir) a través de nuestra fuerza de voluntad: a aguantar, por ejemplo, los esfínteres y la orina, y a soltar cuando nos ponen el orinal o nos sientan en el váter; a aguantar que al salir a la calle hay que ir por la acera sin correr, y a soltar cuando llegamos al parque y podemos correr; a aguantar a la hora de comer, y a soltar cuando tenemos delante el plato con comida y nos la llevamos a la boca; a aguantar a no tocar una estufa caliente, y a soltar a tocarla cuando está fría.

Ese tira y afloja también implica un tema emocional (lo anterior es más muscular y orgánico). En esta etapa tenemos un impulso vital que nos lleva a ser nosotras mismas, a ser auténticas. Y necesitamos un equilibrio de control de esos impulsos. Las ganas de ser autónomas son brutales, hasta el punto de coger rabietas fuertes. Y es aquí cuando nuestros padres tienen que ponernos límites sanos, acompañarnos con reglas estimulantes, con una disciplina sana y no autoritaria y de terror. La mayoría de ellos no tuvieron suficiente madurez emocional para sostener estos berrinches y muchas fuimos agredidas con gritos, violencia física, amenazas, prohibiciones, etc. Ahí empieza a surgir la represión y la desconexión emocional.

A partir de los 18 meses podemos crear vergüenza en nosotras, ya sea sana o tóxica. La vergüenza sana nos enseña a ser conscientes de que hemos de cumplir una norma con el riesgo de equivocarnos, tener límites sanos aun sabiendo que somos imperfectas y que podemos cometer errores y no por ello sentirnos malas niñas. Los padres han de enseñar a la niña esos límites con unas reglas estimulantes, sin autoexigirle ni reprimirla. Este tipo de vergüenza no nos hace sentir culpa en las decisiones que tomamos. Sin embargo, la vergüenza tóxica nos enseña a solo aguantar o solo soltar; es decir, a ser autoexigentes, controladoras, perfeccionistas, o bien alocadas, impulsivas, descontroladas, adictas, sin límites, irresponsables de nuestros actos... Este tipo de vergüenza (que nos genera heridas de infancia) nos hace creer que lo que sentimos o hacemos está mal, que nos podemos enjuiciar, o sentir que los de fuera también nos están juzgando. De hecho, si buscas el significado de «vergüenza», solo tiene connotaciones negativas. Esta vergüenza tóxica nos hace sentir culpa. Hoy en día nos cuesta tomar decisiones fuera de nuestras creencias y normas familiares porque se despierta esta vergüenza, sale a flote esta culpa. «Si lo hago diferente, me rechazarán», «Si lo hago de otra manera, me sentiré mala hija o mala mujer».

En esta etapa infantil entra en nuestra vida la figura del padre, nos damos cuenta de que hay alguien más en casa que se complementa con mamá. Él representa la autoridad, las normas, las reglas. Papá me muestra el exterior y me da juego. De hecho, es mi primer amigo. Y también me enseña el lenguaje. Aquí mamá me dará permiso no verbal para acoger a papá con amor y aceptación. Pero si nuestra madre siente rabia o indiferencia hacia él, nosotras responderemos igual que ella.

Etapa preescolar (de 3 a 6 años)

Alrededor de los 3 años empezamos a hacer un montón de preguntas que sobre todo empiezan con el «por qué». Estas preguntas son necesarias a esta edad porque necesitamos expandirnos hacia la vida. Es momento de sentir quién eres y cómo quieres vivir esta vida. Eso significa que comienzas a identificarte con diferentes aspectos como la sexualidad, los pensamientos sobre ti misma y las fantasías. Necesitamos comprender las cosas, y los adultos han de responder pacientemente y con pedagogía, porque si no luego de adultas seguimos sin entender muchas cosas.

Como la niña de entre 3 y 6 años es egocéntrica por naturaleza, no puede comprender aún a los otros. Solo está para ella y su objetivo es aprender y comprender para saber quién es y qué hace en el mundo; no sabe aún ponerse en la piel del otro. Este egocentrismo es puramente biológico y no es algo que podamos escoger en esta edad. La niña tiene iniciativa de aprender, es muy independiente y descubre que puede influir en las cosas (causa-efecto).

De la madre la niña necesita que le enseñe la parte femenina y el ser mujer. En este momento de nuestra vida empezamos a imitar lo que ella hace en su día a día, y lo hacemos a través del juego. Del padre toma el modelo en cuanto a lo masculino y el ser hombre. También necesita que le dé buenas aptitudes comunicativas, como aclarar, escuchar, preguntar lo que se desea y resolver conflictos.

A esta edad, tanto las niñas como los niños empiezan a desarrollar su orientación sexual. Durante muchos años, la homosexualidad se ha considerado una enfermedad o trastorno patológico, pero por suerte se ha podido demostrar que es una tendencia innata, una predisposición biológica. Por eso hay muchas adultas homosexuales que cargan con una tremenda culpa y son incapaces de ver en lo profundo de su ser que ya a esta edad tenían esa orientación. Esto se da por la vergüenza tóxica que se origina entonces, donde los críos no pueden mostrar rasgos y comportamientos que no sean los tradicionales o puritanos.

Hasta los 6 años, la actividad cerebral de la niña es el doble de activa que la de una adulta, por eso se produce el máximo aprendizaje. El cerebro humano tiene una extraordinaria capacidad para cambiar; sin embargo, esta fase también es crítica. Si bien el aprendizaje continúa a lo largo del ciclo de vida, las experiencias negativas o la ausencia de una estimulación apropiada en ciertos momentos tienen efectos más serios y sostenidos. Esta capacidad de cambiar en respuesta al ambiente se llama «neuroplasticidad cerebral». Las conexiones entre pensamientos, sentimientos y lenguaje, que ya empezaron a formarse cuando teníamos 2 años más o menos, siguen desarrollándose hasta los 5 años. Empezamos a conectar con la polaridad: bien o mal, correcto o incorrecto, bueno o malo. También conectamos el cuerpo a lo que pensamos, sentimos o decimos. Sin embargo, aún no podemos validarnos, aprobarnos o entendernos a nosotras mismas porque no hemos desarrollado esa capacidad. Para eso están mamá o papá.

Si durante los años previos el desarrollo ha sido el adecuado, la niña podrá confiar en el mundo y en ella misma, se sentirá única y especial, e incluso podrá imaginar su futuro aunque no tenga claro qué hará. Tendrá un nuevo poder, que es el de su identidad, y eso la empujará a elegir y a iniciar cosas.

En esta etapa del desarrollo, si nuestros padres fueron inmaduros emocionalmente, nosotras de adultas tendremos dificultades para mantener relaciones íntimas sanas. Eso significa que en este momento de la vida la niña puede enterrar definitivamente a su Yo auténtico y luego no mostrarse real en sus relaciones. Empezará a representar personajes que no tendrán nada que ver con su ser esencial, papeles que adoptará para poder agradar y sobrevivir en su sistema familiar. Por ejemplo, una mujer que de niña cuidaba a su madre, luego buscará hombres (o mujeres) a los que cuidar de adulta, o si no se volcará en sus propios hijos buscando en ellos, cómo no, lo que su madre no le dio en su día.

Cuando se crean los papeles en las niñas, suelen ser inflexibles. No hay posibilidad de cambiar el rol y te dicen cómo te has de comportar y cómo has de sentir. Los papeles más comunes que podemos ver son: hiperresponsable, triunfadora, rebelde, perdedora, salvadora, complaciente, tirana, cuidadora o agresora. Si ya a esta edad tenías una marcada personalidad independiente y autosuficiente, con dificultad para no amoldarte, tu papel habrá sido más el de rebelde y no el de salvadora. El empeño en que los demás se sometan hasta tal punto a un determinado rol anula gravemente la identidad de una niña, ya que no le permite escoger qué es lo que quiere, necesita o siente en la vida. Y esto se debe a la inmadurez emocional de la madre y del padre, que necesitan llevar una vida simple.

Las niñas (y los niños) que venimos de familias disfuncionales hemos estado atrapadas en la necesidad, abierta o encubierta, de mantener el equilibrio débil y precario de la familia. Estuvimos al servicio de las necesidades del sistema y al final renunciamos a quiénes éramos realmente para sentirnos incluidas en el clan, creando máscaras para satisfacer ese equilibrio familiar que luego de adultas nos harán sentir nada reales.

En esta etapa no hay moralidad en nuestro Yo porque no entendemos de valores; con todo, sigue gestándose esa vergüenza tóxica que más adelante nos hará sentir culpa y tener una noción de los valores asumidos. Estos valores son el resultado de los pensamientos y sentimientos que acontecen sobre los 6 años. Dependiendo de cómo se haya desarrollado esta etapa, sabremos si nuestra verdad fue anestesiada o no. En una familia disfuncional es imposible que una niña desarrolle una buena conciencia o una sana noción de culpa. La falta de individualidad le impide sentir que tiene derecho a una vida propia, por lo que desarrolla un sentimiento antinatural de culpa. Cualquier aspecto de sí misma que difiera del de su madre o su padre podrá llevarla a considerar su forma original y sus talentos raros o inaceptables. Por tanto, es posible que te avergüences de comportamientos normales como mostrarte entusiasta o espontánea, llorar o estar triste por una pérdida u ofensa, mostrar afecto de un modo desinhibido, decir lo que sientes o piensas de verdad, o expresar ira si fuiste menospreciada. En cambio, es loable si en esta etapa aprendiste que hay que obedecer a la autoridad, dudar de una misma, tener los mismos gustos y opiniones que tu madre, sentir culpa por ser imperfecta o diferente, escuchar las quejas de los otros y el malestar de tu madre, respetar los roles estereotipados femeninos (como ser complaciente), no pedir ayuda, no merecer o dar prioridad a los otros.

Esto anuncia la muerte del Yo psicológico. Cuando sientes culpa, te estás diciendo a ti misma que eres responsable de los sentimientos y el comportamiento de otras personas, y el resultado es un enorme sentido de la responsabilidad. La culpa antinatural es una de las formas más dañinas en que se ha herido a tu niña interior a esta edad.

Etapa escolar (de 6 a 12 años)

Cuando empezamos el colegio dejamos el sistema familiar y entramos en una nueva etapa de socialización y adquisición de destrezas. Al empezar a tomar conciencia de nuestro poder nos estamos preparando para salir al mundo. El colegio se convierte en nuestro entorno principal durante al menos los siguientes doce años.

A la edad escolar Sigmund Freud la llamó «periodo latente», por la ausencia de una potente energía sexual que empezará a surgir durante la adolescencia. A esta fase del desarrollo se la ha llamado así debido a que los conflictos de la primera infancia se entierran, entran en una cápsula psicológica del tiempo, quedan escondidos. La energía de la niña está dirigida al mundo exterior, en el que desarrolla la maestría y las habilidades que contribuyen a su autoestima y su finalidad en la vida. Los conflictos interpersonales continúan ahí, pero como el grueso de su energía está dirigido, principalmente, a las exigencias de la escuela y las amistades, pasan a un segundo plano. Y será en la adolescencia cuando surjan todos estos conflictos no resueltos y empecemos a tocar el dolor original. Esta etapa de latencia se considera la edad de oro de la infancia, donde ocurren la gran mayoría de las experiencias que después recordaremos como las «de la infancia» aunque se hayan producido durante un periodo corto.

A la edad de 7 u 8 años las niñas son capaces de pensar con lógica, pero todavía es un tipo de pensamiento concreto. Hasta la adolescencia no serán capaces de abstraerse y de albergar proposiciones contrarias a los hechos. Solo entonces la niña empezará a idealizar e idolatrar ya que ambas requieren hipótesis contrarias a la realidad. Dicho de otro modo, en esta etapa de nuestra vida dos más dos son cuatro, pero durante la adolescencia dos más dos pueden ser cinco. Esto significa que el pensamiento de las niñas en esta edad es lógico-concreto. En esta etapa aprendemos palabras o decimos frases que ni siquiera comprendemos pero que las damos por ciertas. Recuerdo aprenderme de memoria el padrenuestro sin ni siquiera saber su significado real. Se produce una aceleración en la maduración del cerebro que abre espacio para acomodar la mayor cantidad posible de experiencias e información a la que están expuestos los niños y las niñas cada día. De hecho, a los 7 años el cerebro alcanza el 90 por ciento de su peso total. Por tanto, seguimos teniendo una gran capacidad para aprender muchas cosas a la vez. La corteza prefrontal dorsolateral también continúa creciendo y desarrollándose, dándole más control sobre las funciones corporales y las habilidades motoras. Sobre los 7 años, por ejemplo, la mayoría de las niñas ya tienen una concentración y una coordinación motora óptimas para comenzar a escribir con la letra inclinada. Este crecimiento acelerado del cerebro de la niña va acompañado por un cambio en su entendimiento moral. La empatía cada vez está más cerca de la totalidad.

Un aspecto importante del egocentrismo infantil es la creencia de que los adultos son benévolos. Los niños hacen sus hipótesis y las mantienen bajo cualquier circunstancia. Esto explica por qué la niña herida en la edad escolar sigue defendiendo a su madre y a su padre e incluso a sus profesores y agresores. Hay algunas niñas a las que se ha traumatizado tanto que al final comprenden que algo les pasa a esos adultos agresores, pero se trata de casos muy extremos.

Durante esta edad el ritmo biológico de la niña le indica que debe aprender una serie de aptitudes para su supervivencia en la vida adulta, y las más importantes son las referidas a la socialización: cooperación, interdependencia y un buen concepto de la competición. La preparación para el trabajo exige capacidades académicas como la lectura, la escritura y la aritmética, pero estas no deberían ser más importantes que conocerse, amarse y valorarse a sí misma. Una buena autoestima es fundamental para un buen aprendizaje. La adquisición de destrezas en la escuela nos ayuda a pensar libre y espontáneamente en nuestro futuro y a verificar nuestra conciencia del Yo. Si aprendimos e incorporamos estas materias, nos sentimos aplicadas y competentes, lo cual nos hace sentir poderosas y nos permite hacernos con un lugar en el mundo. El logro de los objetivos de la edad escolar, además de proporcionarnos esa sensación de poder, nos da esperanza: como soy capaz, puedo ser lo que elija.

Esta edad debería ser también un tiempo de juego y de trabajo. Las niñas y los niños aprenden imitando y adaptándose, lo que implica actuaciones simbólicas. En definitiva, el juego es una parte crucial del desarrollo, un asunto muy serio. Sin embargo, para muchas de nosotras el colegio no fue tan divertido, alegre y comprometido con nuestra educación. Una de las razones es que la educación es con frecuencia una fuente de herida espiritual. En la mayoría de las escuelas se agrupa a los alumnos por edad porque se supone que todos los niños y niñas de 10 años tienen el mismo grado de madurez, lo cual se ha demostrado totalmente falso. Tu niña interior pudo herirse solo por estar en un nivel inadecuado para su edad. Las escuelas y las prisiones son los únicos sitios en el mundo donde el tiempo es más importante que el trabajo que hay que hacer. En las escuelas, si no aprendes matemáticas a la misma velocidad que los compañeros de tu edad, te suspenden, una circunstancia que en la mayoría de los hogares suponía un castigo seguro y una descalificación a nuestro intelecto. El sistema de niveles en la educación presiona constantemente a la niña para memorizar y aprobar. Es perfeccionista y mira a los seres humanos de forma espiritualmente perjudicial. Como en todos los sistemas perfeccionistas, es imposible estar siempre a la altura: el peso de someterse a este tipo de escolarización aplastó a la niña que fuiste.

El fracaso escolar causa un profundo dolor a los niños y a las niñas y los hace sentirse inferiores, lo que crea una herida en su esencia. Es decir, la niña puede pensar que no es buena. Y si va bien en la escuela, esto también crea problemas, porque la niña no puede bajar en ningún momento el ritmo y ha de continuar sacando excelentes.

Los sistemas escolares, como nuestro sistema familiar, también son disfuncionales, ya que no proporcionan entornos que reafirmen quiénes somos, no nos tratan como el individuo único que somos. O bien perdiste la esperanza de tus oportunidades de éxito, o bien has sido absorbida por el conformismo y te robaron el alma en el proceso. Esto ocurre porque las escuelas recompensan el conformismo y la memorización más que la creatividad y la unicidad. Muchas de las que nos adaptamos a ser estudiantes brillantes nunca desarrollamos una verdadera noción de la competencia, por eso nuestra niña herida puede seguir sintiéndose sola e inadecuada.

Nuestro aprendizaje en esta etapa de la vida debería ser algo excitante y maravilloso que nos resultase placentero, que nos motivara, que respondiera a nuestros deseos y necesidades de aprender otras cosas. Esta sería la manera natural de aprender de nuestra niña maravillosa.

Las niñas en edad escolar que todavía no han llegado a la adolescencia tienen tendencia a decir la verdad, y si viven en situaciones en las que no pueden verbalizarla, sus cuerpos los dicen por ellas. Lo podemos ver, por ejemplo, en pubertades precoces, desviación en las columnas vertebrales, migrañas y alergias...

Quizá recuerdes que en esta etapa de tu vida tendías a sentirte alegre, juguetona y encantadora. Te gustaba relacionarte con tus amigas y amigos y tenías curiosidad y ansias de aprender. Las amigas de la escuela básica tienden a fundirse y a hacerse inseparables. Estas amistades intensas tienen la ventaja de estar libres de la dinámica emocional de la familia: podemos sentir la separación de la madre y a la vez estar en nuestra propia intimidad. En realidad, para muchos niños la escuela es la parte más fiable y segura de su mundo social, y el espacio que más les representa y donde se pueden sentir más seguros es el patio de juego, donde los compañeros y compañeras se convierten en una placenta externa. Las amistades ofrecen compañía, recreación, la oportunidad de intercambiar ideas y posesiones, y también la oportunidad de hacer confidencias. Las amistades enseñan importantes lecciones de lealtad y apoyo social en momentos de dificultades.

Sin embargo, la contrapartida de esta etapa escolar es que nos vimos obligadas a estar en un grupo formado por gente que nosotras no habíamos escogido, y eso en muchas ocasiones nos hizo sentir incómodas porque podíamos recibir agresiones. En mi época sobre todo no se escuchaban nuestras quejas o lamentaciones en cuanto a las posibles humillaciones crueles que podíamos recibir de un grupo o de uno de sus integrantes en concreto. Ahora a este tipo de interacción tóxica entre niños y niñas se le llama «bullying», y ya de adultas nos ha hecho cargar con una vergüenza física o cultural. La maravillosa esencia que podíamos tener y que nos hacía ser diferentes a los otros fue rechazada. Que los niños rechacen a otros niños nace justamente de un patrón físico y cultural perfeccionista que ya han aprendido en los años previos a la etapa escolar. Cuando una niña a esta edad se siente excluida del grupo de amigos o de su clase, se puede equiparar a un dolor físico e incluso transformarse en trauma.

Adolescencia (de 12 a 17 años)

Sabemos que entramos en la adolescencia, en primer lugar, por los cambios físicos que experimentamos, esta es la primera señal, y luego por el cambio en la personalidad.

En esta etapa de la vida de la niña hemos de tener muy presente que una buena consecución de los objetivos importantes de la adolescencia depende del apego seguro desarrollado en la infancia. Nuestra identidad forjada durante los 3-6 años se reforma en esta etapa de nuestra vida, y nuestra conciencia del Yo tendrá dos pilares fundamentales: la profesión-trabajo y la sexualidad-relación íntima.

Si la adolescencia normal de una niña sana suele ser tormentosa, cuando arrastra heridas de la infancia puede ser devastadora. Venimos de una infancia que, en mayor o menor medida desde el exterior, sobre todo desde la madre, ha sido perturbada y nuestro ser auténtico ha quedado borrado. De niñas no tenemos ni las herramientas, ni la capacidad ni la opción de oponernos a todo lo que nos dicen que debemos y no debemos hacer, y buscamos la aprobación de mamá para que nos mire y nos ame (para sentirnos protegidas y seguras). Para lograr este estado de seguridad, renunciamos a muchas partes de nuestro Yo verdadero. Y al entrar en la adolescencia se despierta una necesidad existencial de mostrar ese Yo auténtico y esencial (algo que volvemos a vivir durante el climaterio, de ahí que a esa etapa la llamemos «segunda adolescencia»).

La nueva estructura cognoscitiva de la adolescente le permite reflexionar sobre quién es, ser consciente de sí misma. La autoconciencia aumenta por la emergencia de las características secundarias sexuales: las nuevas sensaciones que se experimentan son poderosas y los cambios del cuerpo, embarazosos. Nos sentimos extrañas e incómodas. Es el momento en que florecen las semillas sembradas durante el ciclo del nacimiento y la infancia. Es el tiempo de convertirnos en nuestra propia fuente de permiso y autoridad, de soñar nuestros propios sueños... Como dice Gabrielle Roth en su libro *Mapas para el éxtasis*, «la adolescencia es nuestra declaración de independencia».

La adolescencia es una integración y una reforma de las etapas anteriores de la infancia. Es una suma de todas las fuerzas del ego donde se empieza a determinar la identidad personal. Las niñas de las familias disfuncionales seguramente no podrán determinar su identidad, ya que no tienen conciencia del Yo al empezar su adolescencia.

Es el periodo más tormentoso de todos los ciclos vitales. Al experimentar diferentes papeles para encontrarnos a nosotras mismas, si no llevamos una buena base desde la infancia, podemos perder el contexto en el que nuestras fuerzas del ego están sintetizadas. Podemos caer en adicciones porque durante un periodo corto de tiempo nos sentimos poderosas, y también en trastornos mentales severos. No saber quién eres es la peor tragedia de todas. Los papeles inflexibles del sistema familiar, determinados durante la adolescencia, vienen a ser la identidad de la que eres más consciente. De hecho, esos papeles pasan a ser adicciones. Desempeñando ese papel, sientes que importas. Salirte de él tocaría la honda reserva de vergüenza tóxica que oprime tu dolor original, cuyo núcleo es tu herida espiritual. En el momento en que perdiste tu Yo, perdiste tu importancia.

Nos encontramos de frente ante una presión social y familiar donde, para encajar, nos tenemos que ajustar a las creencias, los valores y los comportamientos patriarcales de la cultura más amplia, que generalmente son de autoritarismo, centrados en los hombres y en la misoginia, y también nos vemos impulsadas por una imagen estereotipada. Se nos despierta la culpa por todo lo que no encaja de nosotras socialmente; queremos pertenecer a un grupo para que nos aprueben, ya que en casa nos hemos sentido abandonadas en nuestra niñez; hemos crecido rápidamente porque ni mamá ni papá nos podían cuidar; renunciamos a sentirnos vulnerables y aparentamos cierta seguridad y fuerza ante los demás, despreciándolos incluso si hace falta, mintiendo para complacer a los otros con tal de cubrir nuestras necesidades... Todo ello para poder sobrevivir en un medio patriarcal que no entiende, ni empatiza ni da lugar a los adolescentes. Esto sigue sucediendo, lo que lleva a muchos jóvenes al suicidio por no poder sostener esta perversión de su propia identidad. Todo este despropósito propio de un Yo falso podemos verlo reflejado ahora en muchas acciones llevadas a cabo por adultos heridos... Lo vemos cada día en la política, en los trabajos, en los *reality shows*, etc.

Nuestra madre tiene la tarea de proporcionarnos un sentido de pertenencia y seguridad desde nuestro nacimiento. Y también un sentido de respeto por la creciente necesidad de autonomía y libertad durante nuestra adolescencia, desde el amor y la confianza.

En resumen, en la adolescencia empezamos a exteriorizar nuestro dolor original y las necesidades insatisfechas de la infancia. Nuestros padres crecieron en sistemas familiares muy rígidos y conservadores y no recibieron protección contra el sistema patriarcal y sus normas, siendo nada permisivos en su adolescencia, y menos aún empáticos. Así que con nosotras no fue diferente y manifestaron también a su adolescente herido.

Comprender el impacto que ha tenido en tu vida llevar una herida con la madre

Si lo que necesitabas siendo bebé, niña y adolescente no fue mínimamente cubierto por tu madre, y luego por tu padre, lo más seguro es que ahora de adulta lo estés buscando en otras personas y otros lugares, o bien gestiones tus asuntos desde la dificultad, la escasez y el desespero. La herida con la madre afecta a nuestro sentido del Yo básico, así que se manifiesta en todas las áreas de nuestra vida de adultas: profesión, pareja, maternidad, cuerpo, sexualidad, feminidad, ocio, amistades... Yo me puedo dar cuenta de que llevo una herida en relación directa con mi madre cuando:

- Tengo baja autoestima.
- Estoy siempre comparándome con las otras mujeres.
- Tengo conflictos con la comida.
- Siento que no merezco las cosas buenas que me pasan.
- Me siento culpable cuando hago cosas buenas para mí.

- Mi vida profesional me va genial, pero mis relaciones de pareja son horribles.
- No puedo hacer nada si no tengo la opinión de mi madre.
- Me paso el día trabajando y estoy quemada.
- Mis hijos me desbordan.
- Lo primero son los demás, y yo quedo en último lugar.
- Todo tiene que salir perfecto; si no, me siento una inútil.
- Me da miedo que mi pareja me abandone.
- Controlo todo lo que sucede a mi alrededor.
- Soy la psicóloga de mi madre.
- No digo lo que siento para no herir a los otros.
- Tengo adicciones a la comida, al sexo, al tabaco, al alcohol o a los juegos de azar.
- No sé poner límites y permito que abusen de mí.

Estas y otras posibles manifestaciones las puedes estar viviendo sin ser consciente de que algo tiene que ver con tu madre.

Voy a ser más concreta y clasificar el origen de los conflictos, que ahora de adulta posiblemente estés viviendo, por etapas (bebé, niña y adolescente) según el libro de John Bradshaw *Volver a casa. Recuperación y reivindicación del niño interior*.

Etapa de 0 a 9 meses

- Adicciones: comida, alcohol, tabaco, drogas, fármacos...
- Esperas que otras personas satisfagan tus necesidades.
- Desconfianza en los demás y exceso de control en todo.
- Incapacidad para interpretar los síntomas que te manifiestan las necesidades físicas (por ejemplo, comer cuando no se tiene hambre o no darse cuenta cuándo estamos cansadas y por ello debemos parar).

- Alimentación no sana, falta de ejercicio físico, etc.
- Miedo al abandono.
- Pensar alguna vez en el suicidio.
- Sentir que sobras en todas partes o que no encajas. O si estás en una reunión, intentar pasar desapercibida.
- Necesidad de que te abracen continuamente, que te toquen...
- Ser excesivamente complaciente en tus relaciones para que no te abandonen.
- Buscar continuamente la aprobación y la valoración de los otros.
- Ser una chinchona y tener un humor sarcástico.
- Sentirte sola durante mucho tiempo.
- Creer que no vale la pena tener una relación.
- Ser una ingenua y tragarte todo lo que te explican o dicen sin tener tu propio criterio.

Etapa de 9 meses a 3 años

- No saber qué queremos en la vida.
- Miedo a explorar cuando vas a un lugar nuevo.
- Tener miedo a probar cosas nuevas, vivir nuevas experiencias. Y si lo haces, esperar a que alguien pruebe primero y luego ya se verá.
- Tener miedo a que te abandonen (esta herida se puede generar en cualquier etapa de nuestra infancia).
- Esperar a que otra persona te diga lo que has de hacer en situaciones difíciles.
- Sentirte obligada a seguir los consejos que te dan los otros.
- Dificultad para vivir un momento concreto placentero (por ejemplo, disfrutar con unas amigas en una comida

y, mientras tanto, estar pendiente de que te van a entregar un paquete en casa).

- Ser alarmista, trágica.
- Dificultad para ser espontánea y fluir con lo que te apetece hacer en un momento concreto.
- Hacerte pequeñita o bien enfadarte con gente que tiene alguna autoridad.
- Sentirte criticada a veces por tacañería con el dinero, el amor, el afecto o por mostrar tus emociones.
- Ser una obsesa de la limpieza y el orden.
- Temer enfadarte o que los otros se enfaden.
- Evitar los conflictos.
- Sentirte culpable cuando pones límites o dices «no».
- Evitar decir «no» en público y luego hacer lo posible para evitar lo que dijiste que harías (por ejemplo, quedas con alguien para echarle una mano con algo y luego pones excusas, como que te has puesto enferma o que tu coche se ha averiado).
- Perder el control con frecuencia y volverte loca.
- Ser a menudo demasiado crítica.
- Mostrarse simpática con algunas personas y luego criticarlas.
- No felicitarte ni creértelo cuando logras un éxito.
- No aceptar tus propios errores y autocastigarte por ello.

Etapa de los 3 a los 6 años

- Dificultad para saber quién eres y/o no tener clara tu identidad sexual.
- Sentirte culpable cuando mantienes relaciones íntimas, sola o en compañía, aunque la otra persona sea tu pareja estable.

- Dificultad en identificar lo que estás sintiendo en un momento dado.
- Problemas de comunicación con tus allegados.
- Intentar controlar tus emociones casi todo el tiempo o las de las personas que te rodean.
- Llorar cuando te enfadas.
- Enfurecerte cuando te asustas o te haces daño.
- Dificultad para expresar tus emociones.
- Pensar que si te comportas de una manera determinada podrás cambiar a otra persona.
- Creer que solo deseando las cosas podrás hacerlas realidad.
- Dar tus suposiciones como información verdadera.
- Pensar que eres responsable de lo que sienten las otras personas.
- Creerte todo lo que te dicen, aunque sean mensajes confusos y no pedir que te lo aclaren.
- Sentirte responsable de la separación o de los problemas de tus padres.
- Esforzarte en tener éxito para que tus padres se sientan satisfechos de ellos mismos.
- No disfrutar de tu trabajo o profesión.

Etapa de los 6 a los 12 años

- Compararte a menudo con los demás y pensar que eres inferior.
- Desear tener más amigos íntimos de ambos sexos.
- Sentirte con frecuencia incómoda en situaciones sociales.
- Sentirte incómoda en los grupos y, por ello, preferir estar sola.

- Escuchar de los demás que eres demasiado competitiva.
- Sentir que siempre has de ganar.
- Tener conflictos recurrentes con la gente con la que trabajas.
- Cuando has de negociar, o bien ceder totalmente, o bien insistir en hacer las cosas a tu manera.
- Estar orgullosa de ser estricta y literal siguiendo la ley al pie de la letra.
- Ser indecisa.
- Tener problemas para terminar lo que empiezas.
- Creer que deberías saber cómo hacer las cosas sin indicaciones.
- Tener miedo a equivocarte porque temes sentirte humillada cuando ves tus errores.
- Mostrarte irritable y crítica con los demás.
- Dificultad para leer, hablar, escribir o hacer cálculos básicos.
- Pasar mucho tiempo obsesionándote o analizando lo que alguien te ha dicho.
- Sentirte fea o inferior y tratar de ocultarlo con la indumentaria o el maquillaje.
- Mentir a menudo.
- Pensar que, hagas lo que hagas, no está lo suficientemente bien hecho.

Etapa de los 13 a los 17 años

- Problemas con la autoridad paterna.
- No estar segura de quién eres en realidad.
- Pensar que eres desleal.
- Sentirte superior a otros porque tu estilo de vida es excéntrico e inconformista.

- Ser una soñadora y solo imaginarte una vida ideal a través de libros y películas sin hacer las cosas realidad.
- Escuchar de los demás que aún has de madurar.
- Ser una conformista nata.
- Seguir ciegamente a algún héroe/heroína, *influencer*, famoso...
- Hablar mucho de las grandes cosas que vas a hacer, pero en realidad no hacerlas nunca.
- Creer que nadie ha tenido que pasar por las cosas que tú has pasado, o que nadie puede entender de verdad tu sufrimiento.
- Cuando te sientes atrapada y, como resultado, te enojas, reaccionas a la mínima, estás nerviosa, malhumorada o «al límite».
- Cuando piensas continuamente que todo está mal o te quejas por todo.
- Cuando atacas o hieres a tus seres queridos.
- Cuando piensas o dices que odias a la gente.

El tabú de cuestionar a la madre

Como probablemente hayas comprobado gracias a los listados de síntomas que he ido detallando anteriormente, quizá nunca te has planteado que eso tenga que ver con tu madre (o principal cuidador/a). A esto súmale que si hay algo que nos limita a las mujeres profundizar en nuestro dolor original y llegar al tuétano de tanto sufrimiento es poner en duda que mi madre haya tenido que ver muchísimo en todo esto que me está ocurriendo ahora de adulta. La represión del sufrimiento infantil no solo determina la vida del individuo, sino también los tabúes de la sociedad. Y dentro de esos tabúes está la prohibición de cuestionar el modo en que mi madre me crio. Yo siempre me atrevo a decir que es la que más determina la magnitud de ese dolor emocional primario. Es muy doloroso darnos cuenta de ello, y muchas mujeres se niegan a mirar de frente tal realidad. Además, a esto hay que sumarle que existe un miedo social a que nos tachen de «Malas Hijas» por perseguir nuestra felicidad por delante de la de nuestra madre.

Son muy pocas las autoras y autores de libros de autoayuda y profesionales de la psicología y de la salud mental capaces de cuestionar la figura de la madre en cualquier proceso terapéutico. E incluso muchos de ellos refuerzan la figura de la progenitora animando a las pacientes a venerarlas y amarlas, aunque hayan sido maltratadas en su infancia, y todo ello regido por una moral convencional y tradicional. Alice Miller, psicoanalista y escritora, fue pionera en cuestionar la crianza de las madres en sus hijos e hijas, y en sus obras escribía las enormes consecuencias que comporta el no permitir que una adulta manifieste su verdad vivida en la infancia. Al final el cuerpo acaba manifestando lo que la persona calla o niega, pues este no entiende de moral y una de sus funciones es guardar justamente esa realidad vivida. Así acaba generando enfermedades cuyo origen se escapa de los conocimientos de la medicina y la ciencia convencional. Miller decía que es preciso que nos desprendamos de los padres que tenemos interiorizados y que continúan destruyéndonos ahora de adultas. Todas estas reflexiones y manifestaciones la llevaron a decidir abandonar su cargo como miembro de cualquier asociación de psicoanálisis, ya que veía que los principios más tradicionales de esta corriente culpaban a las niñas y protegían a los progenitores.

Cada vez que reconocemos la crueldad o la crudeza de cómo nuestra madre nos sostuvo, lo que la sociedad nos inculca es una vergüenza por nuestros verdaderos sentimientos y el miedo a perder nuestras relaciones. Nos suele decir cosas como: «Ella lo tuvo difícil y ha hecho todo lo que podía», «No deberías juzgarla», «Ella te dio la vida, así que le debes todo», «Ella es así. La madre ideal no existe», «Céntrate en lo bueno de vuestra relación», «Solo tienes una madre y ya sabes que ella te quiere»... Y seguramente todo o parte de ello sea cierto, pero esto no ha de ser excusa para seguir callando y silenciando nuestro pasado doloroso. Alzar la voz es negarnos a ser controladas, y eso, querida lectora, es buenísimo.

Asimismo, Alice Miller decía con mucha frecuencia que nuestra cultura, sobre todo la occidental, se centra en el valor asociado al cuarto mandamiento: «Honrarás a tu padre y a tu madre». Dar por universal este decreto es una condena en vida a adultas que han sufrido lo indecible durante su infancia, y obstruye la curación de heridas antiguas.

El tabú de cuestionar a la madre tiene implícito otros subtabúes. Bethany Webster afirma que estos nos prohíben escucharnos a nosotras mismas, sentir como verdaderos nuestros sentimientos, sentirnos merecedoras de grandes cosas, amarnos a nosotras mismas, tener paciencia, cometer errores, cambiar de ideas, ser imperfectas, reconocer la verdad de nuestra infancia, ser vulnerables, poner nuestro propio espacio y tiempo por delante de los intereses de los otros. Y afirma que es imperante romper con todos estos tabúes, incluido el de poner en duda la crianza materna de cada una, para sanar nosotras y así allanar el camino a las mujeres que vendrán. Con ello no estás culpando a tu madre de tus desgracias y tus conflictos, lo cual también les cuesta entender a muchas mujeres. Lo que estás haciendo es aplastar la misma opresión cultural que llevamos encima las mujeres cuando nos dicen que debemos renunciar a nuestro poder personal en favor del de nuestra madre, y que, si no lo hacemos, le estaremos faltando al respeto. Detente un momento a pensar: ¿crees de verdad que, si te priorizas y dices tu verdad, estás faltando el respeto a tu madre?... En absoluto.

En realidad, lo que estás llevando a cabo es una búsqueda de paz y libertad para autorrealizarte. Como dice Webster, «el respeto a la madre es perfectamente compatible con el respeto a nosotras mismas».

Pon palabras a tus verdaderos sentimientos hacia tu madre

En el proceso de sanación es esencial experimentar los sentimientos reprimidos originales. John Bradshaw llama a este tipo de trabajo «proceso de descubrimiento» y es lo que nos llevará al cambio profundo que realmente resuelve nuestros conflictos internos. Ir al dolor original significa sentir nuestras heridas más primarias, que justamente nacen de nuestro vínculo y apego materno. Pero no es un trabajo terapéutico fácil, ya que muchas mujeres niegan tener una herida en relación con su madre. Justamente las personas más heridas durante su infancia crean una coraza espesa con el fin de no ver ese daño y, en su defecto, seguir viendo a su madre benevolente, e incluso idealizarla. Como mucho, cuestionarán al padre, a los hermanos, a los abuelos o a un profesor de la escuela primaria, pero nunca dudarán de la madre.

Es natural que una mujer se proteja de sentir esa herida maternal. Suele suceder cuando hemos estado compensando las carencias de nuestra madre o cuidando de ella, o tenemos el sentimiento de lealtad a la familia o a la figura materna como algo mucho más importante que nosotras mismas. Esto puede llevar a la adulta a seguir buscando, durante mucho tiempo, en otros lugares de su inconsciente o de su memoria el origen, pero siempre esquivando la imagen de la madre como la base de todo lo que le sucede ahora de mayor.

Darnos cuenta de que nuestros conflictos nacen de una

falta de apego seguro con nuestra madre es de lo más doloroso que podemos llegar a sentir. Alguna mujer de mi consulta se ha salido del proceso terapéutico en el momento de enfrentarse a esta verdad porque sentía que se desangraba por dentro. Y no es más que el miedo de la niña interior a sentirse insegura por perder la imagen idealizada de su madre, pasase lo que pasase en su infancia. Muchas veces podemos culpabilizarnos por tener sentimientos que consideramos inaceptables hacia nuestra madre y estamos convencidas de que la única manera de ser una buena hija es reprimir esas emociones.

Susana, de 54 años, era una mujer muy habladora y muy mental. Su vida familiar estaba totalmente vacía, sin conexión con su marido y sin intimidad emocional con sus hijas. Tenía dificultad para conectar con sus emociones. Venía a terapia porque quería entender y recuperar el amor justamente de sus hijas, ahora ya adultas, que habían empezado a alejarse de ella con 14 y 12 años, respectivamente. Su deseo era encontrar el fallo que posiblemente ella misma estaba cometiendo y así modificarlo. Esto supondría que su felicidad y la de sus hijas cambiarían, según sus propias palabras. Sus hijas le decían que tenía que cambiar y así ellas dejarían de rechazarla, pero Susana era incapaz de ver qué era lo que tenía que modificar. Cuando era niña, también sentía que todo el mundo la rechazaba. Su hogar era un terreno hostil lleno de violencia verbal. Al ir a averiguar qué pasó en su relación con su propia madre, ella la ponía en un pedestal. Decía que siempre la había protegido mucho. Pero sus mismos argumentos contradecían esa realidad: su madre no estaba cuando ella estaba en peligro (llegó a sufrir malos tratos continuos de un hermano más mayor y abusos por parte del padre de una amiga). Incluso siendo ya adulta y después de una discusión familiar, su madre le retiró la palabra y se posicionó a favor de sus otros hijos. Realmente Susana había estado siempre sola y desprotegida. Cuando hice un intento de profundizar en esta realidad, ella frenó en seco la terapia, negándose a entrar en ese dolor original, necesario para poder atravesarlo y entender qué le estaba sucediendo con sus hijas y con su marido. Según Susana, esa falsa imagen de una madre presente era lo único que le quedaba y que la sostenía. Siendo niña, tuvo que crear en su psique una realidad distorsionada de quien le dio la vida porque era lo único que le permitía sobrevivir en su lastimada niñez. Era demasiado doloroso tomar conciencia de que su madre no había estado en los momentos de peligro siendo una niña y era más seguro para ella seguir viviendo esa situación infantil no resuelta y reprimida.

Poner palabras a tus verdaderos sentimientos hacia tu madre te libera de la represión que tu niña interior está sufriendo. No tuvimos testigos cómplices durante nuestra infancia que validasen los abusos, las carencias, la soledad, la tristeza, el abandono, el rechazo o la desprotección que sufrimos, y tampoco nos dejaron sentir según qué emociones, como la rabia y la ira. Así que te toca a ti hacerlo ahora si quieres vaciarte de tanto dolor enquistado: manifiesta tu verdad y conecta con la ira. Ella es la expresión de tu individualidad.

No nos damos cuenta, pero cuando criticamos o nos lamentamos de alguien, de forma encubierta estamos manifestando los sentimientos que albergamos hacia nuestra madre. A la madre la buscamos muchas veces en nuestras relaciones, y si estas no satisfacen nuestras necesidades y anhelos, nos quejamos. Abandonar la fantasía de que si conectas con sentimientos desagradables hacia tu madre te hará ser una mala hija supone un despertar a lo que de verdad sientes, y eso es una reivindicación de tu poder personal y de tu niña herida.

Ejercicio

Recomiendo hacer esta actividad cuando estés enfadada o cualquier tema que tenga que ver con tu madre te cause ansiedad, ya sea porque acabas de estar con ella, porque la vas a ver o porque alguien te ha comentado algo referente a su actitud, por ejemplo. Cuando estamos inmersos en la ira, es más fácil conectar con esas emociones que muchas veces reprimimos y negamos.

Escribe en una libreta o papel qué sentimientos te vienen en ese momento hacia ella —o el momento concreto que tiene que ver con ella— que te han activado la ira o la frustración. Intenta que sean frases cortas y simples; por ejemplo: «Me molesta que...», «No soporto que haga...», etc. Como es un ejercicio privado, que debes hacer cuando estés sola, y nadie lo va a leer más que tú, insulta o escribe cuantos adjetivos despectivos desees si así lo sientes. Es un ejercicio que no daña a nadie. Te recomiendo que lo digas en voz alta mientras lo escribes y que al mismo tiempo observes cómo va reaccionando tu cuerpo: ¿aprietas los dientes?, ¿tienes los hombros en tensión?, ¿se te humedecen los ojos?, ¿te duele el estómago? Conforme vayas escribiendo y verbalizando, verás cómo te vas liberando de esa rabia.

Por otro lado, intenta buscar momentos de tu infancia donde posiblemente tu niña se sintió así; por ejemplo, cuando tu madre te impidió jugar al fútbol porque era un deporte «de niños», o cuando criticaba tu cuerpo porque comías demasiado, o cuando te negó que fueras a la fiesta de cumpleaños de tu amiga porque ella tenía que ir a otro sitio.

MAMÁ, TÚ Y YO SOMOS UNA: TEORÍA MUY BREVE DEL APEGO

¿Alguna vez has escuchado la frase: «Aún no ha cortado el cordón umbilical con su madre»? En el pasado tuve la sensación de que no sabía dónde empezaba yo y dónde acababa mi madre. No existía mi propia individualidad, mi verdadero Yo estaba ausente, no era real, y pensaba y actuaba como mi madre esperaba, haciéndole la vida más fácil. Ni siquiera sabía que podía ser otra persona, y que dentro de mí había un ser esencial diferente a ella. Hasta que no llegué a la adolescencia y entré en mi primera crisis vital, mi madre y yo éramos una sola persona; el cordón umbilical aún no había sido cortado, pero empezaba a desgarrarse.

En primer lugar, tengamos en cuenta que en esta unión estrecha existe un hecho puramente biológico y es que nos desarrollamos dentro de su cuerpo y somos un cacho de su carne. Por otro lado, nuestra madre forma parte de nuestra personalidad y psique. Como dice Jasmin Lee Cori en su libro *La madre emocionalmente ausente*, «a la madre se la puede sentir como una capa interna que constituye un apoyo, como una capa de amor que está siempre con una, o se puede sentir como si hubiera algo muerto o tóxico en una misma». Este segundo caso puede darse, además de con la madre biológica, también con una madre adoptiva o la principal figura cuidadora en ausencia de la madre que te dio la vida (insisto en este punto en diferentes momentos de este libro, y vuelvo a recalcar que la mayoría hemos sido criadas por nuestra madre biológica). De esta segunda dimensión dependerá el desarrollo de nuestro apego y autoestima.

Como bien explicaba en este mismo capítulo, durante el primer año de vida, tú y tu madre fuisteis una sola entidad desde tu percepción como cachorro humana. Había una profunda conexión y unidad entre ambas que te permitía sobrevivir, desde la parte puramente biológica, y te daba seguridad, desde la parte psicológica y emocional. Ninguna otra relación será tan próxima y tan estrecha como esta. El vínculo entre una madre y su hija es una relación única y especial. Es un lazo que se construye a lo largo del tiempo a través de experiencias compartidas, cuidado y atención mutua. El vínculo puede influir en la manera en que la niña se relaciona con los demás a lo largo de su vida y en cómo desarrolla su autoestima y sus habilidades sociales.

La primera tarea que tenemos en la vida nada más nacer es la de vincularnos a ella o, en su defecto, al principal cuidador. Es como si viniésemos con un enchufe y un cable unido a nuestro cuerpo de serie y al nacer tuviésemos que conectarnos a la corriente para seguir viviendo. Pues bien, la electricidad sería nuestra madre. A este vínculo se le llama apego y de él depende nuestro desarrollo cerebral, emocional, social y nuestra salud mental. Se forja desde el primer día de vida hasta muchos meses después, y puede quedar determinado por muchos factores, entre ellos, las circunstancias del parto de nuestra madre, cómo fue, que sucedió justo después, cuán disponibles estaban mamá y papá en ese momento, cuál era el estado emocional y mental de nuestra madre, la calidad de los cuidados...

La teoría del apego es un estudio interdisciplinario que abarca los campos de las teorías psicológicas, evolutivas y etológicas. En los primeros años tras la Segunda Guerra Mundial, los huérfanos y los niños sin hogar presentaron muchas dificultades, de modo que la Organización de las Naciones Unidas (ONU) pidió al psiquiatra y psicoanalista John Bowlby que escribiera un informe sobre el tema titulado *Cuidados maternos y salud mental*, donde habló de la privación materna. La teoría del apego surgió de su trabajo posterior sobre las cuestiones planteadas. Tiempo después, algunos de sus discípulos fueron puliendo y dando más forma a esta teoría, que hoy en día es aceptada por muchas comunidades de psicólogos y psiquiatras. El apego se basa en la idea de que los niños y las niñas dependen de sus cuidadores para satisfacer sus necesidades básicas, como la alimentación, el consuelo y la protección. A medida que la niña experimenta una atención constante y un afecto de su madre, se desarrolla un sentimiento de confianza y seguridad en su presencia.

Pudiste haber recibido un apego seguro porque tus necesidades fueron cubiertas con presencia, amor y sintonía de tu madre, y ahora eres una adulta con una sana autoestima, sin dependencia emocional en los otros y segura en la vida. Pero si esto no ocurrió en tu primera infancia, tuviste un vínculo inseguro con tu madre y sufriste carencias, negligencias o faltas, creando un apego inseguro, y ahora en la adultez puedes ser rígida, con dificultades relacionales, déficits de atención, dificultad en empatizar con los otros, cuidar a los demás en exceso, ser hipervigilante, celosa, con adicciones... y un sinfín de dificultades contigo misma.

Se han descrito diferentes tipos de apegos inseguros, moviéndonos a veces entre varios, pero los más comunes son estos tres:

1. *Apego evitativo.* Se da cuando la madre no está disponible emocionalmente, rechaza los mimos hacia la niña y evita el contacto físico con ella; suele reaccionar levemente (o no hacerlo nunca) ante la irritación de la niña, y la anima a que deje de llorar y a que madure lo antes posible. Las adultas que recibieron este tipo de apego inseguro suelen carecer de empatía con los otros, no intiman emocionalmente y se muestran muy indepen-

dientes y autónomas. Les cuesta incluso identificar sus emociones.

2. *Apego dependiente o ansioso*. Puede manifestarse en situaciones en las que la madre (o el cuidador principal) no responde de manera consistente a las necesidades emocionales del crío. Esto podría deberse a diversos factores, como la disponibilidad limitada de la madre, una respuesta inconstante a las señales de la niña o la falta de apoyo emocional consistente. La madre no está casi nunca, es ambivalente con la niña y en muchas ocasiones la deja sola. O también puede ocurrir que la madre sea excesivamente protectora con la niña, incapaz de tomar riesgos y dar paso hacia la independencia. Las consecuencias en la hija, una vez es adulta, pueden ser el miedo al abandono, excederse en el cuidado a los demás, ser codependiente, controladora, rencorosa hacia el otro y desconfiada, tener miedo a la intimidad, altibajos emocionales y celos en las relaciones interpersonales.
3. *Apego desorganizado*. La madre puede ser imprevisible, ambivalente, abusiva, ausente, negligente, adicta a sustancias o depresiva. Lo habitual es que deje sola a su hija pequeña y sin apoyo en los momentos de angustia, y también que recurra al castigo físico para intimidarla. La niña nunca sabe qué esperar de quien se tenía que encargar de protegerla. A veces la madre era afectuosa y, sin saber por qué, de repente se vuelve agresiva o negligente. De adulta puedes ser agresiva, tener baja autoestima, sentirte ajena al entorno, desconfiada e incluso presentar posibles daños cerebrales. En tus acciones existe cierta incoherencia, así como con los pensamientos y las emociones que manifiestas. Puedes pasar de la sumisión a la agresividad y de la cercanía a la distancia con una facilidad que desconcierta.

Seguramente te sientas identificada en diferentes partes de los tres tipos de apego inseguro, y es posible que tu madre también te mostrara diferentes características entrelazadas de los tres.

Yo me sacrifico por ti, mamá

Cuántas veces no habremos escuchado la frase «las madres se sacrifican por sus hijos», un mensaje bien explícito que la sociedad repite sin titubear en el que se da valor a las madres por el cuidado de los hijos y las hijas y que lleva implícito lo siguiente: «Las mujeres renuncian a sus sueños y a su amor propio por sus hijos e hijas». Al parecer, es muy loable y positivo cuidar de los demás, a la vez que te pones a ti en el último lugar de las prioridades; así muestras al mundo lo buena madre que eres. La cultura del sacrificio es algo intrínseco en muchas religiones y culturas, pero es un desempoderamiento para las mujeres. No solo es injusto para las madres, también lo es para las hijas. Esta creencia generacional y de género ha generado y sigue generando mucho malestar, con sensación de injusticia y rabia, y al final las madres lo transmiten a sus hijas. Y ¿sabes una cosa? Ninguna mujer escapa a ello, ni yo ni la persona más feminista que te puedas encontrar. Es un patrón muy profundamente arraigado al tuétano del inconsciente colectivo que heredamos.

Lo que mantiene a flote esta creencia del sacrificio es la culpabilidad, la obligación, la codependencia y la autorecriminación. El patriarcado ha explotado la capacidad que tenemos las mujeres para la empatía, distorsionando su verdadera esencia para que nos paralicemos al sentir el impulso de manifestar nuestro verdadero poder. Nos dicen que el martirio es admirable, que cuidar de los demás es algo innato en la mujer, que no podemos decir lo que pensamos y menos aún auto valorarnos y aceptar cumplidos. Si decides romper con esto, te tachan de egoísta y de mala hija.

A las que tenemos madres incapaces de reivindicar su prioridad y autocuidado nos puede resultar muy difícil reclamar nuestro amor propio, y esto se debe a la falta de un modelo a imitar. Nos da miedo enfocarnos en nuestras necesidades por delante de las de nuestra madre, y muchas ponemos toda la energía en rescatar y sanar a nuestra progenitora. Si esta, además, es una persona demandante y busca en la hija un refugio emocional, más complicado resulta soltar el sacrificio por ella.

Esther, de 30 años, venía a terapia porque no era feliz. Se sentía vacía y muy triste. Hacía muy poco que había roto con su pareja, del cual dependía, y había regresado a su hogar de origen para convivir de nuevo con sus padres y su hermano. Se quejaba de que su madre la controlaba y le recriminaba que no hiciese las tareas del hogar, y lamentaba que a su hermano lo tratasen diferente. En su casa la desigualdad de género era notable. Esther tenía dificultad en dar nombre a lo que sentía y a las lágrimas que muchas veces brotaban de sus ojos. Sobre todo al conectar con su niña interior. Su dolor estaba estrechamente ligado al sufrimiento de su madre. Ella no podía ser feliz si su madre no lo era, y su máxima prioridad era el bienestar de su progenitora. Si ella era feliz, Esther también lo era. Un día, mientras asistía a un círculo de mujeres, contó que durante el tiempo que estuvo viviendo en Alemania, su madre la llamaba por teléfono y le decía que la echaba de menos y que la necesitaba a su lado. Esto suponía una enorme presión para Esther y un deber de cuidado hacia ella, renunciando a su propia libertad y sus deseos. Se sentía culpable de estar a tantos kilómetros de distancia y de disfrutar de ese momento personal. Por otro lado, mientras silenciaba su sufrimiento, sentía lealtad hacia su madre. Esto es muy común en muchas hijas.

Cuando sacrificamos nuestra felicidad por la madre, estamos evitando la tan necesaria sanación. Como consecuencia de este martirio, podemos escuchar frases del tipo: «No soy feliz», «Me siento más muerta que viva», «Cuando me levanto por la mañana no tengo ilusión de nada», «Tengo de todo y aun así no soy feliz», «Vivo en una apatía constante», «Me siento culpable cuando me tomo un descanso y aún hay cosas pendientes por hacer en la casa», «Me dicen que soy muy hermosa e inteligente, pero yo no soy feliz», «Siento que no merezco ganar más dinero que mi pareja»... No tenemos derecho ni permiso a disfrutar de una buena vida mientras nuestra madre no esté bien.

Para nuestra niña interior es seguro sacrificarse por la que fue su cuidadora, pero para la adulta es condenatorio. Lo que realmente cura es reconocer ese sacrificio y que la niña sienta que no hay peligro si decide ser feliz.

Laura, de 33 años, se fue a vivir con su madre después de haber vivido independizada mucho tiempo en el extranjero. Su padre y su hermano habían fallecido en un corto espacio de tiempo y su madre se había quedado sola. Era una mujer con una expresión muy triste y, a la vez, con cierto enfado con el mundo. Veía a las otras mujeres como peligrosas y apenas tenía amistades. Exigía que los otros le hiciesen la vida más fácil y le costaba responsabilizarse de su propio bienestar. Laura decidió irse a vivir con su madre haciéndose responsable, eso sí, de que no se sintiese sola. Renunció a tener su propia vida, a cumplir sus sueños, a disfrutar de las cosas para seguir al lado de ella. Sentía que no tenía derecho a ser feliz si su madre no lo era. «Yo lo llevo por ti, mamá», era lo que más me resonaba en mi inte-

rior cada vez que justificaba su decisión de vivir con su madre. Ella la cuidaba, pero luego buscaba en el exterior, sin mucho éxito, que la cuidasen a ella bajo una demanda muy estricta. Anhelaba ser libre. Pero otra parte dentro de ella decía que no se lo podía permitir si su madre llevaba un luto muy grande. Laura en realidad tenía un miedo terrible a que su madre muriese y a quedarse sola. Según ella, ya no quedaba nadie más en su vida. Para su niña interior, estar al lado de su madre era seguro; para su adulta, era una prisión. Llegó a un punto en que la terapia se quedó estancada por su falta de compromiso y decidió seguir con su madre a pesar de no sentirse libre.

Las hijas no somos responsables del bienestar de nuestras madres, esta es una función que le correspondía a nuestras abuelas, es decir, a sus madres. Si no se dio esa labor natural y maternal, es responsabilidad de la madre el automaternarse y no buscar a través de la hija a su propia madre. Cargar con esto nos encarcela, nos roba la oportunidad de conectar con nuestro verdadero Yo y nos corta nuestras alas para ser hijas libres.

Lo normal y sano es que una madre desee que su hija prospere y sea leal con ella misma. Pero en muchas relaciones maternofiliales donde la madre tiene heridas del pasado sin resolver y necesidades no satisfechas por su propia madre, las dinámicas disfuncionales están a la orden del día y el deseo de ver a la hija como soberana de sí misma brilla por su ausencia. Darnos cuenta de ello y decidir priorizar tu felicidad por delante de la madre no es una tarea fácil, ya que, si lo hacemos, sentimos que estamos fallando a quien nos dio la vida y esto nos hace sentir culpa. Así que muchas madres, aunque aparentemente no sea así, mantienen las creencias patriarcales y se aprovechan de la empatía de sus hijas.

Detrás de esta perversión del mutualismo maternofilial existe el potente mensaje cultural que nos dice a las mujeres que debemos ser el vertedero emocional de todo el mundo, incluida el de nuestra madre, y no un ser individual cuya madre nos ha de empoderar, proteger, iniciar y nutrir a un ritmo adecuado durante nuestra infancia y adolescencia. La violación de esta simbiosis natural implica la obligación de olvidarnos de nosotras mismas y vivir en la escasez. No podemos ser más que nuestras madres, igual que ellas no pudieron ser más que sus propias madres. La manera que la sociedad tiene de inculcarnos esta creencia tan limitante es idealizando a la madre hasta el punto de no poder cuestionar sus errores, y si lo hacemos, todo nuestro entorno nos ataca con comentarios que nos hacen sentir culpables por querer ser mujeres libres.

Según Bethany Webster, el sufrimiento de nuestra madre nos viene transmitido desde dos fuentes principales:

- El grado de trauma o abuso que lleva la madre de su propia familia y que nos transmite de manera inconsciente.
- La herida materna cultural que se transmite de generación en generación, donde lo femenino está desvalorizado.

Esto hace que la niña se sienta en deuda con su madre, con el falso discurso de deber lealtad natural a la madre.

La parentificación es un concepto que se utiliza mucho en psicoterapia y otras terapias humanistas, y consiste en que la hija (o el hijo) adopta, siendo niña, el rol de salvadora, consoladora o guerrera ante su madre. Lo hace por un amor ciego hacia ella, y esta lo consiente. Es un pacto inconsciente que nace de la inmadurez emocional de la madre y de la necesidad de aprobación de la hija cuando realiza la función de liberarla de cualquier dolor. Es más común de lo que podemos llegar a imaginarnos.

Raquel, de 34 años y en mitad de una profunda depresión, se quejaba de que nadie la ayudaba en nada, que nadie tenía tiempo para escucharla, que debía llevar la carga del hogar, de su hijo, de su trabajo, y también resolver los problemas de su madre. Sentía que no podía deshacerse de nada, ni renunciar al cuidado de su progenitora.

Cuando era niña recordaba a su madre débil, enferma, quejosa y víctima de malos tratos de su propio padre. Raquel sentía que su madre nunca la valoraba por ser como era, que no la miraba, pero la justificaba diciendo que ella era la única que la podía ayudar en aquel momento; ¿una niña era la única que podía salvar a esta mujer? Cuando entró en la adolescencia, tuvo el impulso suficiente incluso para proteger a su madre ante el maltrato de su padre, entrando en una pelea verbal y física con su progenitor.

Una vez adulta, Raquel se emparejó con un hombre infantilizado al cual podía seguir cuidando, lo mismo que hacía con su progenitora. Y cuando ella misma fue madre, no tenía apenas energía para su hijo y cayó en una profunda depresión. Raquel no sabía pedir ayuda ni tampoco sabía recibirla, aunque se la ofrecieran. Aprendió siendo niña que la única manera de que la valorasen era cuidando a los demás, salvando las vidas de los otros, y en algún momento de su infancia sintió que sus necesidades eran demasiado para su madre y que no tenía derecho a ser escuchada. La única manera en la que podía sentir cercanía a tu madre era cuando la cuidaba.

Cuando leo o escucho frases de algunas madres hacia sus hijos pequeños del tipo «eres el motor de mi vida», «gracias a ti no estoy sola», «eres mi razón de vivir» o «nadie te va a querer más que yo» se me eriza el vello. No hay conciencia real de la carga que suponen estas frases en una hija o un hijo. El mensaje real que le llega es que ella es la responsable de la vida de su madre. Se parentifica con ella, adoptando el rol de madre de su propia madre.

Me viene a la cabeza ahora una noticia de la prensa rosa de hace pocos meses en la que una presentadora y actriz española muy famosa, de 68 años, cumpliendo el último deseo de su hijo fallecido años antes, pagó los servicios de una mujer para que cediese su útero y gestara un bebé con esperma de ese hijo. Es lo que se conoce como «vientre de alquiler» o «maternidad subrogada», algo totalmente ilegal en nuestro país. Al nacer la bebé, que resultó ser su nieta, uno de los discursos de esta famosa actriz fue este: «He vuelto a vivir. Tengo una razón para vivir». Además de la manera tan «extraña» de llegar a la vida, de que la separen de su madre biológica nada más nacer (estuviese ella de acuerdo o no), esa recién nacida ya carga con la tarea inconsciente de «salvar la vida» de su abuela. ¡Qué responsabilidad tan grande!

La parentificación nos roba la infancia de las niñas y los niños. No nos apoyaron por ser quienes éramos, sino por salvar la vida de nuestras madres escuchando sus problemas, consolándolas, cuidándolas, calmando sus miedos y resolviendo sus asuntos, incluso los que tenían con nuestros padres. Nos hemos sentido validadas a través de mensajes culturales disfrazados bajo el concepto de respeto y amor hacia mamá y de ser buenas niñas y maduras emocionalmente. Esta manera relacional nos hizo creer que estábamos en deuda con ellas y que teníamos que llenar su vacío continuamente, imposibilitando nuestro impulso hacia la libertad y el amor propio. Esto lo veo a diario en mi comunidad de Malas Hijas y en la consulta. Ahora en nuestra vida adulta seguramente tendremos relaciones donde poder «salvar» al otro. Solo así nos sentimos buenas mujeres. Con todos estos mensajes, las hijas podemos vernos desvitalizadas, con una continua lucha interna por lograr la individuación de la madre, como si el hecho de lograr ser una misma fuera una batalla.

Uno de los órdenes del amor, según Bert Hellinger, es el dar y el recibir en equilibrio. Existe este intercambio entre iguales y debe haber un balance para que se establezca armonía. En cambio, existe un solo tipo de relación en la que una parte SOLO DA y la otra SOLO TOMA: la de padres a hijos. Los padres entregan y los hijos reciben, y así luego los hijos darán a sus propios hijos o proyectos. Es una relación unidireccional y en cascada. Cuando funciona al revés (los hijos dan a los padres), hay un desequilibrio y el sistema familiar se resiente y sufre. Esta ley sistémica universal no ocurre en la mayoría de las relaciones entre madres e hijas, y la sociedad lo permite. El bienestar de la madre no es responsabilidad de la hija. Sin embargo, nuestra cultura, que desvaloriza lo femenino y a la mujer, aísla a las madres y de manera tácita obliga a las hijas a hacerse cargo de ellas a nivel emocional, ya que las mismas madres no reciben apoyo por ningún lugar. Es una trampa brutal del patriarcado. Así que la creencia limitante que viene ya desde la cultura es que las hijas nos hemos de responsabilizar de nuestras madres (¡menuda coz a la ley sistémica del dar y el recibir!).

Me encuentro muchas veces a mujeres que preguntan cómo es mi trabajo terapéutico, pero no para ellas, sino para sus propias madres. Esto, aunque suene muy loable como hija, nos coloca en un lugar de soberbia, por un lado, y de no hacernos responsables de nuestra propia sanación, por otro. En mi caso, cuando manifesté con ganas ese derecho de recuperarme a mí misma, renuncié a salvar a mi madre. O era ella, o era yo.

Sin embargo, tengamos claro que podemos sentir compasión por nuestra madre y a la vez sentir compasión por nosotras mismas.

Tal y como dice Bethany Webster, «existe una relación directa entre nuestro deseo infantil de salvar a nuestra madre de su dolor y nuestro miedo a reclamar con fuerza el derecho a tener nuestra propia vida». Significa esto que muchas de nosotras albergamos la esperanza infantil y el deseo imposible de que, si salvamos a nuestra madre, por fin se convertirá en la progenitora que siempre hemos necesitado y por fin recibiremos la tan anhelada atención materna. Cuando somos niñas necesitamos que ella nos mire, nos valide, nos acaricie, nos apruebe, nos ame... y para que lo pueda hacer, ella ha de estar bien y ser feliz. Esto la niña lo sabe. De ahí que queramos salvar a nuestra madre, para que esté por y para nosotras. Luego, ya de adultas, queremos salvar a las otras personas para que estén bien por y para nosotras. No hay un amor incondicional, sino un amor condicionado: yo te salvo y a cambio tú me amas y me valoras. Lo vemos con nuestros hijos, con nuestras parejas, con nuestra jefa, con nuestras amistades...

Atrevernos a experimentar el dolor que supone darnos cuenta de que nuestra infancia ya pasó y que jamás podremos volver atrás para obtener lo que necesitábamos de nuestra madre es la clave para liberarnos. Al mismo tiempo, nos daremos cuenta de que persistir en intentar salvar a nuestra madre no va a cambiar nada. Al contrario, seguiremos bloqueadas e inseguras. Cuando esta venda cae de nuestros ojos, nos abrimos a sentir que merecemos y que no somos peones emocionales, que estamos haciendo un gran favor a nuestra madre y al resto de las mujeres. Estamos rompiendo con patrones y normas que nos dicen cuán admirable resulta ser complaciente y cuidadora.

No eres mala persona cuando te niegas a llevar la carga emocional de las otras personas, incluida la de tu madre. Eres un ser que busca su independencia para poder cuidarse y así poder ser más empática y compasiva con el resto.

Funciones de una buena madre

No existe una madre perfecta, ni una madre como deidad, ni un modelo ideal. Llegar a creer en esta utopía es deshumanizar a las mujeres. Ninguna mujer es solo madre. He llegado a leer comentarios en mi comunidad de Malas Hijas donde alguna mujer se ofende por cuestionar la crianza materna y definen a sus propias madres como perfectas o como el mismísimo Dios. Con todo mi respeto hacia ellas, para mí particularmente no es un piropo ni un halago. Ninguna madre ejercerá todos los roles como tal a la perfección y sin ningún margen de error. Es imposible, sin más. Pero sí debemos saber que una madre (o un cuidador principal) ha de cumplir un mínimo de funciones para que el cachorro humano se desarrolle y crezca sanamente. No solo es una cobertura a nivel biológico y físico, también lo es a nivel psicológico y emocional.

Es importante conocer estas funciones esenciales de una madre hacia su hija o hijo porque te ayuda a reflexionar y a calibrar cuán presente estuvo tu madre en tu maternaje y qué huella dejaron en ti sus cuidados, cómo fueron construidas tus creencias y cómo te mueves hoy en día en las diferentes áreas de tu vida. Tampoco es necesario que todas estas necesidades fueran cubiertas al cien por cien, pero sí en gran medida. La calidad en la ejecución de esas tareas también es determinante para nuestra prosperidad como persona adulta. Si no fuiste nutrida con unos mínimos legítimos, estoy segura de que tienes muchos vacíos dentro de tu corazón. Un vacío de madre es la diferencia que hay entre lo que necesitas que te aporte tu madre y lo que en realidad recibes de ella. Este vacío que llevamos incluso en la adultez desearemos llenarlo con cosas, personas, situaciones o acontecimientos. Pero a pesar de encontrar todo esto, el sufrimiento y la incapacidad de amarnos tal y como somos pueden permanecer.

Saber lo que legítimamente necesitabas de tu madre te ayudará a saber qué parte de ti fue satisfecha, qué quedó pendiente por hacer a tu madre, qué te está ocurriendo ahora de adulta y hacia dónde dirigir tu propia curación. De lo que no fue cubierto ahora me hago cargo yo y lo busco en mi interior. ¿Cómo puedo hacerlo? Revisando cómo estás en los diferentes aspectos de tu vida y qué buscas en ellos para que llenen este vacío.

Me gustan mucho las diez facetas psicológicas que describe Jasmin Lee Cori en su libro *La madre emocionalmente ausente*. La autora solo habla desde la parte emocional, justamente la más reprimida y la que no se ha tenido en cuenta en nuestra infancia. De hecho, hice varios *reels* en mi perfil de Instagram describiendo estos diez rostros. Puedes ir a la comunidad de Malas Hijas y buscarlos para tener más información, porque tampoco pretendo extenderme mucho más en estas páginas. Asimismo, considero básicas las cuatro funciones vitales de una madre hacia su hija que Phillip Moffitt, instructor estadounidense de yoga y meditación, explica en su artículo «Healing Your Mother Wound» (Sanando la herida materna), donde engloba todo el cuidado que permite la vida en una niña:

- *La madre como nutridora*. Esta función satisface una amplia gama de necesidades físicas y emocionales que tiene una niña para crecer y desarrollarse. Todo el mundo, incluso nuestros ancestros, sabe de las necesidades de alimento, refugio, medicinas, consuelo y relación. Si una niña no recibe suficiente apoyo, se convierte en una adulta con dificultades físicas y emocionales, del mismo modo que una dieta inadecuada se manifiesta en problemas de salud más adelante en la vida. Pero hay un aspecto más sutil de la crianza, que Moffitt llama «crianza con alegría», que celebra la existencia de la niña como una fuente de deleite para quien es madre y que se manifiesta en la infancia y continúa hasta la edad adulta como un sentido de bienestar innato, valor y alegría espontánea. La falta de esta crianza con alegría deviene en adultas con baja autoestima.

- *La madre como protectora.* Se trata del impulso instintivo y cultivado de procurar que nadie que sea vulnerable sufra ningún daño físico o emocional. Una niña necesita estar protegida frente al abuso físico, sexual y emocional, y también ante la amenaza de los tres. Hay un aspecto sutil de la energía protectora que le da a la niña el increíble regalo de sentirse intrínsecamente segura, un sentimiento de confianza en la vida. Por desgracia, es muy habitual que una niña deba prosperar en un ambiente hogareño en el que no se siente segura, aunque no se le cause ningún daño manifiesto. Como adulta, a menudo no podrá explicar los sentimientos de inseguridad que la atormentan. Si no recibiste protección suficiente cuando eras niña, como adulta puedes sentir que «no hay nadie de tu lado» y que el mundo es un lugar peligroso e inseguro.

- *La madre como empoderadora.* A la niña se la fomenta y enseña independencia y confianza en sí misma. La madre utiliza su poder real sobre su hija con justicia, paciencia, generosidad y el compromiso de prepararla para que se convierta en su igual o incluso la supere. La capacidad de realizar esta función proviene de la confianza en sí misma y del amor de la madre y de aceptar la idea de que es su deber sagrado empoderar a sus crías. El empoderamiento se logra fomentando la autosuficiencia y brindando educación, disciplina y oportunidades de aprendizaje. Permitir a la niña que cometa errores, y aun así seguir aceptándola con amor, es un acompañamiento que redundará en su propio poder personal. Sus intereses son recibidos con entusiasmo; se reconoce y fomenta la importancia y la alegría del trabajo constante. El fracaso se trata a la ligera, mientras que la curiosidad y la integridad se tienen en alta estima. Cuando la madre descuida o incluso teme que su hija se vuelva poderosa, puede dar lugar al abandono, la crítica constante o a que se cree dependencia de la hija hacia ella. A veces, debido a la sobreidentificación, la madre está dispuesta a empoderarse, pero insiste en que su hija sea como ella o que tenga éxito de un modo que satisfaga su propio ego. Este es un empoderamiento falso, una forma sutil de esclavitud.

- *La madre como iniciadora*. Se trata de la función más difícil de entender y de llevar a cabo por parte de la madre. Es a través de actos de iniciación que una llega a sentirse como si fuera un miembro valioso y bienvenido de su familia. A medida que te desarrollas, la iniciación proporciona el sentimiento de que tu vida tiene significado, y en la adolescencia comprendes que tienes derecho a convertirte en la expresión plena de tu vida, que es única. Asimismo, permite, acepta y celebra tu salida del hogar familiar para comenzar a hacer tu camino. Una niña alcanza la experiencia interior de la feminidad a través de la iniciación de la madre, para lo cual es básico saber cómo trató su propia feminidad. Es el más desinteresado de todos los aspectos, ya que la madre está fomentando una separación que la deja sin nada. Si la madre no nos inicia en la vida, nunca nos sentiremos hijas

> libres a no ser que hagamos un proceso de sanación una vez seamos adultas. La verdadera enseñanza de la madre hacia la hija comienza con la búsqueda de una identidad dentro de la familia y la comunidad, luego pasa a la iniciación hacia la totalidad dentro de su ser interior y culmina en un sentido de unidad con la vida misma.

La mayoría de las madres se encuentran con una serie de limitaciones para poder cumplir con estas funciones, además de sus propias heridas, carencias y traumas de infancia; estas limitaciones son la continua desvalorización, limitación, menosprecio y rebaja que la sociedad patriarcal sostiene en las maternidades. El pedestal en el que pone a las madres es inestable e incongruente con la realidad. Hay mucha hipocresía cuando escucho decir, sobre todo a los grandes mandatarios y gobernantes, que las madres son los pilares de la sociedad, cuando en realidad no se les proporciona ni ayuda financiera, ni ayuda en el hogar ni formación para poder ejercer plenamente su papel.

Un mundo que permita que una mujer madre pueda desempeñar estas cuatro funciones esenciales hacia su hija (o hijo) devendrá en una sociedad sana, equilibrada y respetuosa con todos los seres vivos, teniendo como centro a la misma vida.

Tu madre quizá fue una mujer luchadora, trabajadora, fuerte, amable con los otros, pero emocionalmente ausente contigo. O tal vez no. Durante mucho tiempo, desde que eras una niña, te habrás preguntado qué te pasa y qué hay de malo en ti (por qué mamá no me ve ni me valora). Démosle la vuelta y pregúntate: ¿por qué mamá me dio tan poco?, ¿qué le pasaba para que no estuviese presente en mi crianza?, ¿dónde estabas, mamá?

Jasmin Lee Cori menciona en su libro *La madre emocionalmente ausente* tres razones principales por las que quizá tu madre no haya podido madurar y ser una adulta cuidadora presente:

1. La existencia de un componente puramente transgeneracional. Tu madre recibió de niña una crianza deficiente y, cuando fue madre, su manera de maternar no se diferenciaba mucho de la que recibió siendo pequeña. Quizá perdió a su madre en edad muy temprana, o tal vez estuvo muy enferma. El caso es que cuando te tuvo a ti no supo hacerlo de otra manera, de una mejor, y se centró solo en cubrir tus necesidades físicas.
2. No sabía conectar con sus emociones, y menos con las tuyas. O bien arrastraba traumas de su propia infancia no resueltos, tal vez una depresión, o puede que en su familia de origen hubiera mucha represión emocional y también violencia física y verbal. En mi caso, mi madre se pasó casi toda mi infancia y parte de mi adolescencia acostada en la cama de su dormitorio o sentada en el sofá de casa llorando sin consuelo. O bien estaba día sí, día no acudiendo a diferentes profesionales de salud mental. Era una mujer depresiva y retraída, sin energía ni fuerza emocional para poder acompañarme y sostenerme en mi desarrollo. Era ajena a mis necesidades emocionales.
3. Quizá no llegó a madurar nunca y su comportamiento era más propio de una niña o una adolescente. Una madre inmadura emocionalmente tal vez fue tratada como la princesita de la casa y ahí se quedó, en el mundo de Peter Pan, sin saber lo que significa ser responsable de la crianza de su propia hija.

El grado de crianza deficiente recibida puede variar mucho entre una mujer y otra. Hay historias tremendamente crueles y desgarradoras de madres negligentes en todos los aspectos o de cuidadoras violentas e inestables. Y también historias menos impactantes para quien las escucha, pero que son capaces de generar heridas de infancia importantes. Por ejemplo, Linda me explicó que, siendo una niña, su madre en alguna ocasión la agarró del cuello y comenzó a golpear su cabeza contra el suelo. O, en el caso de Itziar, su madre fumaba marihuana delante de ella todas las noches, inhibiéndose y dejando de estar presente y en guardia para su hija pequeña.

Los déficits que presenta una madre ausente e inmadura pueden medirse e incluirse dentro de alguna enfermedad mental. Para clasificar a una adulta dentro de un trastorno es preciso recurrir a la asistencia de un profesional en salud mental. A mí particularmente no me gustan mucho las etiquetas o los diagnósticos psiquiátricos porque encasillan a las personas en un término concreto y dejan de mirarlas como seres individuales con sus propias historias personales y traumas infantiles. No obstante, la terminología psiquiátrica sí puede ayudar a algunas hijas a comprender mejor a sus madres.

Lucía, de 31 años, tenía una madre con trastorno bipolar diagnosticado incluso antes de que ella naciese. Esto la ayudaba a comprender las actitudes y reacciones de su madre desde una absoluta compasión y empatía, dándose cuenta de que no era nada personal contra ella. El trabajo terapéutico de Lucía se basaba principalmente en asistir y abrazar a la niña herida y abandonada que llevaba dentro, ya que su madre no pudo hacerlo debido a su enfermedad mental.

El siguiente listado puede darte pistas de lo que pudo haber vivido tu madre en el pasado y que la ha llevado a estar ausente para ti:

- Estar en duelo por la pérdida de un hijo, un aborto, la pareja, un progenitor...
- Por haber tenido muchos hijos.
- Algún problema de salud mental: esquizofrenia, bipolaridad, depresión grave, trastorno límite de personalidad, TDA, trastorno disociativo (personalidad múltiple).
- Separación física de ella por abandono, guerra, enfermedad de ingreso, inmigración, prisión.
- No quería ser madre e hizo lo justito para que tú sobrevivieras (fue una madre mecánica).
- Narcisismo.
- Inmadurez emocional.
- Cuidado de otros adultos.
- Adicciones.
- Fue el principal sustento económico y tenía que trabajar muchas horas.
- Priorizaba su carrera profesional.
- Entrega absoluta a su pareja.
- Síndrome de la eterna Peter Pan.
- Posible enfermedad de larga duración.
- Ausencia de su propia madre (por tanto, de su principal base) siendo ella muy niña.
- Máxima rigidez con las normas convencionales.
- Fue víctima de violencia de género.
- Estuvo desconectada de sus propias emociones.

Ver a tu madre real tal cual es, ver todos sus comportamientos y cualidades con claridad puede resultar muy doloroso, pero es totalmente necesario para tu sanación. Cuando aceptes a tu progenitora tal cual es o fue (en el caso de que ya haya fallecido), y entiendas su historia de la infancia, te darás cuenta de que su comportamiento no era nada personal contra ti, sino que es una mujer con sus propias heridas primarias y con una niña en su interior huérfana de su propia madre. Evidentemente, para llegar a este momento de aceptación de tu madre, previamente hay que seguir unos pasos; entre ellos, responsabilizarte del cambio en ti, validar y decir tu verdad, cuestionar el maternaje recibido de niña y hacer el duelo por la madre ideal que ha mantenido viva la falsa esperanza de que te daría lo que legítimamente te correspondía. Mientras no des estos pasos, difícilmente podrás aceptar y tomar a tu madre real desde el lugar de hija adulta y libre.

IDENTIFICANDO LOS PATRONES DE COMPORTAMIENTO Y LAS SEÑALES DE INMADUREZ EMOCIONAL

Lindsay C. Gibson describe cuatro tipos de madres emocionalmente inmaduras en su libro *Hijos adultos de padres emocionalmente inmaduros*. Sea cual sea el tipo de madre inmadura que tuviste o que tienes, el sentimiento de soledad e inseguridad que reside en tu niña interior es indiscutible. Las características que tienen en común estos cuatro tipos de madres emocionalmente inmaduras son el individualismo, el narcisismo, la nula empatía por los otros, la incapacidad de ver los límites de la hija y lo poco fiables que son. Esto las incapacita para ser madres presentes y disponibles para sus hijas, a la vez que fuerzan la relación maternofilial a un cambio de roles donde la hija se coloca en el papel de cuidadora o hace de saco de boxeo de su propia madre.

- *Madres emocionales*. Son inestables e impredecibles y agobian a sus hijos e hijas con sus continuos cambios emocionales. Se frustran fácilmente, y al mismo tiempo son muy alarmistas frente a pequeñas adversidades. El lado extremo puede ser una adulta con una enfermedad mental o una madre con amenazas de suicidio o violencia física hacia las otras personas.

- *Madres resueltas.* Son controladoras, perfeccionistas, entrometidas, tienen respuesta para todo y todo se ha de hacer como ellas deseen. Se obsesionan por las metas y el proceso se ha de seguir como ellas dictaminen, esto les impide poder ver a sus hijas e hijos como seres individuales y empatizar con ellos. Aparentemente puede parecer que se preocupan de sus hijas y que se desviven por ellas, pero en realidad pueden llegar a crear hijas adultas incapaces de tener iniciativa, estar desmotivadas o no tener autocontrol.

- *Madres pasivas.* Este tipo de madres en apariencia son menos dañinas porque no poseen un discurso verbal potente de manipulación o no montan en cólera si algo no sale como ellas esperan, o bien evitan los enfrentamientos. Pero es todo lo contrario: restan importancia a los problemas y consienten cualquier tipo de abuso o maltrato por parte del resto de los miembros del sistema familiar. Se mantienen en un segundo plano cuando la pareja es dominante y suelen mirar para otro lado cuando la hija es objeto de abuso o menosprecio en su presencia. Son madres que no protegerán a sus hijas de depredadores, al igual que no sabrán enseñarles a poner límites a los demás. La imagen que me viene es la de una mujer adorable y afectuosa, pero impasible ante los conflictos que atenten contra el desarrollo sano de su hija.

- *Madres displicentes (o desagradables).* En realidad, estas madres no hubieran tenido hijos. Huyen de la intimidad emocional con sus hijas, sienten que las molestan, no toleran las necesidades de los otros, solo saben dar órdenes, enfadarse o aislarse de la familia. Son madres rancias, poco o nada amables, secas y antipáticas. La hija puede llegar a sentir en algún momento que ha de pedir disculpas solo por existir.

Al leer estos cuatro tipos de madres emocionalmente inmaduras posiblemente descubras que la tuya tiene alguno de ellos o una combinación de todos. Cabe añadir que este tipo de madres también ejercen un tipo de poder sobre las hijas que las desempoderan en cierta manera. Y no es que las madres ya nazcan con un poder autoritario, sino que suelen ejercerlo por primera vez cuando tienen hijos.

Antes de seguir, quiero que entiendas parte de la historia y de la depravación patriarcal que tu madre también tuvo que sufrir, o al menos las madres de antes de los años sesenta y setenta.

Nuestra madre, antes de serlo, fue hija, y muy probablemente vivió bajo el dominio de un padre y/o una madre autoritarios y patriarcales. La mayoría de ellas, sobre todo hablo de las que nacieron antes de los años sesenta, tenían que ingeniárselas para poder independizarse de unos padres que las reprimían. Algunas de ellas se quedaron embarazadas jóvenes para poder salir de esa prisión, y otras se casaron, como dictaban las leyes familiares conservadoras, para conseguir cierta «libertad», aunque no era más que un disfraz a la sumisión que la sociedad seguía exigiendo. Cuando se convirtieron en madres y tuvieron a sus retoños en brazos, se dieron cuenta de que por primera vez podían ejercer cierto poder sobre alguien que estaba totalmente disponible para ellas. De prisioneras pasaron a ser carceleras.

En este punto me gustaría hacer un paréntesis y explicarte

los tipos de poder que podemos encontrar en la relación madre e hija (o en cualquier otro tipo de relación que suponga un poder sobre el otro). Según Patricia Evans, en su libro *El abuso verbal en las relaciones*, existen dos tipos:

1. *Poder sobre el otro.* Nacido del mismísimo patriarcado, tiene lugar cuando sientes que con tu madre hablas dos idiomas diferentes. Es una relación de madre e hija donde existe la desigualdad, la competitividad, la manipulación, la hostilidad, el control, la negación, el dominio y el autoritarismo. La madre rechaza la mutualidad porque para ella significa una pérdida de poder, y proyecta sobre la hija (que está disponible desde que es un bebé) sus carencias. Le quita su poder y luego, una vez se hace adulta, la hija lo buscará también ejerciéndolo en el exterior, posiblemente con sus propios hijos. En este tipo de poder la madre se siente fuerte, pero la hija se debilita.
2. *Poder personal.* No se está en una posición dominante respecto al otro y se rige por la igualdad, la colaboración, la reciprocidad, la buena voluntad, la proximidad, la aprobación, la empatía, la conexión con la vida, el crecimiento y la ayuda. La madre está presente emocionalmente, es estable, reconfortante, compasiva con la hija y es digna de confianza.

A veces una madre se mueve entre estos dos tipos de dinámica de poder: o bien muestra empatía y afecto, o de golpe y porrazo se vuelve controladora y hostil. Esta dinámica cambiante mantiene a la hija en una montaña rusa emocional y propicia su inestabilidad interior porque nunca se siente segura. Es un refuerzo de la madre a la hija intermitente.

Estas dinámicas de poder que se dan de madres a hijas vienen impuestas por el patriarcado; es la sociedad la que tolera y anima a que esto suceda. Para empezar, oímos continuamente que «madre no hay más que una» (como diciendo que has de ser leal y fiel a ella por encima de todo, incluso de ti misma), o «no culpes a tu madre», «tu madre te dio la vida», «tu madre intenta hacer lo mejor para ti»... Y sí, es cierto, pero la sociedad se olvida de otra parte muy importante: lo que pudimos sufrir siendo niñas a pesar de... Además, nos hacen estar en deuda siempre con la madre. Los niños y las niñas no deben nada ni a sus madres ni a sus padres, como bien te explicaba en la página 66. Si hay un cambio de dirección en este flujo, entonces se le llama «desorden». Esto ha supuesto siempre el estancamiento de muchas generaciones de mujeres. Me extenderé más acerca de este orden del amor según las constelaciones familiares en el siguiente capítulo.

La sensación de muchas hijas de que estamos en deuda con nuestras madres en todo momento ocurre por varias creencias culturales limitantes y mensajes tácitos que nos llegan de la misma sociedad, según los cuales:

- La lealtad de la hija a la madre es natural.
- Tu madre sufre y nadie la ayuda; por tanto, tú, como hija-niña, necesitas hacer algo por ella, ya que es quien asegura tu supervivencia.
- La madre refuerza la idea en la hija de que es responsable de su bienestar, por ejemplo, cuando le dice «eres mi razón de vivir» o «cuando naciste, me salvaste la vida».
- La madre cree que su hija ha de pasar por lo mismo que ella pasó de pequeña con su propia madre, debe saldar la misma deuda.
- Existe una falta de ayuda por parte de la pareja, de la familia, de los amigos...
- Madre e hija han de ser las mejores amigas.

Me parece importante detenernos un instante en este último punto. Ya sabemos que la madre es nuestro primer vínculo con la vida, que nos nutrimos de ella a nivel biológico y energético durante los nueve meses de nuestra gestación y que llegamos a la vida gracias a ella, a que tomó la decisión de tenernos y llevarnos durante todo ese tiempo en su vientre. De modo que madre y vida son equivalentes. Desde un sentido arquetípico, la madre es la vida misma. Entonces, desde esta posición ante ella, no podemos considerarla como nuestra amiga por varias razones:

1. Una amiga no da la vida a otra amiga.
2. En el vínculo madre-hija existe una jerarquía en la que la madre es la mayor y la hija es la pequeña. No es una relación entre iguales, como sí ocurre con las relaciones de amistad.
3. Dos amigas dan y reciben siempre algo, lo que equilibra la misma relación y la mantiene en un lugar sano. En cambio, en la relación maternofilial, este dar y recibir solo tiene una dirección: la madre da y la hija recibe. Nunca puede darse al revés porque supone una carga brutal y una losa que impide que la hija mire al futuro y pueda tratar a sus descendientes de manera sana y adecuada.
4. Cuando la madre considera que su hija es su amiga, vuelca en ella sus emociones y malestares, lo que convierte a esta última en un vertedero emocional que la ata y la hace sentirse responsable del propio bienestar de su progenitora. Eso debilita a la hija porque siente que su madre no puede darle el impulso que justamente necesita en la vida.

Todo este sentir nos hace prisioneras y es imposible sanar. Paralizamos nuestra vida esperando su aprobación. Sentimos que, si cuidamos de ella, recibiremos amor, pero se trata de un sueño imposible, una falsa esperanza que hay que soltar. Y el riesgo que implica hacerlo es que posiblemente te etiqueten de mala hija.

Es necesario entender que lo legítimo en la vida de una niña es su derecho a que su madre la observe, comprenda, proteja, tome en serio y respete. Esto le ofrece el espacio suficiente para poder ir reconociendo en su desarrollo y crecimiento sus propios sentimientos y sensaciones. Pero si la madre es una inmadura emocional, la hija no tendrá ese espacio, ya que será la misma adulta que robará esa área, y así buscará a través de la hija lo que no recibió de su propia madre. Su retoño está disponible y esta le brinda su atención y admiración. Si la niña manifiesta sus necesidades, automáticamente la abruma y la minimiza, restando importancia a sus sentimientos. Es decir, la invalida. La niña interpreta que no tiene derecho a manifestarlos, ya que se da cuenta que hacerlo desborda a la madre y eso puede reducir la cantidad de amor que recibe de ella. Esto lo arrastra a su etapa adulta, incapaz de mostrar sus necesidades y sus sentimientos.

El motivo por el que nuestra madre no nos aceptó tal cual éramos era su incapacidad de asumir situaciones complejas. Su autoridad a la hora de decirnos cómo ser, pensar, actuar o hacer las cosas tenía que ser lo más sencilla posible. Probablemente utilizaba tópicos que respaldaban su autoridad como progenitora y justificaban que no respetara tus propios límites. Si te resististe a cambiar o a desempeñar un rol concreto (por ejemplo, a vestir falda), la manera de forzarte pudo ser retirándote la palabra, decirte que no te quería, amenazarte, poner a las otras personas de casa en tu contra, decir que eres mala hija o mala niña... Y eso cuando eras pequeña lo pudiste interpretar como que realmente eras alguien defectuoso que no merecía ser amado. A través de la voz materna, interiorizaste lo que ella quería y no lo que tú querías. Ahora, de adulta, quizá pienses que estás escuchando a tu voz interior, pero a lo mejor lo que estás escuchando es el discurso de tu madre, tal y como Laura Gutman explica magistralmente en su libro *El poder del discurso materno*.

Los padres emocionalmente inmaduros solo se fijan en los roles que desempeñan sus hijos y no en su propia individualidad porque se sienten amenazados al avivar sus temores infantiles de sufrir un posible rechazo o abandono. Lo podemos ver, por ejemplo, en las hijas o hijos favoritos. En realidad, el ojito derecho de la madre es una prolongación de lo que ella es porque está desempeñando los roles que a ella ya le van bien, y no hay un afecto sincero. Es un apego emocional excesivo que tampoco le permite a la hija ser un individuo independiente.

Las consecuencias de adoptar roles impuestos pueden ser que no lleguemos a ser libres para tomar nuestras decisiones y que no seamos auténticas en la vida. A veces podemos llegar a sentirnos un fraude, como si nos moviéramos con máscaras, siendo personajes equivocados. Evitamos abandonar esos papeles porque tenemos miedo a que mamá nos rechace, a que el mundo nos rechace. Nos autosaboteamos cuando estamos a las puertas del éxito o de conseguir algo que deseamos. Si estamos preparadas para ser nosotras mismas y asumir las consecuencias de una posible pataleta de mamá, entonces nos liberaremos.

Retomando el tipo de dinámicas de poder que he descrito más arriba, pasaré a explicarte de qué modo una madre ejerce poder sobre su hija. Nuestra madre puede comportarse con nosotras a través de *pataletas* o directamente con *manipulación*. Las pataletas surgen cuando la hija muestra una opinión diferente, se rebela ante la sumisión o deja de ser servil; es decir, cuando quiere mostrarse más auténtica y diferente ante la madre. En este caso, la madre puede mostrar la pataleta a través de una explosión (violencia física o verbal, amenazas, echarle las culpas de todo, reprocharle temas del pasado) o por medio de una crítica insolidaria menor, como hacer un desplante. En ese momento le está saliendo su parte de niña herida, proyectando su respuesta automática inconsciente sobre la hija. Es en este punto cuando la madre deja de ver a la hija como tal y la mira como a su propia madre, porque le despierta el miedo a ser rechazada o abandonada.

Patri decidió un día establecer contacto 0 con su madre, una mujer muy manipuladora y maltratadora. La tenía muy dominada, a pesar de que Patri tenía su propia familia. Era consciente de que en esa ausencia de relación su madre haría lo imposible para llamarle la atención. Y así fue como empezó a requerir a su otro hijo para mostrarle que ella era la víctima del rechazo de Patri, con insultos y desprecios a su propia hija. Al no conseguir que ella cediese, intentó ponerse en contacto con su yerno (el marido de Patri), sin respuesta. Y siguiendo con la pataleta, se inventó una historia de que estaba muy enferma y se estaba muriendo. Al final Patri cedió al chantaje de su madre y retomó el contacto con ella, cayendo de nuevo en el infierno.

La madre de Lis una noche la echó de casa, con solo 5 años, por un comportamiento de la niña que no pudo aceptar. Con 10 años le pegó una paliza por sacar malas notas en la escuela, rompiéndole incluso una de sus camisetas preferidas. Lis sufría en su propio cuerpo las pataletas de su madre, incluso el desprecio a su físico siendo ya adulta cuando ella decidía hacer las cosas de forma diferente a como su madre quería. En muchas ocasiones el dolor emocional era tan insoportable que Lis se tomaba a diario diazepanes de su madre para dejar de sufrir el maltrato al menos por unas horas.

La manipulación, a diferencia de la pataleta, es un recurso de poder más sutil, apenas perceptible como algo dañino. Existen dinámicas manipuladoras que podrían parecer simplemente maternales y enriquecedoras, benevolentes e inofensivas, pero la energía y el tono de fondo son en realidad hostiles, agresivos, duros. Es muy difícil de detectar. Un ejemplo sería tener celos de una, emplear el humor sarcástico o criticar la manera de vestir.

Mariola, con 49 años, seguía yendo a comer todos los días a casa de su madre. Y no solo ella: sus dos hijas y su nieta también comían en casa de la abuela y bisabuela. Mariola tenía su propio hogar, incluso había épocas en las que no trabajaba y podía cocinar para ella y sus hijas. Pero su madre, de 73 años, no la animaba a ello y cada día la llamaba por teléfono para saber qué les apetecía comer. A simple vista puede parecer que es una madre amorosa, inofensiva y cuidadora de su familia; sin embargo, el auténtico deseo de esta mujer era no estar sola, y la manera de conseguirlo era manipulando a su hija y nietas a través de la comida. Mariola no conseguía hacerse adulta, a pesar de que ya era abuela, debido al sutil control y manipulación de su madre.

A continuación, expongo otros ejemplos de dinámicas de poder:

- Utilizar a la hija como un vertedero emocional.
- La madre es irresponsable, pero utiliza a la hija como instrumento narcisista para llamar la atención.
- A la madre no le interesa si su hija no está de acuerdo con sus opiniones. O estás conmigo o estás contra mí.
- La madre se muestra fría para lograr que la hija ceda a sus deseos.
- Poner a la hija en contra de otros miembros de la familia.
- Criticar la vestimenta que lleva, o incluso su físico.

- Menospreciar los logros de la hija por una cuestión de celos.
- Utilizar un humor sarcástico con ella.
- Criticar al padre para lograr el apoyo de la hija y que se posicione.
- Cada vez que la hija alcanza un éxito o es protagonista en un momento concreto, la madre enferma o finge que le duele algo.
- La madre se esmera en cocinar deliciosos platos para poder meterse en casa de la hija, o bien para forzar a que esta vaya a su casa a comer.
- La madre desautoriza a su hija delante de sus propios nietos.
- Cualquier cosa que la hija diga, la madre lo dirige hacia una experiencia suya para ser el centro de atención.
- Los sentimientos y las necesidades de la hija quedan eclipsados por las necesidades de la madre.

La necesidad vital de separarnos de mamá

¿Cuántas veces has pensado que ojalá tu madre cambie para que pueda verte como a su hija? Incluso sabiendo que esto puede herir la sensibilidad de alguna mujer, ¿cuántas veces has sentido que cuando tu madre ya no esté todo será más fácil? Pues sí, hay mujeres que esto último también lo piensan. Y es totalmente legítimo sentirlo.

Cuando eras niña te planteaste muchas veces, aunque ahora quizá no lo recuerdes, que si tomabas partido por tu madre o si ella hacía según qué cosas, a lo mejor lograbas que desprendiese las energías de una buena madre. Te planteaste situaciones hipotéticas que darían lugar a un resultado diferente a lo que estabas viviendo entonces. Ahora, de adulta, si sigues en una relación de codependencia con tu madre, te hables o no con ella, esté viva o ya haya fallecido, significa que aún perpetúas la fantasía de entonces, con las hipótesis de lograr posibles respuestas positivas de ella o de otras personas, a pesar de que tu experiencia siempre haya sido en sentido contrario. El eterno «¿y si...?». Esto significa que una parte infantil de tu ser se niega a dejar ir a tu madre porque sigues esperando que esté disponible para ti.

Que la relación con nuestra madre sane pasa antes por soltar las fantasías y posibles ideas de que algún día recibirás respuestas positivas y amorosas de ella. O bien, si rechazas estar con ella, también puedes tener otro tipo de fantasías en cuanto a la reparación de la relación. Aquí van algunos ejemplos:

- «Si pudiese lograr que viese lo bien que me va en la vida, se sentiría orgullosa de mí y me sentiría reconocida y amada».
- «Si consigo tiempo de calidad con mi madre, verá lo buena persona que soy y querrá tenerme cerca».
- «Si fuese a terapia, lograría que se diese cuenta de que la necesito y me sentiría validada por ella».
- «Si aún estuviese mi padre con ella, no tendría yo que visitarla cada día y escuchar sus historias».
- «Si pudiera superar la depresión, podría sonreír al verme y yo podría explicarle mis problemas».
- «Si estuviese muerta, no me tendría que preocupar más de ella ni tener que ir a verla».
- «Si conviviese con una pareja, no tendría que escuchar tanto sus quejas».

El verdadero camino de la curación requiere abandonar esas situaciones hipotéticas y aceptar las circunstancias y las limitaciones reales de tu madre.

Para lograr tal hazaña de sanación y renunciar al sueño imposible de que tu madre te dé algún día lo que necesitas, es de *vital* importancia que te separes de ella para ser independiente. Hay que realizar un desapego sano, cortar el cordón umbilical que aún te liga con ella para lograr ser una hija libre. La separación de la madre es, como dice Maureen Murdock en su libro *Ser mujer: Un viaje heroico*, una travesía en la que se requiere mucho valor. No es un camino sencillo y para nada recto, y acaba por convertirse en una lucha física y psicológica.

Hoy eliges tú: ¿prefieres ser tú misma con tu propio poder personal o seguir esperando la aprobación de tu madre para todo?

La «involución» social en nuestra historia

Como ya he explicado en este capítulo, las madres y la relación maternofilial no tienen el lugar que les corresponde en la mayoría de las sociedades y culturas, sobre todo en las capitalistas. Están situadas en un pedestal con unas bases nada firmes. Es cierto que con el paso de las décadas los estereotipos generacionales de madres a hijas han ido cambiando, pero perdura el mensaje sutil de crítica hacia las maternidades. Las madres continúan ocupando un lugar nada reconocido socialmente, siempre al servicio íntegro de los demás; eso sí, sin ayuda, respeto, derechos ni recursos para criar libremente. Por ejemplo, desde los años ochenta, la baja por maternidad en España es de dieciséis semanas, teniendo en cuenta que se necesita a veces un mes para recuperarse del parto y el bebé necesita a su madre hasta los nueve meses de vida piel con piel mínimo, sin olvidar que ellas soportan el peso físico y mental de la casa o que la responsabilidad del cuidado de los mayores es mayoritariamente femenino... En definitiva, lo que hay es una mirada atrofiada de la sociedad hacia la mujer.

Con este panorama, ¿cómo no convertirse en una madre desagradable o absorbente con sus hijos? Ellos son los únicos seres disponibles que una madre «posee» para descargar su rabia, para sentirse amadas, y esto se tolera culturalmente porque resulta muy cómodo mantenerlo así. En consecuencia, el problema de vínculo entre una madre y una hija no es de tipo individual y exclusivo del hogar, sino más bien un asunto global allí donde prevalece la mentalidad patriarcal y la idea distorsionada de que las madres son perfectas y divinas, y de que las hijas se han de sacrificar por ellas. Así perpetuamos el dolor interior en la mujer, que no podrá estar presente emocionalmente para los hijos que vengan después. Por suerte, una mujer, antes de ser madre o siéndolo ya, es probable que haya enfrentado y superado su propio sufrimiento para no transmitirle a su hija todos estos mensajes de vergüenza, culpabilidad y complacencia que mal tipifican lo femenino.

Sin duda es una problemática fundamental que debería implicar a la sociedad en su conjunto ofreciendo el espacio, el tiempo, los recursos y el acompañamiento necesarios para que las madres puedan criar a sus cachorros con salud, presencia y respeto. Mi esperanza es que esto pronto cambiará, aunque los antecedentes no son nada halagüeños. Hace unos diez mil años que transitamos por un camino de patriarcado donde nacer niña aún es una desgracia en muchos países, y donde las mujeres, en las comunidades más desarrolladas, seguimos ocupando el segundo lugar, con «derecho de pernada» para algunos hombres, glorificando una masculinidad enferma y menospreciando una feminidad sana. Este camino comprende un 10 por ciento de la historia de nuestra especie, del *Homo sapiens sapiens.* El otro 90 por ciento del tiempo, unos cien mil años de historia que abarca el Paleolítico y parte del Neolítico, corresponde a sociedades puramente matrísticas (no matriarcales, que es diferente, como luego explicaré). Los libros y los historiadores datan el inicio de la agricultura y la ganadería como el comienzo de la decadencia de la cultura matrística y la gestación y el nacimiento del patriarcado. La agricultura y la cría y el cuidado de los animales para poder sobrevivir a épocas de hambruna llevaron al hombre a crear la propiedad privada, que hasta ese momento no existía. Para poder mantener y producir alimentos, el hombre tuvo que recurrir a más mano de obra, y para lograrlo sometió a la mujer, que era la máquina para hacer hijos e hijas.

En las sociedades matrísticas, las relaciones entre los clanes familiares se basaban exclusivamente en lo materno. Johann Jakob Bachofen, profesor de Derecho Romano en la Universidad de Basilea, lo llamó «derecho materno», un derecho común a todas las hembras, las cuales nutren a todo ser viviente. «Es la magia de la maternidad que opera como principio divino del amor, la unidad y la paz, en medio de una vida llena de violencia», decía. Esto, sin ninguna duda, es inexistente en nuestra historia más reciente.

En la cultura matrística, la mujer representaba la vida; era el portal por el que los seres humanos llegaban a este mundo. Su cuerpo era venerado y respetado. No existía el matrimonio —hombre y mujer— como se conoce en nuestra cultura; por lo tanto, la figura del padre tampoco existía. Quiero remarcar, aunque pueda herir la sensibilidad de alguna lectora o lector, que la figura paterna es un producto del patriarcado, al igual que el matrimonio. Las mujeres y los hombres mantenían relaciones sexuales espontáneas y promiscuas y estaban en conexión directa con los ciclos y los movimientos de la naturaleza. Pertenecían a ella. Cuando la mujer se quedaba embarazada, no se sabía quién era el padre, y era la familia de la mujer la que se encargaba de criar a la progenie (los mismos hermanos y tíos como figuras masculinas). De ahí las sociedades matrilineales (solo por la línea de la madre). Como las condiciones de vida eran muy duras, la unidad del grupo y la fusión con la naturaleza eran imprescindibles para poder sobrevivir.

Al inicio del patriarcado, que tardó unos dos o tres mil años en diseñarse y consolidarse, la Tierra, la naturaleza y la mujer fueron cosificadas y transformadas en fuentes de producción de bienes, tal y como afirma Mariana García Legar (Mariana Doña Loba) en su libro *La rueda de Izpania.* La mujer pierde su relevancia y libertad y es sometida por el hombre. La veneración y el respeto a las mujeres como portales de vida desaparecen, y la maternidad pasa a tener las cualidades de complacencia, martirio, sufrimiento, abnegación, sometimiento, asexualidad... tal y como las religiones, sobre todo la judeocristiana, proclaman. Así podemos entender que la glorificación de la maternidad hoy en día tiene un cariz dudoso y desprende cierto tufo de hipocresía social. ¿Quién venera actualmente a una madre libre de opresión que busca su espacio para estar con ella misma a ratos sin abandonar a sus crías? En todo caso, a esta mujer se la tacha de egoísta por no responder a unos estereotipos patriarcales.

La diferencia entre cultura matriarcal y cultura matrística es notable. La primera se da cuando no existe paridad y la figura dominante es la mujer en lugar del hombre. Existe un poder sobre el otro y un dominio de las mujeres sobre los hombres, es decir, no se respetan los principios de libertad e igualdad universal. Se rige con un femenino enfermo. Lo mismo sucede en el patriarcado, pero en este caso es el poder del hombre sobre la mujer, con una fuerte energía de un masculino insano. En cambio, en la cultura matrística y en las sociedades matrilineales el hombre era respetado y tenido en cuenta igual que la mujer en todas las comunidades; jamás quedó excluido y oprimido. Claramente, ¿cómo una madre iba a excluir o someter a sus hijos varones, si estos eran carne de su carne e igual de amados que sus hijas? Además, en esta cultura existían los principios de igualdad y libertad universal, de mutualismo y de cooperación.

Siempre digo que es importante conocer nuestra propia historia de vida y la historia de nuestras madres y ancestras para entender cómo hemos llegado a ser quienes somos ahora, con nuestros conflictos y logros, y comprender cómo se creó en nosotras una herida materna. Pero igual de importante es conocer la historia de la humanidad en cuanto a sociedad y cultura. No debemos quedarnos con los hechos y sus fechas que nos obligaban a aprender de memoria en la escuela, sino lograr una mirada y un enfoque más antropológico, desde el sentido profundo de la transformación interior de los seres humanos, de sus valores, sus normas y sus pensamientos.

2

La madre, la vida

> Todos estamos insertados en una mente común mayor: un Alma Familiar, como se denomina en el trabajo de Constelaciones Familiares. Y esta alma tiene sus reglas. Una de ellas es amar a nuestros padres y combatir la debilidad de sacrificarnos por nuestros mayores creyendo falsamente que así los anidamos.
>
> JOAN GARRIGA, *¿Dónde están las monedas?*

No podía escribir este libro sin dedicar un capítulo a la relación madre e hija enfocándolo desde una mirada sistémica familiar. También he querido añadir una parte más sagrada y natural del vínculo que se crea entre ambas, especificando aquellas áreas en la vida de una mujer que están profundamente condicionadas y esculpidas por su madre y por las creencias de esta. Dicha relación primordial y divina deja su huella en todas y cada una de nuestras células para toda la vida, condicionando la manera en que nos relacionamos con el éxito, la abundancia, la alimentación, nuestro femenino, nuestro padre, etc. Nuestro cuerpo y nuestras creencias acerca de él se formaron en el terreno de las emociones, las creencias y el comportamiento de nuestra madre, por lo que de ella aprendemos qué es ser mujer y el cuidado de nuestro cuerpo. La influencia muchas veces inconsciente de una madre sobre su hija es tan profunda que cuesta a veces entenderla. Si bien es cierto que la cultura en general tiene un papel muy importante en nuestra visión de nosotras mismas como mujeres, las creencias y el comportamiento de nuestras madres ejercen una influencia mucho más fuerte. De hecho, ellas son quienes nos enseñan los dictámenes de la cultura en general.

Pero antes de entrar en detalle, déjame que te cuente cómo llegué a dar con las constelaciones familiares y de qué modo me ayudaron a sanar parte de mi historia y a reconciliarme conmigo misma.

Después de muchísimos años de terapia psicológica clínica, había temas profundos en mí que no se movían, enquistados en lo más profundo de mi ser. Me faltaban herramientas para poder transmutar todo el dolor que aún llevaba dentro, toda la desdicha que sentía cada día de mi vida. El hecho de querer desaparecer de este plano me angustiaba muchísimo, ya no solo por mí, sino también por mi compañero y mis hijos. Cada vez que me sentía rechazada o culpable por algo, lo único que quería era quitarme de en medio. En todos estos años tuve varios intentos de suicidio, y tras el más grave caí en una profunda depresión, cuando mi hijo tenía apenas un año de vida. Por entonces yo visitaba desde hacía años la consulta de una psicóloga clínica en Barcelona. Y continué yendo a mis citas, a pesar de que estaba muy estancada. Cuando me quedé embarazada de Emma, aún conecté más con el deseo de aniquilarme. Mi psicóloga, María José, creo que entró en pánico conmigo y empezó a buscar recursos sanitarios más potentes para que me atendieran. ¿Cómo podía dejar a una mujer embarazada sin control ante la amenaza de su propia destrucción y la del ser que llevaba en su vientre? Me doy cuenta de que era una paciente que podía asustar mucho ante mis tentativas.

María José me derivó al Área de Psiquiatría del Hospital Sant Pau de Barcelona y solicitó expresamente que me atendiese la doctora psiquiatra Carmen Tejedor, una eminencia y experta en suicidiología. Allí me presenté, por voluntad propia, embarazada de 5 meses. Recuerdo perfectamente ese día. Nada más entrar en la visita, empezó a hacerme preguntas de protocolo: nombre, apellidos, edad, estado civil, hijos, antecedentes en la familia de enfermedades mentales, situación económica y laboral, estudios, mi historial de salud mental... Al acabar el interrogatorio, la respuesta concluyente fue que no entendía cómo yo, una mujer con estudios universitarios, casada, con un hijo nacido y otro en camino, con una situación laboral favorable, que podía pagar mis facturas cada mes... pudiese tener ideaciones suicidas. Ella me comparaba con otros jóvenes que se encontraban en una situación de máxima vulnerabilidad social, sin recursos económicos, ni estudios, ni una familia estable, y según sus palabras, ellos sí tenían derecho a manifestar deseos de quitarse la vida, pero yo no. Salí de la consulta totalmente devastada, desesperanzada, rechazada por el sistema público de salud mental. La conclusión fue que yo no tenía ningún derecho a sentir que quería morir, a manifestar que sufría mucho, a decir que estaba rota por dentro... Regresé a casa peor que como había salido.

Pasaron los meses y cada día me seguía sintiendo como un estorbo, hasta que nació Emma. En este punto aumentó el deseo de quitarme la vida; el puerperio fue horrible, rechacé a mi hija y dejé de darle de mamar. Siempre agradeceré la enorme y amorosa paciencia de Jose, mi compañero, quien en ningún momento me juzgó ni me recriminó mi actitud. Hizo lo correcto: hacerse cargo de nuestra hija con mucho respeto y presencia. Pero todo me superaba mucho. Solo quería estar con Francesc, mi hijo mayor.

A los tres meses de nacer Emma, buscando una ayuda terapéutica diferente a la psicología clínica, y en mi desespero de poder encontrar mi centro, acabé en manos de una mujer consteladora familiar. Recuerdo el primer día, cuando puso encima de su mesa una caja repleta de Playmobils. Aquel día lloré lo que no había llorado durante años. Regresaba cada semana a la consulta, y cuando salía de allí era como si me hubiese quitado cien kilos sobre mis hombros. ¡Cuánta comprensión y recolocación de mi mundo interior! Por primera vez era consciente del lugar que estaba ocupando en mi sistema familiar, de la madre que había sido para mi padre y para mi madre desde bien pequeña, de las cargas que estaba llevando fruto del legado de mi familia, tanto de la materna como de la paterna. Aquella herramienta desconocida para mí tomó una gran importancia. Y así fue como decidí formarme como facilitadora internacional en constelaciones familiares y sistémicas en el Institut Gestalt de Barcelona, de la mano de los mejores en España, Europa y Latinoamérica. Se abría ante mí un mundo de sabiduría y entendimiento que se salía de lo que convencionalmente se conocía dentro de la salud mental oficial. Empecé a experimentar una metamorfosis espectacular y, en consecuencia, mis hijos también comenzaron a notar cambios positivos. Cuanto más crecía yo, más ocupaban ellos su lugar en el sistema. Debo decir, sin embargo, que las constelaciones familiares no fueron la terapia definitiva. Tuve que pasar posteriormente por otros tipos de terapias y ahondar en otros rincones de mi inconsciente. Pero la primera parte del camino, la más tortuosa y pesada, ya la había recorrido.

Una mirada desde las constelaciones familiares

Las constelaciones familiares se basan en el análisis transaccional, la terapia gestáltica y la dinámica de grupos. Frente a los discursos individualistas, esta disciplina plantea que todos estamos unidos al destino familiar y que este es, en principio, más grande que el destino individual.

Según esta filosofía, la madre enseña a desarrollar en la hija un tipo de capacidades, y el padre viene a complementar el resto. Nuestras heridas y nuestros dones son la materia prima de nuestra sabiduría. En la historia personal de cada una está nuestra medicina. Por lo tanto, en cada ciclo de mi existencia terrenal existe un maestro sagrado que nos genera heridas y que también nos descubre las capacidades con las que contamos. Sean ellos conscientes o no, estos guías serán claves para nuestro desarrollo personal. La maestra sagrada del nacimiento (hasta los 5 años) es la madre; de la infancia es el padre; de la adolescencia es el propio Yo; de la madurez es la sociedad, y de la vejez es el universo.

Desde el momento en que entramos en esta vida, pertenecemos a un determinado sistema de relaciones que, con el tiempo, va ampliándose en círculos concéntricos. Estos serían, por orden cronológico, los grupos y relaciones más importantes para nuestra supervivencia y nuestro desarrollo, sean escogidos o no:

1. La familia de origen: la madre, el padre, los hermanos.
2. La red familiar: abuelo, abuela, tío, tía, ancestros, ancestras.
3. Las relaciones libremente escogidas, como las amistades.
4. La relación de pareja.

5. Las relaciones con nuestros hijos e hijas.
6. La relación con el mundo en general.

Bert Hellinger, el padre de las constelaciones familiares, hablaba de las condiciones a tener en cuenta para conseguir que el amor en todas nuestras relaciones crezca y prospere sin impedimentos, a las que denominó «órdenes del amor». Son unas leyes sistémicas que se dan en todo tipo de relaciones (las mencionadas más arriba) para que nuestras necesidades fundamentales estén cubiertas y para que la felicidad se sienta en todos nuestros poros. Son los siguientes:

- *Orden del amor de la pertenencia.* Una niña, desde que es gestada en el vientre de su madre, empieza a pertenecer a un sistema familiar sin cuestionarlo. Se adhiere a él con una fuerza y una consecuencia únicamente comparable con una fijación. Esta vinculación se vive con amor y felicidad. Es un amor primario que incluso la puede llevar a sacrificar su vida y su felicidad con tal de sentir que pertenece al grupo.

- *Orden del amor, del equilibrio entre el dar y el tomar.* La necesidad de un equilibrio entre dar y tomar posibilita el intercambio en los sistemas humanos, siempre que esté bien acompañado de una sensación de alegría y plenitud. Si el intercambio se realiza a un nivel elevado y es equilibrado, tenemos una sensación de ligereza, de justicia y de paz. Pero no siempre se da este equilibrio, y esto puede ser fuente de mucha angustia y de pesar, desequilibrando las relaciones. El equilibrio entre tomar y dar solo es posible entre personas que se mueven a un mismo nivel, es decir, de igual a igual. Es diferente entre padres e hijos. Los hijos nunca pueden devolverles a sus padres nada equivalente. Querrían hacerlo, pero no les es posible. Casi siempre los hijos se quedan en deuda con los padres, y esto hace que no se puedan desligar de ellos y, por tanto, que no sean libres. Cuando conseguimos el impulso de salir de esta obligación que nos imponemos nosotras mismas, logramos separarnos de la madre y del padre y conseguimos ser independientes en todos los niveles. La solución natural a esta compensación de deberles a ellos pasa por que los hijos y las hijas les den a sus propios hijos, es decir, a la generación siguiente, o bien generen un compromiso con otras personas. La que se da cuenta de esta salida y la acepta es capaz de tomar mucho de su madre y de su padre, al tiempo que los honra profundamente. Otra manera de llegar al equilibrio entre tomar y dar de madre a hija es mediante el agradecimiento.

- *Orden del amor de la jerarquía*. En la familia existe una jerarquía entre sus miembros que está determinada por los siguientes criterios: tiempo (los padres tienen prioridad respecto a los hijos, el primer hijo lo tiene respecto al segundo...), peso (la relación entre la madre y el padre es la más importante, luego viene la relación entre padres e hijos, etc.) y función (el padre y la madre ocupan las principales funciones). Siempre que esta jerarquía sea respetada por todos los miembros de la familia, el amor podrá fluir libremente. En este orden, junto con el de dar y tomar entre madre e hija, siempre menciono en la consulta la metáfora de la fuente romana, donde arriba del todo hay un surtidor que se alza para colmar la concha que hay justo debajo. Esta concha rebosa e inunda el seno de otra cavidad que hay debajo. Esta segunda concha se llena de agua también y entrega a la tercera concha que está debajo... así hasta más abajo. Cada una toma y da al mismo tiempo, pero por orden de arriba abajo, fluyendo y descansando. El agua representa la vida y todo lo que una madre puede ofrecer, y va cayendo hacia abajo, en orden, dando a la hija, y esta dará a su propia hija... El agua nunca subirá de una concha inferior a otra superior, es decir, de una hija a una madre. He aquí el desorden y la parentificación.

¿Has podido imaginar o visualizar en tu mente cómo se representa esta fuente romana y cómo el agua, símbolo de la vida, emana de arriba abajo, de madres a hijas? Es una buena metáfora para entender cómo nos afecta en las diferentes áreas de nuestra vida esa energía vital que nos llega de ella, y cómo en ese flujo residen sus creencias, traumas, heridas y fortalezas de las cuales nosotras bebemos desde que estamos en el vientre materno.

La madre, la vida

Ahora que ya sabes un poquito más sobre constelaciones familiares, quiero hablar de la figura de la madre desde esta mirada sistémica.

La madre es nuestro primer vínculo con la vida. Ella es el portal a través del cual aterrizamos en la Tierra. Nos nutre desde el minuto cero. Nos alimentamos de ella a nivel biológico y energético durante los 9 meses de nuestra gestación. Llegamos a la vida gracias a que ella tomó la decisión de tenernos y llevarnos durante todo ese tiempo en su vientre. No olvides nunca que estás aquí gracias a que tu madre decidió mantenerte en su útero hasta tu nacimiento. Es por eso por lo que la madre es nuestra maestra sagrada en el ciclo del nacimiento, tal y como dice Gabrielle Roth en su libro *Mapas para el éxtasis*. Su papel sagrado consiste en respetar la singularidad de la bebé y en nutrir su autoestima. De qué manera se cuide ella misma, así seremos nosotras cuidadas y así aprenderemos a automaternarnos una vez seamos adultas.

Después del nacimiento, el siguiente evento decisivo es el movimiento hacia la madre, ahora como un opuesto, que nos lleva a su pecho y nos nutre. Con su leche tomamos la vida fuera de ella. De modo que madre y vida son equivalentes. Desde un sentido arquetípico, la madre es la vida misma. Bert Hellinger decía: «Como miramos a nuestra madre, miramos a la vida». Así como consideramos a nuestra madre, así nos relacionamos con la vida. Por tanto, una de las consecuencias más devastadoras en la mujer, si la relación con la madre no es sana, es que no hay posibilidad de fluir con la vida y se está desconectada de ella. Este nudo existencial se da porque justamente es ella quien nos conecta a la vida a través de su cuerpo. Cuando ese caudal de abundancia que tomamos de la madre se maltrata, se descuida o se ignora, la bebé siente una interrupción en el riego energético y amoroso que le llega, y su autenticidad empieza a fragmentarse, convirtiéndonos en adultas rotas por dentro. A esta interrupción Hellinger la llamó «movimiento amoroso interrumpido». En algunos casos esto es letal una vez se es adulta.

El dolor que siente la hija frente a la separación, a una edad temprana, de sus progenitores, sobre todo de la madre, está lleno de rabia, desesperación y tristeza. Esta rabia viene provocada porque esa separación se da en una época en la que la niña no es capaz de llorar de pena o de hacer el duelo de la persona que le falta. Intentaré explicarlo de una manera más clara para que entiendas este flujo.

Al nacer, la bebé es separada a nivel biológico de su madre, aunque emocionalmente seguirá fusionada a ella hasta los 9 meses. Si hay un periodo de separación perinatal o la criatura llegó prematuramente y necesita ir a la incubadora, o es separada de la madre nada más nacer por cuestiones clínicas u otras causas, este hecho marcará una impronta emocional. Lo natural y sano es que la bebé sienta que sus necesidades están siempre cubiertas a todas horas, y que puede oler y escuchar a su madre en todo momento ya que sabe perfectamente que ella es quien le asegura su supervivencia. La presencia de la madre da seguridad. Por tanto, el temor de perderla es el primer terror que conocemos. Cuando esta experiencia la vive de una forma muy traumática, se produce un cambio profundo en la conducta, que se conoce como «movimiento amoroso interrumpido hacia la madre» (más adelante también se puede dar hacia el padre, pero por norma general siempre es hacia la madre, ya que es nuestro vínculo con la vida). Para la hija es muy doloroso no poder sentir, durante su primera infancia, el contacto, el abrazo, la mirada y la protección de esta figura. Si no recibe lo que tanto necesita, le inunda una sensación de soledad, abandono y rechazo. Es tan pequeña que no puede asimilar el dolor de una separación y cuanto más pronto suceda, más traumática será para ella. Surge un sentimiento de profundo desamparo, de no tener a mamá cuando tanto se la necesita, y entonces aparece la decisión interior de «me quedo sola», «renuncio, me retiro, me aparto de ella»... y de alguna manera se cierra a recibir el amor de mamá. Hay un sentimiento de reserva, de rechazo, a nivel interno e incluso externo hacia la madre, y este sentimiento también queda grabado a un nivel profundo e inconsciente que tendrá consecuencias para la vida posterior. Por ejemplo, cuando, una vez adulta, quiera ir hacia la pareja, su cuerpo recordará el trauma de la separación precoz y se detendrá en su movimiento. En lugar de ir en busca de la persona que quiere, esperará que sea esta quien vaya a por ella. Y cuando esta persona se acerque de verdad, le costará soportar la cercanía y la rechazará de alguna manera, en lugar de tomarla y darle la feliz bienvenida a su vida. Puede que incluso suceda lo mismo con sus propios hijos, perpetuando en ellos la herida de abandono y repitiendo patrones más adelante que se transmitirán de generación en generación.

Ejercicio

Este ejercicio lo hago siempre en mi curso «La niña que fui, la mujer que soy» y nos ayuda a darnos cuenta del grado de movimiento amoroso interrumpido que quedó en nuestra psique entre los 0 meses y los 5 años.

Colócate en una habitación o espacio libre de muebles y cajas. En un extremo de la habitación coloca una silla que represente a tu madre, y al otro extremo colócate tú misma. A continuación, cierra los ojos, respira y suelta el cuerpo. Date unos minutos. Al poco ratito volverás a la edad que tenías cuando ocurrió la separación con tu madre.

Este ejercicio de reconexión con la madre dura entre cinco y diez minutos. Te recomiendo que lo hagas todos los días. Su objetivo es que consigas ir desde un extremo del lugar hasta el otro extremo donde está tu madre para abrazarla. Eres tú quien ha de ir hasta ella, no al revés. El movimiento será muy lento. Algunos días solo podrás avanzar unos centímetros, en los que sentirás mucho bloqueo, miedo, vergüenza, soledad e ira, pero al final el amor lo desbordará todo.

Toma nota en un cuaderno cada día de lo que sucede cada vez que haces el ejercicio.

Cuando una persona, a pesar de todo su miedo, regresa a la situación primera donde se sintió abandonada, vuelve a ser la niña de entonces, a mirar a su madre de entonces, y conecta de nuevo con sus sentimientos de dolor, de decepción y de ira, con sus recuerdos, expresa sus sentimientos y supera los obstáculos. De este modo puede reparar parte o todo el daño y recupera internamente ese movimiento interrumpido o impedido hacia mamá, un proceso en el que nos reencontramos con la niña que vive dentro de nosotras y que representa nuestra capacidad y talento natural para amar y gozar de la vida.

Como bien explicaba al principio de este capítulo, la madre condiciona determinadas áreas de la vida de la hija, desde la relación con su propio cuerpo hasta la manera de abrirse a la abundancia, y lo hace a través de la transmisión de sus creencias, heridas y valores, mediante las dinámicas relacionales maternofiliales, y por medio de su cuerpo, de su presencia, de su energía y de su disponibilidad. Así determinará la manera en la que luego la hija se relacionará en estos aspectos concretos de su vida. A continuación, te detallo área por área.

La abundancia y el dinero

Bert Hellinger decía que la relación que tienes con el dinero y cómo vives en la abundancia tiene que ver con la relación que tienes con tu madre. Son energías equivalentes. No se puede respetar y agradecer el dinero si no lo hemos hecho antes con nuestra madre. Es por eso por lo que decimos que el dinero y la abundancia son energías de vida. Ambas son metáforas de la madre. En la medida en que exijo a mi madre, exijo también al dinero. Quien está enfadado con el dinero, lo está también con la madre. El dinero, por otro lado, necesita estar en movimiento porque si no pierde fuerza. Cuando lo miramos con respeto y agradecimiento, confiamos plenamente en que cualquier cosa que necesitemos será proveída. Y esto se logra cuando nuestra niña herida vuelve a confiar en la vida y establece un flujo vital hacia la madre real, aunque no la vea ni se relacione con ella.

La madre, a su vez, representa en su totalidad la abundancia porque ella es la primera que ha de satisfacer nuestras necesidades más básicas, al igual que el dinero lo hará cuando seamos adultas. Si no estás conectada a tu madre y no la tomas, significa escasez, significa que no fluyes en la vida.

Para entender mejor qué nos sucede con el dinero, debemos echar la vista atrás, a nuestra historia, y mirar si tomamos suficiente de nuestra madre, si cubrió nuestras necesidades, si sentimos que estuvo presente para nosotras y si recibimos un amor incondicional.

No tiene nada que ver con el exterior, ni con la economía mundial, ni con tu trabajo, ni con el banco de turno... Tiene que ver con cómo sientes tú el dinero en ti, cómo lo sostienes, cómo permites que fluya y cómo te abres a recibirlo. Tendemos a tratarnos a nosotras mismas igual que nos maternó nuestra madre, y una de esas maneras es vivir desde la carencia. Podemos llegar a tener todo el dinero del mundo, pero sentirnos las mujeres más pobres del universo.

Por otro lado, esa conciencia de carencia es más acusada en las mujeres que en los hombres. Se gesta a través de la madre, la cual lleva unas creencias limitantes de la misma cultura patriarcal donde a la mujer se la desvaloriza y se le dice que ha de estar al servicio de los otros, y que ella debe situarse en último lugar. No tiene derecho a ir en busca de sus sueños si antes no ha atendido a las otras personas.

En resumen, vivir en estado de escasez nace de cómo nuestra madre nos acogió y cubrió nuestras necesidades, y luego se alimenta del patrón cultural de que las mujeres no merecen vivir en abundancia porque han de satisfacer las necesidades de los otros.

¿Recuerdas momentos de carencia en tu infancia?, ¿tus necesidades emocionales fueron cubiertas?, ¿de qué manera satisfaces hoy tus necesidades?

El éxito

El éxito se construye en la familia, y de acuerdo con las constelaciones familiares, la respuesta es la relación con la madre.

A la madre hay que tomarla como fuente de nuestra vida, con todo lo que fluye de ella hacia nosotros. Tanto el éxito profesional como el personal guardan una vinculación directa con la relación que se tiene con ella, por ser justamente quien nos da la vida. Por eso quien tiene éxito laboral está al servicio de la vida. Entonces, si la mujer tiene una buena relación con su madre, es una manera de decirle a esta que se está al servicio de la vida al igual que ella lo estuvo al concebirla y cuidarla. Por el contrario, cuando se verbaliza constantemente que «mi madre no me quiere», o se expresa desde el inconsciente con ademanes y posturas, la hija se está negando a que el mundo la quiera, por este motivo será víctima de constantes rechazos y podrá abrumarse ante diferentes problemas al relacionarse socialmente, incluso a nivel laboral.

Pero empecemos por nuestro primer éxito en la vida: el nacimiento. Quizá fuiste deseada, tal vez fuiste concebida de la unión de dos personas que se amaban con pasión, o quizá fuiste fruto de una violación o de un laboratorio, incluso puede que tu madre quisiera abortar, o a lo mejor nunca supiste quién era tu padre biológico. Sea como sea, la cuestión es que llegaste a la vida; por tanto, ese es tu primer y mayor éxito. En nuestra gestación y alumbramiento tuvimos que demostrar por primera vez nuestra capacidad para imponernos, y este éxito opera durante toda la vida. De esta experiencia obtenemos también la fuerza especial para imponernos con éxito más adelante. Aquí incluyo también el triunfo de nuestra madre por haber aguantado un embarazo y un parto donde, indiscutiblemente, su cuerpo estuvo expuesto a un enorme cambio y esfuerzo que puso en peligro su propia vida.

El siguiente acontecimiento decisivo en el éxito es el movimiento hacia la madre, que ya se ha convertido en un otro, que nos acerca a su pecho y nos nutre. Este tomar es activo: tenemos que chupar para que su leche fluya, debemos llamarla para que venga y, evidentemente, ella ha de responder con presencia, disponibilidad y paciencia. Por tanto, debemos alegrarnos de tomar lo que nos regala. Ella nos hace ricas. Si por el contrario se muestra ausente o no acude en el momento en que la necesitamos para ser amamantadas, entendemos que nos rechaza y nos abandona. Más tarde, en la vida, quien consiguió tomar de ese modo pleno a su madre tendrá éxito y será feliz. Pero para que se produzca esa toma de la madre, insisto, ella se ha de mostrar afectiva y abierta para nosotras.

Tal y como te sitúes interiormente frente a tu madre, así te enfrentarás a tu vida y a tu profesión. En la medida en que rechazas a tu madre, rechazas también la vida, tu trabajo y tu profesión. Y al revés: del mismo modo y en la misma medida, vida, trabajo y profesión te rechazan a ti.

El éxito se manifiesta en nosotras cuando aceptamos a nuestra madre real tal y como es. Es un movimiento puramente interior, del corazón, por lo que la madre no ha de estar presente físicamente, ni tampoco te has de relacionar con ella. El movimiento hacia la madre interrumpido tempranamente, tal y como explicaba al principio de este capítulo, demuestra ser un obstáculo decisivo para el éxito en la vida. Aquí también es importante que nos acerquemos al éxito en lugar de esperar a que este nos llegue; por ejemplo, cuando esperamos nuestro salario sin entregar primero el desempeño correspondiente, o si incitamos a los demás a ir hacia delante en lugar de hacerlo nosotras. Esto es incongruente, y la existencia lo sabe.

El cuerpo

Nuestra madre nos transmite sus lecciones (sean acertadas o no) por medio del cuerpo a través de su ejemplo, su guía, su actitud, su energía y su vibración. Este proceso de enseñanza sagrada comienza en el embarazo, cuando ambos cuerpos están unidos y las psiques, fusionadas. Es a través de su cuerpo como salimos al mundo y, a continuación, como somos alimentadas, calmadas, acunadas y contenidas a demanda. La manera en que la madre nutre y materna a la bebé, cuerpo con cuerpo, así confiará esta en su propio cuerpo. Si la madre satisface sus necesidades, la niña se sentirá segura y única, y conectada a su propio cuerpo. En cambio, si fue alimentada cuando no tenía hambre o no lo fue cuando sí la tenía, si se la metió en la cuna a dormir cuando no tenía sueño o se la mantuvo despierta cuando sí lo tenía, si fue obligada a dar besos a otras personas y a sentarse en sus rodillas cuando ella no quería, o a vestir con ropa que detestaba, o fue recriminada por tocarse, entonces se la ha condicionado a desconfiar de sus mensajes internos, a tener miedo de ser ella misma, a ser incapaz de atenderse correctamente, a no tener permiso para autocuidarse. Primero la niña y luego la mujer se sentirá incómoda con su cuerpo, no sabrá identificar sus necesidades reales, no tendrá valor para poner límites a los de fuera, permitirá que abusen de ella y no será soberana de sí misma. Estas y otras consecuencias más son las que nos llevan a desconectarnos de nuestros cuerpos. Son el fruto de haber recibido un maternaje deficiente. Podemos llegar a disociarnos de nuestro cuerpo y no saber qué necesita.

Haber recibido un toque cariñoso y nutritivo de nuestra madre es un componente importante para el desarrollo del sentido de nuestro Yo. Esto, a su vez, hace que la niña sienta que tiene valor. Se trata de una necesidad tan esencial que los bebés que no están expuestos al contacto físico suelen morir. Está demostrado científicamente que el toque amoroso de una madre a su bebé no solo favorece la parte emocional y psicológica, sino también induce todo tipo de beneficios fisiológicos, como el impulso del desarrollo del sistema nervioso, la estimulación del sistema inmunitario y reducción del estrés.

Tu vida sucede en tu cuerpo, y en el cuerpo de tu madre llegaste a la vida, de modo que tu cuerpo es tu madre. Te corporeizaste, te hiciste materia a través de tu madre biológica. La vida que pulsa en cada célula de tu cuerpo y tu capacidad de conectar con ella y sentirte cómoda en tu cuerpo tiene relación directa con el vínculo con tu madre. Una madre presente afectivamente para su hija le enseña a prestarse atención, a cuidarse y a reafirmarse, por lo que la niña alcanza un dominio de sí misma, una confianza corporal y una sabiduría rica.

La desconexión del vínculo con la madre se presenta en los procesos de salud y de enfermedad. En la enfermedad te encuentras desconectada del vínculo materno y, por lo tanto, de la vida. «Tomar a la madre» es sinónimo de salud y de vitalidad.

El síntoma más notable hoy en día de esa carencia colectiva de maternaje (casi toda la humanidad llevamos una herida materna) es la contaminación de nuestro planeta. Maltratar a la Tierra y a toda la vida que la habita muestra la misma falta de cuidado materno que contamina nuestros cuerpos. Si te paras a pensar detenidamente, el cómo te automaternas está en consonancia en cómo contaminas el planeta.

EJERCICIO

Cada noche, cuando te metas en la cama, toma conciencia de tu respiración. Inhala por la nariz y exhala por la boca, de manera muy presente; observa la entrada y la salida del aire; luego intenta llevarlo hasta tu vientre, sacando el ombligo hacia fuera, y calcula el tiempo que sostienes despierta esa presencia. Cuantos más minutos estés consciente de tu respiración, sin irte a los pensamientos y tareas del día, más conectada estarás con tu cuerpo.

Tu incomodidad o disgusto con tu cuerpo tiene relación con aspectos de tu madre con los que estás en conflicto o en desacuerdo. A medida que te sientes más cómoda con la madre que te tocó, te puedes acomodar a tu cuerpo e incluso verte y lucir mejor; estar con tu cuerpo y contigo misma se vuelve más sencillo, entonces puedes estar más conectada con el momento presente y darles verdadera relevancia a tus decisiones basándote en lo que sientes aquí y ahora, y en lo que te resulta más cómodo. Puedes confiar en la sabiduría de lo que te transmite tu cuerpo, que no es más que la sabiduría de la vida misma, que llegó a través de tu madre mediante el proceso de gestación.

La alimentación

Nuestro inconsciente asocia tres palabras: «alimento», «amor» y «madre». Al nacer, ella nos da alimento fisiológico y emocional y nos aporta nutrición afectiva. La forma en que nos coge al alimentarnos de bebés, cómo nos mira y cómo nos nutre de amor, son muy importantes en este vínculo. Sin embargo, junto con la comida, la madre también puede transferir sus temores, su angustia, su impaciencia... Por lo tanto, la bebé queda asociada a las primeras experiencias de contacto y separación, y puede generar posteriormente conflictos o no con la alimentación: comer de forma compulsiva, ingerir comida basura, limitar la ingesta de alimentos sanos, ingerir más de lo necesario para nuestro organismo, no disfrutar de la comida, hacerlo a deshoras o sufrir trastornos alimentarios. El placer físico de comer se vincula en la mente con los conceptos de cercanía y contención. Este erotismo oral que encuentra la bebé cuando mamá la alimenta podemos verlo en la adultez en la necesidad de beber o fumar, como un modo de retornar a esa sensación de succión placentera que provoca alivio de la tensión interna. En muchos casos, comer compulsivamente puede responder a la búsqueda inconsciente del amor de la madre en la comida para llenar ese vacío.

Como en nuestro subconsciente el alimento representa a nuestra madre, por eso mismo es un transmisor del amor. La niña no solo pide comida, sino que pide amor y una exclusividad que nunca se puede colmar del todo. Si la madre piensa que la niña solo pide comida y no amor, atención y cuidados, hará que dependa de la alimentación como sustituto de su falta de amor, tranquilidad o frustración. Con ello le estará dando el mensaje de que, ante un problema emocional, el sustituto es el alimento físico, y esta asociación será problemática más adelante. Si las bebés sienten que no hay una respuesta a su llanto cuando tienen hambre, es posible que algunas crean que han sido abandonadas y entonces les inunda una terrible sensación de soledad y muerte; como resultado, quizá dejen de confiar en que serán atendidas y tal vez busquen otros medios para lidiar con o sustraerse de la enorme carga de la ansiedad, llegando incluso a rechazar la comida cuando por fin llega. Por otro lado, si la madre se mostraba ansiosa o enojada mientras le daba de comer, tal vez su hija imagine que lo que recibe le hace daño.

La sensación de impotencia y la pérdida de interés en los vínculos y en el propio Yo se acompaña de falta de hambre, de sensaciones vomitivas o de asco, lo cual denota en un profundo rechazo a la madre de la infancia. Sin embargo, otras personas experimentan una sensación de hambre desbordada y consumen grandes cantidades de alimento. Al comer vorazmente, algunas pacientes buscan compensar frustraciones afectivas y restablecer la relación con la madre idealizada, intentando llenar ese vacío materno. En los casos de obesidad, desde las constelaciones familiares se ha visto muchas veces que uno de los motivos es no haber tomado a la madre. Existen otros, como mantener una fidelidad ciega a una o varias desgracias familiares que aún no se han digerido y que representan una fuerte carga emocional sobre su cuerpo. O quizá puede haber una fidelidad a abortos del sistema. En todo caso, los kilos de más pueden ser una forma de ponerse a salvo, una barrera alrededor de la persona que la protege de que puedan hacerle daño.

En un trastorno alimentario como la anorexia, lo que la mujer busca inconscientemente, la mayoría de las veces, es morir en lugar del padre. En la negación del alimento se está negando la propia vida. A través de la enfermedad le dice a su padre «yo muero en tu lugar», quizá porque este interiormente también está negando su propia vida. A veces puede haber excepciones, teniendo implicaciones sistémicas de ancestros. En este caso, la mujer con anorexia le puede decir internamente al padre: «Yo me quedo en la vida». Cuando una mujer no ha conseguido despedirse del todo de la anorexia, aunque haya empezado a comer, se está diciendo internamente: «Me quedo», pero entonces expulsa la comida otra vez diciéndose: «Me voy». Siente culpa por dejar de ser fiel a su padre en la muerte. Nuevamente se desconecta de la vida. La solución es que, cuando quiera volver a vomitar la comida, diga interiormente a su padre: «Me quedo». En la bulimia se suele observar, en la mayoría de los casos, que la madre rechaza al padre y le dice a su hija, implícita o explícitamente: «Lo que viene de tu padre no tiene ningún valor, debes tomar solo de mí». Entonces la hija coge la comida de la madre, por lealtad hacia ella, y la vomita, por lealtad hacia el padre. Ella cree que, si toma de uno, no puede tomar de la otra, y pensar en tomar de los dos le produce una culpabilidad inmensa. La solución pasa en tomar a ambos padres por igual.

Voy a hacer un pequeño paréntesis para detenernos en este tema importante del permiso para tomar a papá. Bert Hellinger decía que «muchos problemas con los niños también se producen porque no pueden acceder al padre. Solamente la madre puede abrir el camino al padre, con lo cual tiene un poder tremendo. Pero nadie más puede franquear el camino al padre». Entonces, volviendo a las constelaciones familiares, al padre se le toma a través de la madre; es ella quien da el permiso para tomarlo, quien lo incluye en el corazón de los hijos. Esto sucede porque, desde la gestación, tu relación con mamá es mucho más estrecha que con papá. El amor de mamá está ganado desde el minuto cero y la fusión con ella es exclusiva y única. Ambas psiques están en simbiosis y tus primeros pasos se darán con el permiso que mamá te conceda. La relación con el padre, que empieza al año y medio de haber llegado al mundo, germina igual que tus primeros pasos, por lo que el amor de papá nos lo hemos de ganar, pero se podrá dar siempre que mamá lo permita.

Una hija necesita del padre y de la madre. Cada una de

nosotras tenemos el 50 por ciento de uno y el 50 por ciento de la otra. Cuando una madre excluye al padre de su hija, está borrando ese otro 50 por ciento que ella tiene y agravando el mundo interior de la niña, por lo que el inconsciente de esa hija interpreta que tiene un 50 por ciento que no sirve o que no es tan bueno, y lo va a vivir como un bloqueo en su vida profesional, por ejemplo. Si recuerdas el principio de este capítulo, uno de los órdenes del amor y de las leyes sistémicas familiares es que toda persona tiene derecho a pertenecer; es decir, la madre no puede excluir al padre del alma colectiva de la familia, aunque haya sido el peor hombre del mundo. Si la madre ve al padre con amor, reconociendo en él a un hombre con un linaje masculino lleno de fuerza, reconoce también a sus antecesores, lo cual es un regalo para la hija.

El conflicto en la hija ocurre cuando una madre no puede ver a ese hombre como el padre que es, cuando no logra ver en ella la presencia de ese hombre, lo cual dificulta que la hija pueda ver al padre. Por ejemplo, la madre siempre se está quejando del padre a su hija, y esta, por amor ciego a su progenitora, la defiende de su progenitor. Aquí deja de ser hija y siente que está en medio de ambos, se desubica y, por tanto, pierde la fuerza. Otro ejemplo clásico que se observa mucho es cuando una hija ve en su padre a un hombre que golpea a su madre, a un padre abusivo, y por eso lo odia, lo juzga y en muchos de los casos lo desconoce como figura paterna. Conozco a varias mujeres de la consulta y a algunas conocidas que cambiaron el orden de los apellidos, poniendo primero el de la madre. Hace muchos años, antes de ser madre, también quise hacerlo, pero no llegué a consumar la idea. En este caso, lo que debe hacer la hija es asumir a sus padres como son, siendo consciente de que lo que toma de sus padres es la vida, no lo que ellos son o el tipo de relación que tengan entre sí, y de esta manera poder salir adelante. De lo contrario, lo que puede suceder es que viva con una carga de ira, rencor y resentimiento que termine por reproducir en todos los ámbitos de su vida personal. Tal vez acabe consumiendo sustancias ilegales, alcohol, fármacos o tenga relaciones sentimentales tóxicas. Y en esa pelea constante con la vida que le tocó quizá termine enfermando. En algunos casos incluso puede llegar a rebelarse contra su madre.

Lo que impide que una madre no permita a su hija tomar al padre es que venga de una historia de dolor con él. Quizá le fue infiel, la maltrató, abusó de ella, la violó, tal vez la engendraron en un solo encuentro o simplemente la madre odiaba y menospreciaba al género masculino. Que ella nos permita ir hacia él hace que tomemos toda esa energía del mundo exterior, la energía que nos impulsa a ir hacia fuera, a lograr las metas que nos trazamos, y fuerza para poner límites en todos los ámbitos de nuestra vida. En el instante que hacemos la toma de ambos padres, estamos equilibrando la energía en nuestro interior, y a partir de ahí es más fácil poder fluir en la vida de manera adecuada y sintiéndonos bien con nosotras mismas, integrando lo masculino y lo femenino en nosotras. De lo contrario, sentimos soledad y aislamiento.

Sexualidad

Las premisas en mi casa respecto a la sexualidad eran «no te toques», «has de llegar virgen al matrimonio» y «sé mujer de un solo hombre toda tu vida», y si no cumplía con estos mandamientos, Dios me castigaría. Así fue como dentro de mí se creó la idea limitante de lo que era la sexualidad en los términos de «no tengo derecho a tocar mi cuerpo, pero sí a dejar que otro lo haga», «contén tu energía y deseo sexual hasta que te cases (aunque tengas 25 años)» o «el hombre con el que me case será mi amo, señor y dueño de mi cuerpo»; si no, sería una desgraciada. La culpa me devoró durante años, incluso ya de casada. Mi caudal de vitalidad estaba muy reducido. Estas creencias las aportaba mi padre una y otra vez en casa, y mi madre las alimentaba. Cuando se despertó mi sexualidad siendo adolescente, llegué a creer que era una obsesa sexual y que estaba enferma. Estaba totalmente limitada y tocar mi cuerpo era algo sucio y pecaminoso. Me culpaba y me autocastigaba cada vez que la energía se movía dentro de mí. Tenía deseo sexual, pero no podía experimentarlo con placer y gozo. Este martirio duró muchos años.

Recuerdo un verano con 12 años, jugando en la playa a lucha de parejas, subida en los hombros de uno de mis amigos dentro del agua. Me lo estaba pasando estupendamente, disfrutando de mi niñez y de las risas que allí se compartían. Cuando salí del agua y fui hacia mi madre, la bronca que me cayó fue monumental. Me dijo que no volviese a subirme en los hombros de un niño y que mis genitales tocasen su nuca. Me sentí sucia y una furcia. Nunca más volví a hacerlo. ¿Qué maldad e impureza puede haber en un juego infantil?

La represión sexual es uno de los elementos claves en el control de la población, tal y como afirma Mónica Felipe-Larralde en su libro *Cuerpo de mujer: Reconectar con el útero*. No solo viene de las religiones (en especial, de la judeocristiana), sino también del sistema educativo y familiar, donde nos enseñan a ser niñas asexuadas para las que el placer, el deseo o lo erótico están prohibidos. Y es nuestra madre quien nos lo transmite, ya que ella es la mensajera de las creencias gestadas en la misma cultura y la emisora transgeneracional.

Esta represión tiene como origen la cultura autoritaria patriarcal que penalizaba cruelmente en sus inicios a todo ser humano que siguiese conectado con las leyes naturales, es decir, unido a la energía sexual como proceso puramente natural. Cuando nos referimos a la energía sexual estamos hablando de energía vital. Esto lo contemplan los taoístas sabiamente. En esta energía nos movemos cada día al relacionarnos, trabajar, proyectar, crear, cocinar, besar a nuestros hijos, abrazar a nuestros seres queridos, hacer el amor, etc. Dicha represión sexual —que muy poco a poco está perdiendo fuerza— nos dice sutilmente que nuestro cuerpo no nos pertenece, que debemos ser objetos y no sujetos, que seamos pasivas y no activas, que nuestros encuentros sexuales se dan gracias a un contacto genital y fálico, y que, si no hay orgasmo, no hay sexualidad. Asimismo, nos enseñaron que la sexualidad es un acto de descarga, y no puramente un intercambio de energías con el otro. Y que es cambiante, cíclica y mutable. A través de nuestra madre vimos que la sexualidad solo se practica cuando eres joven. ¿Alguna vez has pensado que tu madre es un ser sexual con 60, 70 u 80 años? Seguramente no, pero la realidad es otra, ya que la energía sexual existe en el ser humano hasta el final de nuestros días en la Tierra. Luego también aprendimos que podemos sentir deseo, pero no demasiado; podemos tener placer, pero sin dejar al hombre atrás; podemos tener vida sexual, pero políticamente correcta. Si nos salimos de estos mensajes sutiles se nos tacha de ninfómanas, frígidas, histéricas, guarras, furcias... Cuando una madre no se identifica con su cuerpo de mujer o hace comentarios denigrantes sobre su sexualidad o la de las otras mujeres, lo más seguro es que no pueda apreciar ni amar el cuerpo femenino de su propia hija. Así sucedía en mi casa.

En algún momento de nuestra infancia tuvimos que renunciar a todo nuestro caudal vital y a nuestra energía sexual. Mamá nos presionó a ello, luego vino papá, después la abuela y finalmente la escuela y la sociedad. Renunciamos a ser quienes éramos para seguir siendo amadas y validadas. En esta muerte de nuestro Yo auténtico también murió parte de nuestra sexualidad porque dejamos de estar conectadas a nuestros cuerpos y deseos. En el pasado lo hicimos, nos regañaron y crearon un sentimiento de culpa. Como consecuencia, se desunió el útero del corazón y de la conciencia, fragmentando la conexión entre los tres canales. Nuestra musculatura pélvica se vio afectada al perder flexibilidad y nuestro cántaro sagrado se cerró. De ahí que muchas de nosotras tengamos dolores en nuestros encuentros sexuales, que nos duelan las menstruaciones, que nos cueste llegar al orgasmo o que apretemos la mandíbula al dormir.

Existen varios recursos para acompañar a las niñas y las adolescentes de ahora en su sexualidad de manera sabia, respetuosa y sagrada. Una de ellas es animarlas a que practiquen yoga para conectar con su cuerpo, que aprendan a escucharlo y a mover la energía a su favor. Otra es que sepan cómo funciona su ciclo menstrual no solo a nivel fisiológico, sino también energético y espiritual. Acompañarlas desde niñas en el conocimiento de su realidad femenina y la ciclidad es una manera pedagógica para que se vayan transformando en soberanas de ellas mismas y crezcan con una identidad consciente.

Cuando mamá solo es la progenitora

La mayoría de nosotras hemos sido criadas por nuestra madre biológica; quizá no estuviera mucho tiempo a nuestro lado, aun siendo nuestra tutora y protectora. En algunos casos puede que la principal cuidadora fuese una madre adoptiva, o una abuela, o una tía, o incluso el padre, y que la madre biológica fuera tan solo la portadora de tu vida, pero no por ello debe ser desterrada del mundo interior de la hija, y te explicaré por qué desde la óptica de las constelaciones familiares.

En el caso de una hija adoptada, esta pertenece a dos sistemas familiares: al biológico y al adoptivo. Con frecuencia muchas familias evitan hablar a la niña de sus orígenes por miedo a interferir en el vínculo creado. Al no respetar esos orígenes, la niña se rebela y empiezan los problemas, ya que la hija siempre es fiel inconscientemente a su familia de origen, proviene de ahí, y si el origen no es respetado, ella tampoco va a respetar a los padres adoptivos.

Una hija adoptada se enfrentará siempre a un profundo dolor por la pérdida de sus padres biológicos, en especial de la madre, pero también de sus hermanos y del resto de su extensa familia. Cuando esta separación física definitiva de la madre y la posterior adopción ocurren en los primeros años de vida, el aparato psíquico de la niña no está preparado para afrontar y elaborar el desapego con la progenitora, y es el cuerpo el que lo registra. No solo la pierde a ella, sino que también pierde una parte de sí misma, lo más íntimo que tenemos y que nos hace sentir personas completas. Este sentimiento de «estar incompleta» que encontramos en muchas adultas que fueron adoptadas tiene otra consecuencia, la pérdida de la confianza básica, esa que todos necesitamos para sentir que tenemos un lugar en el mundo seguro en el que podremos encontrar aquello que necesitemos; esto hace que para la niña adoptada sea muy difícil poder confiar en la vida y tomar lo que esta le ofrece. En su corazón siempre habrá un lugar para sus orígenes. Y la mejor forma de facilitarles la adaptación es precisamente tener en cuenta a los suyos, sobre todo a su madre, que, como todas las madres, si hubiera podido, seguro que se habría quedado con ella. Si no se da espacio a estos sentimientos, de algún modo se le está diciendo a la hija adoptada que el lugar de donde proviene no es bueno y, por tanto, tampoco lo es ella. Si la hija tiene permiso de la madre adoptiva sobre todo para tomar la vida de sus padres biológicos, luego podrá tomar el amor y los cuidados que le ofrece su familia adoptiva. Una mujer que fue adoptada de pequeña ha de tomar en su corazón a ambas familias, la biológica y la adoptiva, y sentir que pertenece a ambas. Y la madre adoptiva ha de aceptar con amor y gratitud los orígenes de su hija adoptada, en especial respecto a la madre biológica. Una de ellas le dio la vida y la otra la cuidó esa vida. El mayor de sus regalos está sostenido por dos mujeres.

Como ya he comentado, podemos encontrarnos otros tipos de cuidadoras diferentes a las madres biológicas, como una abuela, una tía o incluso el mismo padre biológico. Sin embargo, en pleno siglo XXI hay que considerar nuevos vínculos humanos y nuevas identidades, muy complejos ahora mismo para la conciencia colectiva social porque no están tan claramente construidos ni se ajustan a las taxonomías científicas. Me refiero, por ejemplo, a los niños y las niñas que vienen de la gestación subrogada. Aunque es una práctica ilegal en España, hay familias que recurren a este tipo de maternidad fuera del país. Si bien yo no soy defensora de la gestación por medio del vientre de alquiler, sí que me veo en la obligación de resaltar la importancia de dar un buen lugar a todas las personas implicadas en este proceso. Independientemente del aspecto mercantil y lucrativo inherente, hay que poner el corazón en este camino y tomar a todas las partes implicadas como seres al servicio de la vida. La niña que nace de un vientre de alquiler y luego es adoptada por otra familia ha de tener en su repertorio interior a la madre que la gestó durante 9 meses, a su familia actual y a todos y cada uno de los participantes en el proceso. Ella no es la responsable, sino los adultos que la están criando.

Por otro lado, cada vez más hay más adultos que provienen de la reproducción asistida y de donantes anónimos, una práctica que por desgracia está siendo más habitual en nuestra sociedad debido al alto porcentaje de mujeres y hombres infértiles. Adoptar una mirada sistémica y desde las constelaciones familiares nos puede dar mucha comprensión amorosa, paz y liberación. Durante años he acompañado a nivel terapéutico a mujeres que querían ser madres y tenían que recurrir a las técnicas de reproducción asistida. Un trabajo clave a la hora de sostener con éxito una vida dentro de su útero es agradecer a los donantes (uno o dos, en función de si es solo esperma, solo óvulo o ambos) la ofrenda que hicieron para que la mujer pudiese ser madre. Evidentemente, existen otras variantes a tener en cuenta desde la mirada sistémica en casos de reproducción asistida, pero en estas páginas hablo de la identidad y la pertenencia de hijas nacidas de células sexuales de donantes. Como sucede en la adopción o en la gestación subrogada, también hay que dar un lugar en el sistema familiar de la niña a todos los agentes colaboradores en la reproducción asistida, ya que gracias a ellos se ha podido dar esta vida; así se calma el sistema interior de la niña y la vida puede fluir, la energía puede seguir pasando.

Es importante entender que el progreso está en total sintonía con el sentido de la vida; por lo tanto, las personas y la sociedad en su conjunto necesitamos tomar conciencia de los cambios que provocan estos avances científicos, ahondar en lo que estamos creando e ir juntos de la mano: nuevas familias, nuevas relaciones, nuevos tejidos sociales, nuevas dinámicas emocionales. Esa es la condición indispensable para que podamos hacer uso de la tecnología con éxito y armonía.

Muchas mujeres están enfadadas con sus madres biológicas o adoptivas, o incluso con el sistema sanitario del cual provienen (vientre de alquiler o donantes de células sexuales), y buscan la paz por caminos que no corresponden a través de la queja, la victimización o la lucha política y social. Son incapaces de encontrar sosiego a tanta búsqueda. Y esto, francamente, no les permite ir hacia la vida. Como adultos, antes de ser madres y padres por dichos procedimientos tendríamos que hacer este ejercicio de alta conciencia y responsabilidad, aunque siempre es posible hacer un trabajo de constelaciones familiares después de que acontezca el nacimiento.

Cómo integro lo femenino a través de mamá

En mi familia, el deseo de que los bebés fuesen varones imperaba en el anhelo colectivo. Yo tendría que haber sido un niño, pero trunqué el deseo expreso de mi madre. Durante muchos años rechacé la mayoría de las cualidades femeninas y me movía con muchísima energía masculina: en el juego, en las relaciones, en los estudios, en la ejecución de mis acciones, en mis maternidades, en mis proyectos... Era rígida, metódica, mental, competitiva, inflexible, puro fuego, reacia a relacionarme con otras mujeres. Cumplía ciegamente los deseos de mi familia a través de un cuerpo de mujer. Y funcionaba. Hasta que mi cuerpo empezó a manifestar patologías, como el síndrome del ovario poliquístico, reglas dolorosas, agotamiento y una energía vital muy debilitada.

Las mujeres, al igual que los hombres, llevamos una herida materna cultural donde lo femenino está desvalorizado o brilla por su ausencia en las diferentes esferas (política, económica, educativa, sanitaria, social y también familiar) y lo masculino está glorificado. La mayoría hemos aprendido a ver las cualidades femeninas a través de nuestra madre, porque ella es el modelo que imitar ya que es mujer y está vinculada al cuidado de los otros, a la maternidad sometida, a la complacencia, a no mostrar demasiado sus atributos sexuales, a dejarse en último lugar, a la dependencia, a la manipulación, a la envidia de otras mujeres... Esto nos ha llevado a muchas a rechazar este yin y a apostar por lo masculino —enfermo, por cierto—, que es lo que ayuda aparentemente a conseguir más independencia y logros, aunque con mucho más esfuerzo que los hombres. Además, muchas mujeres podemos sentir repulsa por lo femenino tras aprenderlo de nuestra madre al sentir ira por su manera de tratarnos con rigidez, desaprobación, y por su incapacidad de vernos como realmente somos.

Partiendo de este rechazo de la naturaleza femenina transmitida por nuestras madres y abuelas, hemos esculpido en la psique social y colectiva la imagen de mujer «válida» o «bien vista», la que encuentra a la pareja perfecta, que tiene éxito en su profesión, que crea una familia, que tiene una vida más allá del cuidado de sus hijos y de su hogar, un cuerpo de modelo y un estado emocional de permanente alegría y servicio. Para ello hemos tenido que desconectar de nuestro propio cuerpo, convirtiéndonos en soldados disciplinados, pero sintiéndonos vacías. Las mujeres vivimos sin darnos tiempo a saborear las vivencias, reduciendo al máximo los tiempos de reposo y relajación, sin escuchar nuestra alma (algo puramente femenino). Atendemos al cuerpo solo cuando debemos lucirlo para gustar al otro, o bien cuando nos duele mucho. No lo escuchamos ni lo disfrutamos de manera habitual. Desconectamos de nosotras mismas, de la sabiduría de nuestro cuerpo y de nuestro ciclo, perdemos toda nuestra fuerza natural y nos alejamos de nuestra sexualidad. Lo femenino maduro brilla por ausencia. Como consecuencia, el ciclo menstrual, una de las cualidades femeninas que más nos unen a la naturaleza, ya que es cíclico como ella, se ha visto agredido. Tampoco hemos adquirido de nuestras madres conocimiento al respecto, y lo que hemos heredado ha sido una idea negativa de lo que es la menstruación. Yo he llegado a escuchar que la regla es una desgracia en la mujer. Sin embargo, es todo lo contrario. A lo largo del ciclo menstrual, las mujeres tenemos la riqueza de experimentar diferentes estados de energía, de intuición, de sexualidad... estados todos ellos que el patriarcado siempre ha hecho lo posible por enterrarlos restándoles valor y asociándolos con algo sucio y asqueroso. Me refiero especialmente al momento del sangrado, porque ahí la mujer es menos precisa pero más contemplativa y espiritual; es sincera, salvaje, sabia, clara... Nuestro sangrado sufre a nivel social y cultural muchos descalificativos y rechazos; solo hay que echar un vistazo a los anuncios de compresas, o la nula comprensión en el mundo laboral cuando una mujer está menstruando. Todo esto provoca, por ejemplo, que el cuerpo y el útero reaccionen con dolor y malestar, se retrase o adelante la regla, tengamos dificultades para concebir y mantener la vida en nuestro vientre y que nuestros pechos se rebelen con diferentes patologías.

Si ampliamos nuestra mirada, si vislumbramos más allá de la imagen cotidiana y cada una de nosotras se esfuerza por escuchar a su alma o a su esencia, enseguida nos ponemos en contacto con la urgente necesidad de vivir de otra manera, e intuimos nuevos caminos, sintiendo que nuestro femenino tiene que empoderarse y madurar. En este siglo XXI cada vez somos más las mujeres que queremos ocupar otro lugar más acorde con nuestros cuerpos y nuestra espiritualidad, en comunión con lo masculino maduro. No es casualidad el despertar de muchas de nosotras y el deseo de abrazar nuestra naturaleza femenina.

Lo femenino puro y maduro tiene que ver con lo igualitario, con lo salvaje (lo no domesticado), con el sentimiento y la intuición, con la vinculación, con lo holístico, con el momento presente, con lo integrado, con el alma, con la tierra, con la luna, con la sombra, con el invierno, con el agua, con lo penetrable, con lo receptivo, con la belleza, con la diversidad y la complejidad, con la aceptación y el perdón, con la implicación. Todas estas cualidades y características eran comunes en las mujeres y en las comunidades antes de la era del patriarcado, cuando vivíamos en las sociedades matrilineales. La mujer vive su femenino puro cuando reconoce su sombra, su dolor y su miedo, y lo integra; cuando reconecta con su ciclo menstrual, lo reconoce, lo honra y lo usa; cuando siente su conexión con la Madre Tierra; cuando mira y toma con agradecimiento y reconciliación todo lo que le llega de su linaje femenino; cuando escucha su cuerpo, los síntomas de malestar, los mensajes de su fisiología, el deseo y su sensualidad; cuando escucha su corazón y pone palabras y acción a los mensajes. Lo femenino es el fluir, es ciclicidad, es comunión, es cooperación, es colaboración, es el cuidar, es lo sagrado, es lo divino. En realidad, somos la suma de la energía masculina y la energía femenina; sin embargo, en nosotras, al disponer de un útero, unos ovarios, una vagina y unos pechos, prevalece la energía femenina, y disponemos de la masculina en menor medida. Somos el yin y el yang. Necesitamos ambas partes para estar equilibradas, pero sobre todo nacemos con una polaridad dominante que nos inclina hacia uno u otro género, sin desconectarnos del género contrario. Hay mujeres que nacen con mucha energía masculina, y al revés. Ambos caminos se comunican; de hecho, cada uno enciende el circuito del otro, pero son muy diferentes. La energía masculina es la vía de la dignidad, la conciencia y la voluntad. Tiene un rasgo vertical, un rasgo de rectitud, de columna vertebral. Conlleva la alineación de la libertad y el poder. La energía femenina, en cambio, es la vía del erotismo y el corazón. Tiene un rasgo horizontal, mediante la apertura a la interconexión con cuanto nos rodea. Consiste en permitir que el dolor y la alegría sagrados de la vida corran por nuestras venas, por la sangre. Guarda relación con la confianza, la sabiduría corporal, la visión intuitiva y la expresión tierna, sensual e intrépida.

«Si tienes a tu madre bien integrada en ti, brillarás», decía Bert Hellinger, y afirmaba que lo que nos hace ser exitosas y felices en la vida es precisamente tomar a la madre como la fuente de nuestra vida con todo lo que es ella hacia nosotras y aceptar lo que nos da. En la medida en que rechazamos a nuestra madre, rechazamos la vida, el trabajo, la abundancia, la profesión...

Al tomar de la madre, se interpone en el camino de muchas personas una experiencia precoz, ya que vivieron una separación temprana de ella; por ejemplo, si las entregaron a otra persona por una temporada, o si la madre estuvo enferma y necesitó ausentarse para reponerse, o si ellos estuvieron enfermos y ella no podía visitarlos, o bien era tan solo una madre emocionalmente ausente. Esta experiencia origina un cambio profundo en la conducta de la niña. El dolor de la separación y el desamparo sin la presencia de la madre, la desesperación de no poder ir hacia ella cuando tanto se la necesita, conduce a una decisión interior del tipo «renuncio a ella», «me quedo sola», «me mantengo distante de ella» o «me aparto de ella». Más tarde, cuando esas niñas pueden volver a la madre, a menudo se sustraen a ella; la esperan en vano, y cuando ella trata de acercarse y tomarlas en brazos, ellas la rechazan internamente, y a menudo también externamente.

Pero ¿cómo nos acercamos a nuestra madre cuando sentimos que ella es el origen de nuestras heridas profundas y traumas de infancia y tenemos a flor de piel nuestro enojo?

Aun siendo consteladora familiar, puedo asegurar que una, dos o más constelaciones familiares en muchos casos no es suficiente para poder aceptar y tomar a nuestra madre tal y como es, con todo lo que sufrimos de pequeñas. El movimiento interno hacia la madre para sanar nuestro vínculo con ella comienza en nuestra parte adulta, y para poder sentir el impulso de acercarnos a ella, primero es preciso ver y reconocer a nuestra bebé, a nuestra niña y a nuestra adolescente interior. Mientras no validemos lo que sufrimos de pequeñas, verbalicemos esa verdad vivida, calmemos a estas partes internas que residen en el inconsciente y nos mostremos con nuestro Yo adulta confiable a nuestras Yos pequeñas, el movimiento de acercarnos a la madre será muy complicado y seguiremos perdidas, enojadas y vacías. Y, francamente, esta reparación de las heridas originales no se consigue en un solo día. Como siempre digo, se necesita valor, responsabilidad y mucho ejercicio interior para hacer todo este trabajo personal.

3

Un viaje con billete solo de ida

Estaba tan inmersa
en proteger tus sentimientos
que no respetaba los míos.
Estaba tan inmersa
en intentar hacerte feliz
que no encontraba mi felicidad.
Estaba tan inmersa
en buscar tu aceptación
que no me aceptaba yo.
Estaba tan inmersa
en tratar de verme guapa para ti
que dejé de ver mi belleza interior.
Estaba tan inmersa
en cuidar de ti
que no cuidaba de mí.
Estaba tan inmersa
en nutrirte
que no me nutría yo.
Estaba tan inmersa
en amarte
que no me amaba yo.
Hoy respeto mis sentimientos,

ahora puedo compenetrarme con los tuyos.
Hoy he encontrado mi felicidad,
ahora puedo compartir la tuya.
Hoy me acepto,
ahora te acepto, sin condiciones.
Hoy veo mi belleza interior,
ahora veo la belleza en ti.
Hoy me tomo el tiempo para nutrirme,
ahora puedo nutrirte a ti.
Hoy me amo,
ahora puedo corresponder a tu amor.

Poema anónimo, tomado del libro
Madres e Hijas,
de CHRISTIANE NORTHRUP

Después de haber descubierto que tenía una gran herida materna, y habiendo tomado muchísima conciencia de la disfuncionalidad que había en la relación con mi madre, el paso siguiente era el más complejo y difícil de acometer. Tardé dos años en procesar y coger impulso para decidir que entre ella y yo debía haber contacto 0. Hasta tomar esa compleja, vertiginosa y dolorosa decisión, navegué por un pantano lleno de neblina y culpa. Lidiaba con los encuentros con mi madre como podía: inventaba excusas, mostraba cuán ocupadísima estaba en mi vida diaria o esquivaba las llamadas y los mensajes, lo que a veces era muy agotador y desvitalizante. Las reuniones familiares cada vez eran más espaciadas en el tiempo. Quería alejarme para protegerme, pero al mismo tiempo me excusaba para que no se notase que quería huir de ella. Me agotaba tanto estar en su presencia... No sabía cómo liberarme de tanta carga y tanta rabia. La culpa surfeaba dentro de mí continuamente, y se repetía en mi cabeza: «Qué mala hija eres...». Después llegó la pandemia por la covid-19. Fue un momento de máxima liberación en cuanto a nuestras madres, tal como después me reconocieron muchas de las mujeres de mi consulta. Pudieron relajarse por primera vez en años al no tener que encontrarse físicamente con sus progenitoras. A mí me sucedió lo mismo. Después volvimos a salir a la calle y empezamos a movernos libremente, sin restricciones; sin embargo, yo aproveché y alargué ese alejamiento forzado para seguir separada de ella. Hasta que recibí su último mensaje de voz, donde me recriminaba que estábamos muy distanciadas la una de la otra, que ella se sentía muy sola, que yo y mis hijos éramos su única familia y que sus amigas no tenían el mismo problema con sus hijas. Me comparaba con otras hijas adultas, algo muy común en ella. No podía verme por lo que era, sino por lo que a ella le iba bien que yo fuese. No era la primera vez que recibía un mensaje así, a lo que yo siempre había contestado muy enfadada y desbordada de emociones, haciéndole ver que su comportamiento era propio de una niña pequeña que reclama. Evidentemente, mi madre se defendía de mis sentimientos replicando que dejara de llamarla niña pequeña y que solo me tenía a mí; es decir, yo tenía que seguir ocupándome de su soledad y hacerme responsable de su felicidad, y todo a cambio de renunciar a mi libertad, que era lo que en realidad había hecho hasta entonces, sin rechinar por ello. Así que ya no contesté a su último audio de WhatsApp. En ese instante fui muy consciente de que era huérfana de madre y que jamás, jamás, se cumpliría mi deseo infantil de que mi madre cambiara y me diera lo que tanto anhelaba: que pudiese ver mis verdaderas necesidades emocionales, atenderlas y que me viese como a una hija y no como a una madre y cuidadora. En este punto empezó mi duelo de ella, y mi viaje con billete solo de ida.

Para sacarme ese billete tenía que forzar la separación, así que le escribí una carta. Tardé una semana en redactarla. Alejarme de ella en todos los sentidos y establecer contacto 0 era lo más difícil que había hecho en mi vida, pero lo necesitaba para reencontrarme a mí misma, para descubrir mi lugar como hija adulta, para desintoxicarme de tanta rabia y enfado, para volver a escribir mi historia, hasta el momento enturbiada y oscura. El estar con ella o saber de ella empeoraba más la situación, así que necesitaba esa ruptura drástica. Pero no solo por mí, sino también por mi madre. Sabía que la separación nos beneficiaría a ambas. Pero antes había que pasar por ese obligado divorcio maternofilial. Además, me preocupaba mucho que mis hijos no pudieran volver a ver a su abuela durante un tiempo; era un asunto entre mi madre y yo, y mis hijos no tenían culpa, por tanto, no debían recibir el impacto de esta compleja situación. En ese trance tuve la bendición de recibir el apoyo de mi marido, pues él se encargó de que siguieran viendo a su abuela.

La carta era contundente, con unos límites firmes y seguros. Expuse todo mi dolor, las heridas que llevaba de mi infancia, lo sola que me sentí siendo niña, lo ausente que estuvieron tanto mi madre como mi padre, la falta que me hicieron, la responsabilidad que me dieron siendo muy pequeña y lo rápido que tuve que madurar para sobrevivir y escapar de un medio hostil. En ella también le dije que habían permitido que me implicase en sus asuntos de pareja y que eso me había lastimado muchísimo. No podía enviarle esa carta sin decirle que la amaba profundamente, pero que no podía estar ahora con ella porque me hacía mucho daño. Si nos volviésemos a encontrar más adelante era algo incierto. Y tampoco sabía si podía sostener en algún momento una conversación con ella sobre nuestra relación madre-hija. Veríamos cómo iba evolucionando todo.

Cuando saqué el billete de este viaje, era muy consciente

de que no podía hacerlo sola y sin acompañamiento profesional, de modo que busqué ayuda terapéutica.

Liberarse de la necesidad de aprobación y validación constante

Siempre digo que serás libre e independiente de tu madre —y, por tanto, verás el resultado de la sanación— en el momento en que dejes de esperar la validación y la aprobación de ella y de los demás. Cuando nos perdemos en lo que los otros piensan, sienten u opinan, y dejamos de escuchar a nuestra intuición, en lo más profundo estamos pendientes de que nuestra madre nos dé su visto bueno para lo que debemos sentir o decir. Llevamos registrada en nuestro interior una serie de voces, comentarios o discursos de ella, tanto de aprobación como de desaprobación, y esperamos a que las otras personas digan o actúen igual que ella hacía con nosotras. Parece ser que no podemos sentirnos amadas si no es con el beneplácito de los otros. Era así como te sentías reconocida y amada por tu progenitora cuando eras niña. Si, por el contrario, recibías críticas, insultos o menosprecios por parte de tu madre, no era a ella a quien dejabas de amar, sino a ti misma. Y lo mismo te sucederá de adulta cuando alguien te critique o minusvalore.

Lindsay C. Gibson lo describe como «interiorización de la voz materna» y Laura Gutman lo llama «discurso materno». Ambos conceptos significan que cuando somos niñas absorbemos los relatos, las opiniones y las creencias de nuestros padres a modo de voz interior que emite un comentario constante, creando una realidad interna y mental alejada de nuestras necesidades reales y que, una vez somos adultas, creemos que es un juicio o una narrativa propia, cuando en realidad es un eco de la voz de tu padre y, sobre todo, de tu madre. Al no nombrar lo que nos sucedía realmente, no tenemos conocimiento para darnos cuenta de nuestro sufrimiento real; para nuestra conciencia no existe. Es así como se nos enseña a adaptarnos a las normas y las reglas sociales. Podemos encontrarnos con dos tipos de voz o discurso interiorizado:

1. El positivo: comprensivo, amistoso y resolutivo.
2. El negativo: crítico, indignado y enjuiciador.

Según el médico y escritor Gabor Maté, los seres humanos tenemos dos necesidades primordiales: el apego y la autenticidad. Tanto la niña como el niño reprimen sus necesidades de ser auténticos para mantener el apego de mamá o del cuidador principal. Por lo que podemos ver, la necesidad humana más importante es el apego porque nos asegura la supervivencia, así que ante esa disyuntiva siempre escogemos forzosamente el apego, lo cual nos lleva a renunciar a nuestro YO auténtico que viene de serie para construir un YO falso.

Todas nos hemos amoldado al grado de disponibilidad emocional de nuestros padres creando roles (la buena niña, la payasita, la silenciosa, la rebelde, la obediente, la estudiosa, la hacendosa, la mediadora, la psicóloga, la hiperresponsable, la controladora, etc.) para tapar nuestro sufrimiento y lograr cubrir nuestras necesidades. Estos papeles adoptados conforman a un falso Yo, que se desarrolla entre los 3 y los 6 años de vida, para compensar los posibles rechazos que pudiste vivir cuando fuiste tú misma ante tu madre y también tu padre. Es un intento inconsciente de adaptación para recibir amor. Ahora, de adulta, estos personajes los confundimos con un Yo real, pero en realidad son máscaras forjadas y moldeadas a través del discurso de mamá que ocultan nuestra realidad interior. Podemos llegar a sentir en algún momento que no ocupamos nuestro lugar en el mundo, que somos un fraude; podemos ser un sinfín de personajes distintos, creados en nuestra infancia, y aunque es cierto que algunos de ellos pueden sernos útiles en el presente, tenemos que ser conscientes de que en realidad son disfuncionales y que nos llevan a depender de los demás para sentirnos amadas y validadas.

Cuando somos capaces de distinguir nuestro Yo real del Yo falso, despojándonos de los personajes que no nos sirven para nada y que dependen de la aprobación externa, entonces sí podemos sentirnos libres del discurso materno crítico y sentenciador, y tenemos poder para:

- Sentirnos humanas e imperfectas.
- Tener auténticos pensamientos y sentimientos hacia nuestra madre.
- Suspender todo contacto con quien nos daña, incluida nuestra madre.
- Marcar límites.
- Elegir cuánto dar.
- Tener compasión hacia una misma.
- Distribuir adecuadamente nuestra empatía.
- Actuar en nuestro favor.
- Expresarnos libremente.
- Reconducir el tipo de relación con nuestra progenitora.
- Dejar de mostrar un anhelo filial por nuestra madre.

Que sea posible esta nueva realidad y paradigma en la relación con nuestra madre facilitará que podamos aplicarlo también en el resto de las relaciones: pareja, amistades, hijos, trabajo, etc.

Establecer límites emocionales para protegerte a ti misma

Entre el año y medio y los 3 años, el ser humano aprende a decir «no» de manera instintiva y natural. La niña utiliza este monosílabo para marcar sus primeros límites a los otros, y no para fastidiar a los padres, como muchos adultos piensan. ¿Conoces a algún niño o niña que no haya pasado por esta rebeldía natural? Es una forma de oponerse a todo para poder afirmar su identidad y seguir construyendo la personalidad y su psique. No desea independizarse de su madre, pero sí empezar a separarse de ella y ganar autonomía. A nuestra madre, y también a nuestro padre, esta parte les incomodaba mucho, y por ello a muchas de nosotras nos penalizaron por decirlo. Si además fuiste una niña con mucho impulso y autonomía, seguramente te enrabietaste con frecuencia para lograr tu autonomía a través de tu negación a toda orden externa. La mayoría de los padres no tenían herramientas suficientes para comprender el porqué de esta fuerza de nuestro ego en querer marcar límites a los de fuera a través del «no» y carecieron de paciencia, asegurándonos que decir «no» era «malo». Entonces aprendimos a decir «sí» a todo; es decir, desaprendimos a poner límites. Había mucho autoritarismo y discursos nada convincentes ni pacientes para nosotras, así que recibimos una serie de reglas y normas rígidas y nada tolerantes, carentes de cualquier disciplina sana que nos acompañase. Empezaron a domesticarnos a través de la culpa y lastimaron nuestra fuerza al poner barreras; en definitiva, lapidaron nuestro Yo auténtico. Como afirma John Bradshaw en *Volver a casa*, cuando somos niñas «necesitamos disciplina sana para ser libres».

Al no haber aprendido a poner límites a los otros —ni a una misma, en muchos casos—, no sabemos protegernos de la hostilidad emocional de las personas tóxicas. Y si lo hacemos, sentimos culpa por ello.

La primera persona que invade nuestro espacio sin que nosotras podamos protegernos ni defendernos es nuestra madre. Confiábamos en ella. Al ser pequeñas, creíamos que podía hacerlo porque la veíamos benevolente. Muchas madres piensan que sus hijas son de su propiedad y que eso les da derecho a traspasar sus vidas, decidir por ellas, manejar sus asuntos y dar órdenes continuamente. Así, muchas hijas han devenido en adultas dependientes de sus madres, sometidas a sus decisiones. También hay mujeres que manifiestan que son capaces de poner límites a sus progenitoras, pero me doy cuenta de que muchas veces lo hacen desde una posición de enfado y rabia, de manera poco saludable, y, además, con un sentimiento de culpa que aparece más adelante.

Siempre recomiendo a las mujeres que acuden a mi consulta que, antes de expresar un límite a su madre, lo escriban y luego lo lean en voz alta a solas o a otra persona de confianza, sin titubear y sin poner emoción. Es como un entrenamiento, necesario en muchos casos.

El tipo de límites emocionales que debemos poner a nuestra madre dependerá de cómo sea ella. No es lo mismo poner un límite firme y sano a una madre pasiva que no suele defenderse y evita los conflictos con todo el mundo, que ponérselo a una madre abusiva que te puede atacar sin escrúpulos. Recuerda que al final lo haces para no renunciar a ser quien eres y priorizar tu propio autocuidado. Asimismo, es importante mostrar que no podrá manipularte, porque la mayoría de las madres —por no decir todas— recurren a esta herramienta a través del victimismo o el contraataque. Hay que decirle, sobre todo, que no permitirás intromisión alguna y que, si traspasa ese límite, habrá consecuencias. Suena muy drástico, pero es muy necesario para mostrarnos hijas adultas y no hijas infantiles. Si, por el contrario, tu madre es una mujer narcisista y abusiva, tendrás que poner mucho énfasis y seguridad en cómo le marcas los límites. Evita caer en su juego psicológico violento, porque cuanto más te defiendas o contraataques, más acentuará ella sus golpes contra ti, ya que las madres narcisistas nunca quieren perder su trono. Hay veces en que una retirada a tiempo e ignorar su exagerado discurso, sin ceder a sus presiones, es la mejor decisión. O, *in extremis*, habrá que afrontar el distanciamiento completo y definitivo; es decir, establecer el contacto 0 o 1, que en breve comentaré más en detalle.

A veces parece que marcar un límite a mamá es muy difícil, pero es más simple de lo que creemos. Tenemos un miedo inconsciente e infantil de perder su amor y por eso nos cuesta tanto. Pero debo decirte algo: ya no estás en peligro porque eres una adulta, estás a salvo, aunque no gustes a los demás. Dejarte invadir por las presiones externas no te hace ser una «buena hija», así que a lo mejor con solo decirle «no puedo ahora» o «no estoy de acuerdo» es suficiente para que ella respete tu límite.

Cuando establecemos límites sólidos y correctos, en definitiva, saludables, estamos soltando la culpa que experimentamos siendo niñas y nos mostramos soberanas de nosotras mismas; además, nos permite dedicar más energía a la necesidad de autocuidarnos y a nuestros hijos. Puedes ser compasiva con tu madre sin renunciar al mismo tiempo a tu poder personal y a la autoprotección.

Si somos capaces de decir «no» somos más libres para decir «sí».

Como ya he comentado, en el proceso de sanar la relación con la madre muchas mujeres deben plantear límites más duros y determinantes y distanciarse físicamente de ella para poder facilitar el trabajo terapéutico y la sanación con una misma.

Esto ayuda a que se centren en su viaje personal y a calmar poco a poco sus miedos y enfados. No es fácil, pero sí de vital importancia, y se necesita mucho valor y mucha paciencia. Para muchas madres, esta distancia de la hija puede suponer una amenaza y un rechazo; por tanto, tenemos que ser muy firmes y estar seguras al dar este paso, confiar en nuestra intuición.

Cuando ya has decidido poner tierra de por medio entre tú y tu madre, puedes delimitar la distancia real y física, el número de reuniones, de llamadas y de la información sobre ti que ha de llegar a sus oídos. Incluso si te sientes muy amenazada y, a pesar de todo, ese contacto limitado con tu madre te sigue abrumando, lo mejor es llegar a la nula relación de manera temporal. Es lo que algunas terapeutas denominamos «contacto 1» y «contacto 0».

El contacto 1 consiste en mantener una mínima y limitada comunicación con tu madre, reduciendo los encuentros familiares a solo las comidas importantes o las celebraciones de mayor envergadura, haciendo pocas llamadas de teléfono al mes y limitándose a algún que otro mensaje de texto cordial y escueto, evitando entrar en una intimidad emocional. A continuación, expongo algunas maneras de lograrlo:

1. *Plantear una comunicación clara.* Si deseas mantener un contacto limitado con tu madre, es importante que seas clara y honesta. Explica tus razones de manera respetuosa y directa para evitar malentendidos.
2. *Establecer límites de comunicación.* Puedes definir cuándo y cómo deseas estar en contacto con ella según tus necesidades y preferencias. No es imprescindible marcarlo en una agenda, pero sí avisarla de que no vas a hablar tanto con ella. Puedes decirle que estás muy ocupada y que necesitas pasar menos rato al teléfono.
3. *Utilizar la tecnología a tu favor.* Las redes sociales y las

aplicaciones de mensajería permiten que mantengas un contacto limitado de manera más controlada. Puedes ajustar la configuración de privacidad y las notificaciones para reducir las interacciones no deseadas. Por ejemplo, en WhatsApp puedes desactivar la opción del doble *check* azul en los mensajes para que no se sepa cuándo los has leído.

4. *Ser firme pero amable*. Mantén tus límites con firmeza, pero también con amabilidad y respeto. No es necesario ser grosera o distante para que sean efectivos.
5. *Centrarse en el autocuidado*. Utiliza el tiempo y la energía que ahorras para cuidarte a ti misma, que es precisamente el principal objetivo del contacto 1 con tu madre. Dedica tiempo a tus intereses, relaciones y actividades que te hagan sentir bien contigo misma.
6. *Explicar tus razones si es necesario*. El contacto 1 no siempre funciona porque justamente una de las principales causas de disfuncionalidad en la relación madre e hija es la ausencia de comprensión y empatía en cuanto a tus necesidades. De todos modos, en algunos casos puede ser útil explicar por qué has tomado esta decisión. Si sientes que tu madre necesita entender tus razones para no sentirse herida o confundida, explícaselas de forma honesta pero breve.
7. *Mantener el respeto*. Evita la hostilidad o la confrontación innecesarias.

El contacto 1 no significa necesariamente que debas cortar por completo la relación con tu madre, a menos que eso sea lo que de verdad necesitas. La clave está en encontrar un equilibrio que sea adecuado para ti y que te permita mantener una distancia saludable y proteger tu bienestar emocional, al mismo que tiempo que desarrollas tu proceso terapéutico.

Por su parte, el contacto 0 consiste en cortar todo tipo de relación verbal o física con tu madre. Cuando se llega a este extremo es porque la relación limitada no ha funcionado; así pues, lo habitual es que antes se haya pasado por el contacto 1. Esta decisión se toma por razones de necesidad o seguridad, como en casos de relaciones tóxicas, de acoso, violencia o similares. Aquí dejo algunos consejos sobre cómo mantener un contacto 0 de manera efectiva:

1. *Establecer límites claros.* Comunica de manera nítida y firme tu decisión de no tener contacto con ella, y hazlo de una manera que no deje lugar a malentendidos.
2. *Bloquear y eliminar.* Bloquea los números de teléfono, las cuentas de redes sociales y cualquier otro medio de contacto que tu madre pueda usar para comunicarse contigo. Elimina también cualquier acceso que tenga a tu vida online.
3. *Informar a las personas de confianza.* Si es necesario, comunica la decisión a tus amigos cercanos, familiares o colegas, y pídeles que respeten tu elección y que no compartan información tuya con tu madre.
4. *Conservar evidencias.* Si has experimentado episodios de acoso o amenazas, conserva cuantas evidencias dispongas de ellos en comunicaciones anteriores con esa persona, ya sean mensajes de texto, correos electrónicos o pruebas en redes sociales. Esto podría ser útil en caso de que necesites tomar medidas legales. Hay madres que, aunque cueste de creer, llegan a estos niveles de persecución y a veces la hija ha de recurrir a la vía judicial para pedir órdenes de alejamiento.
5. *Establecer medidas de seguridad.* Si sientes que tu seguridad corre peligro, considera tomar medidas adicionales para protegerte, como cambiar las cerraduras, insta-

lar un sistema de seguridad en tu hogar o consultar con las autoridades locales.

6. *Solicitar apoyo emocional.* Si mantener un contacto 0 es emocionalmente desafiante, busca apoyo en amigos cercanos, en familiares o en un terapeuta. Hablar con alguien puede ayudarte a procesar tus sentimientos y tomar decisiones saludables.
7. *Cumplir con las órdenes legales.* Si estás inmersa en un proceso legal con la persona en cuestión, asegúrate de cumplir todos los requerimientos judiciales y restricciones que se te hayan impuesto.

Como ves, mantener un contacto 0 es una decisión seria y difícil de tomar, que en la mayoría de los casos se adopta para proteger tu bienestar físico y emocional, por eso mismo insisto en la importancia de buscar ayuda si te ves en esta situación extrema.

Consecuencias de poner límites a tu madre: el juicio familiar

Cuando decidí el contacto 0 con mi madre, sabía que habría consecuencias no solo con ella, sino también con el resto de la familia materna. En mi sistema familiar, desde mis abuelos hasta mis hijos, hemos sido muy pocos miembros, así que quien más me preocupaba al establecer esta distancia rotunda era mi abuela materna. Sabía que iba a recibir apoyo de mi primo y ningún juicio de mi tía, la hermana de mi madre. Tenía mucha suerte de que siempre habían respetado mis decisiones, pero me desazonaba cómo podía reaccionar mi abuela. Era una mujer nada entrometida, siempre había sido una madre pasiva y no se metía en mis asuntos en su papel de *iaia*; al contrario, ella siempre me escuchaba. Pero la ruptura con mi madre era un asunto mayor que afectaba a todos y a todas. Un día la llamé por teléfono y, con mucha prudencia, me preguntó qué había pasado con mi madre. Dentro de su capacidad cognitiva (estaba en un proceso de deterioro por demencia) me escuchó e intentó mediar entre ambas con mucho amor y respeto, pero mi decisión era firme, y ni mi *iaia* ni nadie podían hacerme cambiar de planes.

Tuve la fortuna de que el resto de mi familia no intentara hacerme ver lo contrario, y eso hacía que no sintiese tanta culpa. No obstante, hay mujeres que pueden tener todo tipo de conflictos y dramas con su sistema familiar al dar este importante paso de separarse de la madre, mostrar su verdad y recuperar su poder personal. Pueden recibir incluso respuestas violentas por parte de los otros familiares, no solo de la madre. Una mujer que decide sanar y que proclama su verdad se suele considerar una amenaza para el equilibrio dentro de un sistema familiar disfuncional. Se convierte en una mala hija. Las familias excesivamente apegadas tienen miedo a la individualidad de sus miembros porque avivan los temores en ellos, sobre todo a un posible rechazo o abandono, y ven peligrar la unidad familiar, una unión que les asegura la supervivencia. Por ese motivo levantarán obstáculos para el desarrollo de la individualidad de sus componentes.

Cuando una hija muestra su poder, sus sentimientos reales y emociones genuinas, supone una amenaza para la madre, ya que esta no sabe cómo interactuar con su propia hija; es decir, cuando esta es auténtica, resulta impredecible para la progenitora, y tiene la sensación de que los lazos familiares están en peligro. Teme perder esta unión precisamente porque controla todo lo que hace su hija y la enseña no solo a cómo hacer las cosas, sino también a cómo pensar y sentir. Cuando las hijas muestran diferencias con sus madres, estas las avergüenzan por sus comportamientos, y si además deciden ser firmes y fieles a su ser auténtico, posiblemente las madres harán lo posible para poner al resto de la familia en su contra, o al menos buscarán un mínimo de aliados. Se sienten rechazadas, amenazadas, ofendidas y atacadas. Por todo ello, debemos ser conscientes de que hay que soportar este daño directo si queremos ser reales y automaternarnos.

Una de las funciones de la buena madre que vimos en el capítulo 1 es la de iniciadora. Lo ideal, lo sano en la relación maternofilial debería ser que la madre tenga la fortaleza y el amor suficientes para que su hija alcance la independencia en todos los aspectos. El problema está en que la misma madre es incapaz de sentirse también un ser individual y genuino.

En este punto me gustaría diferenciar la fuerza, la limitación y la dureza de las familias según la cultura y la estirpe a la que pertenezcan. Si provienes de una familia muy católica, o de etnia cañí, o de un clan chino, o de países latinoamericanos (ni que decir tiene si perteneces a la nobleza o la realeza), tu intento de separarte de tu madre puede que sea más difícil, ya que muy probablemente no recibirás ningún apoyo por parte de tu familia, sumado a la creencia limitante de que el clan es lo primero (antes que tú misma). Provenir de una familia cerrada hará que la culpa que sientas sea más intensa que si tu familia fuera de una cultura distinta, como la mía.

Ten claro que, ante cualquier juicio, violencia o amenaza familiar, tú eres dueña de tu propia energía, soberana de tu vida y protectora de tu espacio; por tanto, no le debes a nadie ninguna explicación o disculpa por hacer lo correcto para ti. Quizá sientas que te quedas sola, que no tienes ningún aliado dentro de tu clan; pues bien, es el precio que deberás pagar; sin embargo, no será tan alto como el de esperar a recibir el permiso de tu madre para ser libre y real. Al final la familia la haces tú, y las personas con las que decides estar e intimar no necesariamente han de ser de la misma sangre. En los últimos años me he dado cuenta de que el estandarte de la consanguinidad está sobrevalorado y que ahí también está incluida y ratificada cualquier familia disfuncional o tóxica, que ha de prevalecer y ser respetada como colectivo, por encima de la individualidad de la persona. La religión ha hecho mucha propaganda y adoctrinamiento al respecto. Las familias cuya estructura no es ordenada ni sana dan lugar a que sus integrantes puedan llegar a perder su identidad.

Mejorar la comunicación con tu madre, si se puede

Alejarse física y emocionalmente de la madre real no es una decisión que se tome a la ligera; todo lo contrario: suele ser la decisión más difícil que una mujer puede llegar a tomar. Decide hacerlo siendo consciente de la necesidad imperante de mantenerse a salvo y liberarse de creencias limitantes que sobre todo tienen que ver con el hecho de merecer, de dejar de ser complaciente y de priorizarse ante los demás. Sin embargo, hay mujeres que no pueden acometer esta separación física de su progenitora porque viven bajo el mismo techo, porque la madre está enferma o es anciana, porque es pasiva y no violenta, o, lo más común, porque la culpa y el «deber» impuesto socialmente las paraliza.

Antes de continuar, veo necesario hacer una clara distinción entre las madres pasivas y calmadas frente a las narcisistas y manipuladoras. En el primer caso, podemos resignificar la relación con ellas porque, al ser nosotras capaces de mostrarnos hijas adultas fuertes que no buscan ni la atención ni la intimidad emocional que muchas veces temen, tal vez interactúen con nosotras como lo haría con cualquier otro adulto, con más cordialidad. E incluso es posible que tu madre sea quien se abra más a ti una vez le hayas demostrado que ya no esperas que ella cambie. En el segundo caso, resulta misión imposible modificar el tipo de relación con tu progenitora. Aunque te muestres como una hija adulta ante ella y ya no esperes que sea otro tipo de madre, su dinámica relacional disfuncional rara vez cambia y continúa siendo dañina. Normalmente estas madres son tóxicas no solo con sus hijas, sino también con todo su entorno. En el momento en que le pongas unos límites firmes, que des tu opinión, que decidas tú cuánto dar en la relación, que actúes en favor de tu verdad o que te muestres imperfecta, ella se va a sentir igualmente ofendida y atacada, por lo que su *modus operandi* será el de siempre: contraatacar para salirse con la suya. En estos casos siempre recomiendo intentar por todos los medios alejarse físicamente y establecer contacto 1 o 0.

Para las que tenéis madres pasivas y calmadas, sabed que podéis cambiar el tipo de comunicación con ellas siempre que logréis aparcar cualquier deseo de establecer una conexión emocional genuina o de recibir su apoyo. Si en el pasado no tuvisteis esa atención y escucha, si os faltó recibir la energía de una buena madre, será casi imposible conseguirlo ahora de adultas. En consecuencia, lo más importante es que os mostréis como hijas adultas y no como las niñas que fuisteis, esperando todavía a que vuestras madres cambien para recibir su aprobación.

En los casos que he mencionado antes y que nos imposibilitan hasta cierto grado establecer un contacto 1 o 0, Lindsay Gibson nos dice que es posible transformar la relación y nos ofrece tres estrategias en su libro *Hijos adultos de padres emocionalmente inmaduros*:

1. *Observación desapegada*. Una madre emocionalmente inmadura tiende a priorizar el apego excesivo por encima de la identidad individual de la hija (o hijo) y no la respeta como la persona que es. Soltar esto no es fácil, pero puedes hacer un esfuerzo y disociarte de esta realidad familiar que tanto te incomoda. ¿Cómo? Primero, tranquilizándote a la mínima alteración emocional que provenga de tu madre (respirar varias veces conscientemente, por ejemplo) y, a continuación, observar su comportamiento como si tú fueras una analista o como si estuvieses viendo una película. Lo que consigues es disociarte de las dinámicas disfuncionales: dejas de ser partícipe de ellas y simplemente observas las interacciones que se dan entre los otros miembros de la familia. Al salir de esas interconexiones, te separas también emocionalmente. Dicho en otras palabras: dejas de implicarte para salvar tu identidad individual.
2. *Tomar conciencia de su grado de madurez*. Esto te ayudará a ser más predecible y comprensible, ya que podrás expresarte sin esperar una respuesta, pondrás atención en el objetivo y no en la relación, y obtendrás suficiente claridad y determinación para no involucrarte. También te permitirá disociarte y no involucrarte, evitando temas en los que sabes que no sacarás nada en claro.
3. *Salir del viejo rol que has representado en tu sistema familiar*. Es preciso dar un paso atrás y observar qué personaje adoptaste respecto a tu madre (de cuidadora, de mediadora, de contenedor emocional, de saco de boxeo, de protectora, de psicóloga...) que no te permite ser libre y que crees que la hará cambiar, y a partir de ahí, moverte desde un papel más acorde con tu verdad, transformándolo en algo positivo para ti.

Quizá al leer estas estrategias te suene como muy artificial, superficial y calculado el que una hija pueda relacionarse con una madre emocionalmente inmadura desde otro lugar más maduro. Pero si te paras a pensar, el hecho de haberte relacionado hasta el presente con ella ha supuesto un auténtico campo de batalla interior buscando una intimidad emocional espectral en la cual la hija ha invertido mucha energía, sufrimiento y desesperación. La niña interior de esa mujer que buscaba el amor de mamá tal vez haya vivido un dolor desgarrador, con incesantes intentos por ganarse su afecto, cuando en realidad lo que ha recolectado han sido migajas. Ese es un precio muy alto que pagar, más que reconvertir la relación y entablar una comunicación cordial y superficial. Como dice el refrán, «no le pidas peras al olmo», pero si quieres un fruto, aunque no sea comestible, el olmo te lo puede ofrecer.

Aceptar el pasado y liberarte de la carga emocional

Como hemos visto, revisar la relación con nuestra madre para poder recuperar el poder personal nos empuja a ser mujeres valientes capaces de separar nuestras creencias, valores y pensamientos de los de ella. En consecuencia, tenemos que ser capaces de ver el sufrimiento que también está cargando en sus hombros, ser testigos de sus vivencias del pasado, mirar con compasión a su propia niña interior herida, pero sin hacernos cargo de ello ni responsabilizarnos de liberarla de todo trauma de su historia, porque pensar que eso nos va a sanar es nadar a contracorriente.

Cuando tu proceso de separación comienza a prosperar y ya hemos pasado por reivindicar y cuidar a nuestra niña interior, necesitamos aceptar a nuestra madre real tal cual es para acabar de soltar todo resquicio de enfado hacia ella y enterrar para siempre la falsa esperanza de que algún día cambiará. Es de rigurosa obligación revisar de nuevo la historia de tu progenitora, ya que, al haberte desprendido de prejuicios y sentencias hacia ella, podemos ver la línea de su tiempo con compasión.

María Ángeles, de 44 años, después de pasar por un proceso terapéutico muy intenso que le permitió darse cuenta de dónde venía tanto miedo a tomar decisiones y dar pasos en su vida de adulta, eliminó de su psique a su madre interiorizada, una mujer que siempre la había sobreprotegido y apenas le había dado alas de libertad. Para tomar conciencia de lo reprimida y prisionera que se sentía desde pequeña en su casa, tuvo que dejar aflorar el enfado encubierto que llevaba su niña interior hacia su madre. Fue así como desterró a la madre idealizada que llevaba dentro para poder verla como a una mujer real e imperfecta. No obstante, María Ángeles tuvo que transitar un doloroso camino para hacerse cargo, en primer lugar, de su niña herida y de sus miedos. Cuando logró hacer presente en su vida, las 24 horas del día, a la María Ángeles niña, y consiguió calmar sus miedos y darle seguridad, recuperó su poder personal y ocupó su lugar de hija adulta ante su madre. Poco tiempo después, durante una reunión familiar, se juntaron en círculo varias mujeres de mucha confianza y su madre sintió el espacio de confianza suficiente para poder abrirse en canal y hablar con tristeza sobre su pasado doloroso. María Ángeles estaba presente, escuchó a la mujer que le había dado la vida y la vio como un ser vulnerable con una niña herida. Su madre lloró al verbalizar su verdad, algo que nunca antes había visto María Ángeles. Ese momento de máxima intimidad emocional le otorgó una mirada hacia su progenitora de compasión. Sentía a su niña interior tranquila y segura, y en su posición de adulta pudo entender y aceptar con mucho amor a la madre real que tenía, sin perderse un ápice de su dolor, pero tampoco haciéndolo suyo.

Entender cómo tu madre creó su propia identidad, cómo experimentó su propia infancia, qué traumas y heridas lleva de su pasado, cuán lastimada está su niña interior, qué calidad de maternaje recibió, en qué entorno político y social creció, qué creencias limitantes y valores familiares recibió, qué posibles depredadores hubo a su alrededor, el tipo de escuela en el que estudió, si pudo cumplir sus sueños, etcétera, etcétera, nos ayuda a saber qué impacto tiene en nuestra propia historia y, por consiguiente, ver el origen de nuestras carencias.

Cuando al inicio del camino de sanación emocional y espiritual reconocemos que existe una herida materna, narramos nuestra historia de manera subjetiva, con sentimientos dolorosos que provienen de la infancia, y describimos a nuestra madre en función de cómo es con nosotras. Estamos en un lugar de egocentrismo y de queja, y queremos que se nos vea como a la víctima. Así que mucha información se pierde, como, por ejemplo, lo que nuestra madre vivió en el pasado. En este sentido, también debemos tener en cuenta que las fisuras que puedo llevar en mi interior originadas en la herida materna no son el resultado de lo que mi madre me dio o me dejó de dar, sino de cómo yo lo interpreté y lo hice mío. Quién no ha escuchado alguna vez frases como: «No entiendo que, siendo hermanos criados por los mismos padres, sean tan distintos y vean a sus progenitores con puntos de vista diferentes». La herida no es lo que te hicieron o te dieron, sino lo que tú registraste en tu psique y en tu cuerpo y cómo lo tomaste.

Hay varias terapias que nos ayudan a colocarnos en el lugar de nuestra madre durante unos minutos para experimentar su realidad interior, con su dolor y con su gozo. Te pueden ayudar las constelaciones familiares y también la técnica de la silla vacía de la terapia Gestalt. Una y otra aportan mucha comprensión en cuanto a su experiencia de vida y, a la vez, permite entender que su comportamiento hacia nosotras no es tan personal. Por ejemplo, alguna de las mujeres de mi consulta ha logrado ver a través de las constelaciones familiares individuales que su madre estuvo ausente cuando era niña porque no dejaba de buscar en el pasado a su propia madre, que tanta falta le hizo y que tampoco estuvo presente. Si estás reconciliada con tu niña interior y esta se siente amada por ti, tú como adulta podrás ver a tu madre con compasión sin esperar nada a cambio.

Con todo, conocer la historia de tu madre no significa restar importancia a la tuya. Ambas son igual de importantes porque existe una intersección entre las dos. En tu caso, además, debes hacerte cargo de tu niña herida y ser la testigo cómplice de su dolor. Cuando llegas al punto del abrazo con tu pequeña y a la compasión por tu madre, el relato de tu historia se transforma y dejas de ser la víctima para ser una mujer medicina, que servirá de ejemplo para otras mujeres (y hombres) que deciden «divorciarse» de sus madres y de las creencias limitantes familiares y sociales. Llegadas a este punto, te recomiendo no saltarte el capítulo 7.

EJERCICIO

Intenta reconstruir la historia de tu madre escribiendo desde cómo eran sus padres, cómo fue su nacimiento, qué infancia tuvo, qué circunstancias familiares había, si tenía más hermanos, si mientras era niña hubo muertes prematuras en su familia de origen, qué hechos traumáticos vivió en su niñez, si pudo estudiar, cómo vivió su adolescencia, qué panorama político y cultural había entonces, cuán controlada y reprimida estaba la mujer en su época, cómo tuvo que afrontar la negatividad y la sobrecarga por ser mujer... Y mientras anotas todos estos datos, visualiza a tu madre en forma de niña y dibújala con tu mano no dominante. Te sorprenderá el resultado.

Seguramente, si estás muy enfadada con tu madre, te va a costar hacer este ejercicio de reflexión. En ese caso, posponlo y déjalo para cuando tu proceso de sanación haya avanzado.

Definir tus necesidades y prioridades: esa es tu verdad

Como te explicaba en el primer capítulo, un vacío de madre es la diferencia que hay entre lo que una necesita que le aporte su madre siendo niña y lo que en realidad recibió de ella. Este vacío que llevamos incluso en la adultez lo vamos a querer llenar con comida, drogas, alcohol, personas, situaciones, acontecimientos... Pero a pesar de encontrar todo esto, el sufrimiento y la incapacidad de amarnos tal y como somos pueden seguir presentes.

Como hija (e hijo) necesitábamos que nuestra madre hubiese cubierto unos mínimos en nuestra vida para evitar ese enorme vacío que sentimos ahora de adultas. Tampoco era necesario cubrir esas necesidades al cien por cien, pero sí unos mínimos. Jasmin Lee Cori define perfectamente las diez necesidades que todas tuvimos siendo niñas en su libro *La madre emocionalmente ausente*:

1. Sentir que pertenecíamos a algún lugar y que éramos una pieza más en la vida.
2. Apegarnos a otras personas para sentirnos seguras y manifestar nuestras necesidades.
3. Ser vistas tal cual éramos.
4. Recibir ayuda y orientación respetuosa.
5. Sentir que alguien nos apoyaba.
6. Tener modelos para aprender habilidades sanas.
7. Tener nuestras necesidades satisfechas a su debido tiempo, recibir consuelo y sosiego cuando nos frustrábamos.
8. Sentirnos protegidas.
9. Ser respetadas.
10. Sentirnos amadas y cuidadas.

Saber lo que legítimamente necesitaba de mi madre me ayudará a discernir qué parte de ella fue satisfecha, qué me está ocurriendo ahora de adulta con lo que quedó pendiente de tomar de mi madre y hacia dónde dirigir mi propia curación. Lo que no fue cubierto, ahora me encargo yo de cubrirlo y lo busco en mi interior. ¿Cómo puedo hacerlo? Revisando cómo estás en las diferentes facetas de tu vida y saber qué buscas en ellas para que se llene tu vacío.

El problema con el que solemos encontrarnos en la consulta es que las mujeres no saben cuáles son sus necesidades genuinas. Si es tu caso, puedes revisar las que acabo de mencionar y ver si las sientes dentro de ti como no satisfechas. En el caso de que sí las conozcan, les pueden parecer humillantes y excesivas ya que no vieron cubiertas las principales durante su primera infancia y sienten que no merecen ser complacidas. Una mujer una vez me dijo que cada vez que tenía el impulso de satisfacer sus necesidades, como por ejemplo recibir ayuda en las tareas del hogar, se sentía culpable y al final rechazaba ese apoyo externo. De pequeña, cada vez que pedía ayuda a su madre para vestirse por la mañana e ir al colegio o que le hiciese el desayuno, veía cómo su madre no se movía de la cama.

Lo sorprendente de todo esto es que cuando te acercas a personas de confianza y les pides un poco de ayuda o de atención, la respuesta es positiva. Esto es un buen principio para entender que no es peligroso que nuestras necesidades sean cubiertas ahora de adultas, que somos merecedoras de recibir de los demás.

Ser capaces de expresar nuestras necesidades es un logro importante para poder tomar de las otras personas si están disponibles. Y si no lo están, también es un éxito ser capaces de cubrírnoslas a nosotras mismas, es decir, ser autosuficientes. Por un lado, podemos sentir que nos ven y recibir el sostén necesario de una red de apoyo, de la pareja, de una terapeuta o de un grupo con afinidades compartidas. Y también podemos ser autosuficientes a través de un buen autocuidado. Desarrollaré ambas posibilidades en el capítulo 5, donde hablo sobre los recursos de apoyo y lugares seguros para satisfacer en parte esas carencias, y cómo gestar y parir a una madre interior bondadosa y eficiente que te ayude a ser autosuficiente a través del automaternaje.

¿Se puede practicar la compasión y el perdón hacia tu madre?

Mostrar compasión por tu madre es un acto de empatía y comprensión que puede ayudar a mejorar la relación y fomentar un ambiente más armonioso o, al menos, estar en paz contigo misma. Sin embargo, perdonarla es algo superior y requiere un mayor esfuerzo que no siempre es posible. Para llegar hasta aquí, de manera imperiosa, y casi obligatoria, debemos recuperar y reivindicar a nuestra niña interior. Antes de poder aceptar a nuestra madre real, hemos tenido que:

- Comprender cómo en nuestra infancia se crearon heridas, y cómo estas lesiones emocionales siguen contaminando nuestra vida.
- Descubrir y poner remedio a las carencias que experimentamos siendo pequeñas.
- Gestar y parir a nuestra propia madre interior bondadosa y amorosa.
- Otorgar nuevamente la inmensa energía creadora y transformadora que posee tu niña interior una vez ha recuperado su equilibrio y su salud.

Si no pasamos por este camino, difícilmente nacerá de manera real y sincera la compasión hacia nuestra madre, sin ira ni enfado. Muchos terapeutas proclaman la necesidad de sentir compasión y perdonar a nuestra madre sin transitar previamente la fase del enfado y la rabia hacia ella. Y luego, a pesar de haber hecho el ejercicio de perdonarla, seguimos enfadas con el mundo, contaminadas y estancadas. En el capítulo 4 hablaré más a fondo sobre el poder que nos otorga abrazar y poner voz a nuestra niña interior.

Una vez sientes que tu niña interior está tranquila, que confía en ti, que se siente mirada y validada, tú, como hija adulta, ocupas otro lugar diferente ante tu madre y puedes ser capaz de sentir esa compasión genuina hacia ella. Si te encuentras en el podio de la niña interior sanada, esta pauta te podrá ayudar a mirar a tu madre real desde la comprensión y aceptación:

1. *Reflexiona sobre su vida.* Trata de entender la vida y las experiencias de tu madre. Reconoce que ella también ha

enfrentado desafíos y dificultades a lo largo de los años, lo que puede haber influido en su forma de ser y en la manera de actuar. Ella también lleva una niña herida dentro y, posiblemente, mucho dolor enquistado.

2. *Acepta sus imperfecciones*. Al igual que tú, tu madre es imperfecta y puede cometer errores. Acepta sus imperfecciones y errores.
3. *Siente amor y gratitud*. Esto no significa que estés obligada a declarárselo abiertamente, sino a permitir que tu corazón esté en paz, tomando a tu madre como tu origen y como el portal por el cual llegaste a esta dimensión.

Pasar por el perdón hacia tu madre es un paso más complejo y a veces puede resultar una trampa. No todas las hijas pueden estar dispuestas a perdonar si los sucesos del pasado fueron muy dolorosos. Forzar a una adulta a ello puede generar mucha culpabilidad si no consigue hacerlo de corazón. Las que en su infancia fueron maltratadas por su madre no pueden cumplir con el cuarto mandamiento: «Honrarás a tu padre y a tu madre». Dar este paso es algo puramente moral y convencional. Por mucho que nos esforcemos en otorgar ese perdón para honrar a una madre que nos maltrató siendo niñas, al final el cuerpo recuerda. Alice Miller decía que el cuerpo sabe de qué carece, que no puede olvidar las privaciones, que el agujero está ahí y espera ser llenado. Aunque hayas salvado a tu niña interior, a veces no somos capaces de perdonar a quien te dio la vida. Y además dice que el cuarto mandamiento, que casi nadie ha cuestionado, no es causa de curación. Los mismos que tanto lo predican están atrapados en esa moral tradicional. Honrar y perdonar a tu madre (y a tu padre) atañe solamente al hecho fisiológico de la unión entre una niña que ha sido menospreciada y desvalorizada y sus progenitores. ¿Y el hecho emocional y espiritual? Lo único que conseguimos es culpabilizarnos aún más por no sentir realmente que estamos perdonando.

Entonces, si no hay petición de perdón, ¿a quién debemos indultar?

No sabría decir con exactitud el número de veces que he constelado, pero sí que durante mucho tiempo mi madre aparecía en mis constelaciones como algo pendiente de gestionar para poder sanar. Siempre se me representaba rechazándola y no quería tomarla ni honrarla. Así lo sentía en lo más profundo de mi ser, lo cual es lógico: mi niña interior estaba muy enfadada con ella. Pero en la constelación solo se reflejaba mi responsabilidad de acercarme a ella. Mi madre —y así lo muestran las constelaciones familiares con todas las madres— se quedaba inmóvil, sin hacer nada, esperando a que yo me acercara y la tomase. Este tipo de terapia, de la que me formé y obtuve la certificación en el mejor instituto de España, tiene como base el cuarto mandamiento por encima de todas las cosas, aunque te dieran palizas o no te protegieran contra depredadores. Por lo tanto, la niña deja de ser la víctima y es la madre la damnificada. Con esta base y premisa, en cada constelación familiar salía aún con más culpa y más dolor que cuando entré. Me sentía muy impotente y a la vez tarada por no poder dar un paso hacia mi madre.

¿Qué pasa cuando debemos cuidar de una madre anciana/enferma que no estuvo presente en nuestra infancia?

Si la sociedad patriarcal no acompaña lo suficiente a las madres para que puedan maternar a sus hijos desde la presencia y la abundancia, menos aún lo hacen cuando tenemos que cuidar a nuestros padres. Existe el hipócrita patrón cultural de que son las mujeres quienes han de sostener a sus progenitores, y a veces incluso a los suegros, por el simple hecho de serlo. La complacencia y el sostén emocional recaen de manera deliberada en nosotras, sin posibilidad de elegir. Y si eliges llevar el cuidado desde otro lugar que te permita automaternarte, te tachan de egoísta y de desagradecida, y sale a flote el mensaje tácito de que estamos rechazando a nuestros padres ancianos.

Pero ¿qué sucede con las hijas que de niñas recibimos el abuso y el maltrato por parte justamente de esa madre o padre? Entonces se da una tremenda lucha interna y un conflicto con el exterior.

Una mujer cuya madre ha estado ausente emocionalmente y es inmadura seguramente vivirá una encrucijada y un infierno en el momento en que tenga que cuidar de su progenitora por edad avanzada o por enfermedad. La manera de lidiar con esa carga emocional que supone atender a alguien que justamente no te dio amor incondicional ni atención siendo niña, tal como era su deber, es una cárcel o castigo para muchas hijas adultas. Estas mujeres están enfadadas y desquiciadas, pero a la vez rechazan escuchar su voz interior y actuar para soltar vergüenzas y responsabilidades que no tocan. Aquí cobra brutal protagonismo la culpa.

Loli, con 61 años, tuvo que traer a su madre anciana de 85 años a su propia casa para cuidarla, ya que estaba enferma y se estaba quedando ciega. La relación madre e hija nunca había sido buena. Además, Loli no podía delegar en nadie más ya que era hija única. Su infancia fue muy cruda, áspera y violenta. Sufría abusos sexuales dentro del seno familiar, y su madre miraba siempre a otro lado, y, para mayor complejidad e injusticia, prodigaba a la niña con continuos desprecios y maltratos. Estaba claro que esa mujer padecía algún trastorno mental porque lo que estaba ocurriendo dentro de su hogar, y concretamente con su hija, era claro objeto de denuncia. Y ahora, siendo la mujer viejecita, Loli debe hacerse responsable de ella. Evidentemente, le costaba mucho estar cada día con su madre, no solo porque en su momento no la defendió como debía frente al depredador que era su propio padre, sino también porque en la actualidad aún seguía quitando valor a todo lo que hacía Loli por ella. Después de mucha terapia y de un profundo trabajo personal para abordar el trauma y las heridas, Loli acabó tramitando la ayuda de ingreso de su madre en una residencia de personas mayores, con la tranquilidad de que su madre iba a estar mejor atendida y que sus últimos días serían lo más cómodos posible. A pesar de ello, la culpa la dominaba en todo momento y a veces dudaba de si su decisión era egoísta o acertada. Su niña interior seguía esperando que su madre en algún momento la aprobase, la protegiese y la reconociese.

A pesar de que muchas mujeres han sufrido enormemente en su infancia y de que sus madres no estuvieron disponibles cuando las necesitaban, sobre todo en situaciones tan traumáticas y tormentosas como las que vivió Loli de pequeña, la creencia limitante en las mujeres de que han de ser las cuidadoras y las complacientes del resto de los miembros de la familia se corona en muchos casos, por encima del dolor interior que pueda estar atormentándolas ya de adultas. «¿Cómo voy a pensar en mí si mi madre necesita todo el cuidado? No puedo ser una mala hija».

Las mujeres que padecieron abusos de pequeñas sienten que son las culpables de ello y de adultas les devora una vergüenza tóxica. No son libres en su vida y viven esta situación como una penitencia, cargando con todo el dolor y la posible desvalorización de sus madres hacia ellas. La culpa es intensa y, al mismo tiempo, la rabia y el odio bucean en lo más hondo. Sienten que viven un martirio.

Si el cuidado a una madre anciana y dependiente es arduo y agotador, lo es aún más cuando exige un sostén emocional que ya en el pasado no se pudo manejar desde el amor. Si no tuviste intimidad emocional con tu madre, cuidarla en su vejez te supondrá un infierno. Puedes llegar a sentirte así: «Mi madre me tiene atrapada», «Me brota sangre de mis viejas heridas con ella», «Pienso que lo hago mal porque espero su aprobación», «Mi madre siempre ha sido así, se ha propuesto hacerme la vida imposible», «No tengo vida personal, es mi deber cuidar de mi madre», «No voy a decirle que me iré el fin de semana porque sé que se enfadará», «Me siento culpable por ser egoísta y pretender ser libre», «Si tengo que ir a trabajar, me quedo tranquila, pero si es para hacer algo por placer, es cuando me cuestiono», «A pesar de que la cuido, me pone mala cara y me siento mal», «Mi vida cambiará cuando ella muera», «Nadie más puede cuidarla mejor que yo»... La posibilidad de pensar en permitirnos ciertas ayudas es difícil y se vive como si fuésemos Malas Hijas. Más incluso cuando solicitamos un recurso residencial al pensar que la estamos abandonando. Muchas veces el ingreso de la madre llega, bien porque nosotras hemos acabado enfermas, bien porque nuestra madre ya necesita cuidados sanitarios las veinticuatro horas.

La única manera de liberarte de tanto sufrimiento interior es soltando la carga emocional con tu madre y la culpa, y abrirte a recibir ayuda externa. No estás abandonando a tu madre; estás automaternándote.

Si ahora mismo tu madre aún es autónoma, pero sabes que algún día te tocará cuidarla a pesar de la mala relación que tienes con ella, es vital que empieces a hacer un camino de sanación que te permita soltar cargas y cerrar heridas, para que cuando llegue el momento puedas acompañar a tu madre en su última etapa de la vida con más seguridad, equilibrando su cuidado con el tuyo propio. Estas son algunas recomendaciones que puedes llevar a cabo para poder sostener la relación con tu madre en su vejez:

1. Si vives con tu madre, o ella contigo, blinda un espacio físico en el hogar exclusivo para ti donde solo pueda acceder quien tú decidas. Allí podrás tener tu lugar de paz.
2. Acepta cualquier tipo de ayuda que venga de fuera, ya sea de otros familiares, de algún vecino o vecina, de la comunidad, de asociaciones, etc.
3. Consigue un día a la semana (o más) para que otra persona cuide de tu madre y te permita descansar y desconectar.
4. Gestiona las ayudas públicas para personas dependientes (en el caso de que existan en tu entorno).
5. Recibe acompañamiento terapéutico para soltar la culpa y la carga emocional que llevas con tu madre. Es importante poner barreras en este sentido para no debilitarse más.

Celebrar a la madre como mi origen

Si estás enfadada, molesta o muy dolida con tu madre por cómo te trató cuando eras pequeña y por cómo se comporta contigo ahora que eres adulta, sé perfectamente que te costará horrores brindar o celebrar en su honor. Por eso quizá te resulte difícil colocar este punto entre tus objetivos y compromisos. No obstante, estar en el camino de sanar la herida con ella te llevará tarde o temprano a poder experimentar en tu corazón la dicha de que gracias a ella estás aquí, lo cual es sin duda indiscutible.

Conviene recordar que «madre» viene del latín *mater*, es decir, «origen» o «fuente». No es casual, por tanto, que a las mujeres que gestan y paren seres humanos se las llame «madres». Además, la palabra «maternidad» es la suma de *mater* y *nitum*, que en latín significa «indefinidamente», «sin límites», «infinito», «en *continuum*». Así pues, «Mater-Nidad» denota Origen Infinito o Fuente Infinita.

Todas y todos venimos de una madre, nadie escapa de este principio universal. Todo empieza en ella, en sus ovarios. De ahí partimos hacia su útero, unidas a la semilla de nuestro padre. Nos alojamos en su caldero sagrado y empezamos a tomar forma, a ser materia. En algún momento de esa gestación el alma se reencarna en ese nuevo cuerpo que aún sigue desarrollándose hasta convertirse en un ser humano capaz de vivir en el mundo exterior. Esto solo ocurre porque la madre cede su cuerpo para dar vida. Independientemente de si tu madre tomó la decisión consciente de quedarse embarazada de ti, o si eres fruto de una violación, si apareciste sin que ella te esperase, si quiso abortarte en algún momento o si eres hija de una reproducción asistida, la existencia y la divinidad, algo más grande que ella y que tu padre, permitieron que te colases y que consiguieses un cuerpo para transitar una experiencia humana. Eres hija de tu madre y de tu padre, pero también del Cielo y la Tierra.

Tu madre es el portal por el cual llegas aquí, la nave nodriza que traslada tu alma en simbiosis con tu cuerpo al mundo exterior. Todo lo que su cuerpo y su fuerza invierten en tu gestación y nacimiento es extremadamente poderoso. Cuando nacemos, por el simple hecho de haber estado en su interior, e implícito en el nacimiento, se crea un vínculo que nos da sentido de pertenencia, como una estrategia de supervivencia. Ahí está nuestro origen aún más definido. Además, la madre es un fractal de la Madre Tierra. Todo tiene origen en la Tierra, y toda vida nace de lo femenino que reside en el reino animal y en el reino vegetal. El ser humano es igual.

Cuando nos liberamos de todo enfado y resentimiento hacia nuestra madre, cuando abandonamos la lucha interna y/o externa con ella, podemos tomar ese origen y celebrarlo. Estás viva gracias a la decisión que tomó ella en parirte; estás aquí leyendo este libro porque tu alma, o como quieras llamarlo según tus creencias espirituales, decidió reencarnarse para tener una experiencia humana a través de tu madre. Ella es tu origen, ella es el principio, ella es la vida. Celébralo cuando estés lista.

Soy una hija adulta

Ser una hija adulta no significa llegar a la mayoría de edad, vivir en tu propia casa, haberte mudado a otra ciudad o país, tener hijos, tener pareja, ser emprendedora... Todo esto puede estar implícito en ese estado, pero no lo define. Ser una hija adulta es la declaración de divorcio e independencia de la madre. Cuando te colocas delante de ella sin esperar nada a cambio, entonces puedes sentirte como tal. Ya no aguardas a que te dé todo aquello que te faltó siendo niña, ya no demandas atención y validación, no necesitas su permiso para ser y para hacer, ya no tienes más hambre de ella, así que no te ha de alimentar más porque puedes hacerlo por ti misma.

Después de haber recuperado a tu niña interior y de tenerla presente en tu día a día, de haber escuchado tus necesidades genuinas y haberlas cubierto, y —lo más difícil de todo— haber realizado el duelo por tu madre, entonces estás en disposición de celebrarte como una hija adulta, libre y madura.

Cuando nos sentimos fuertes, seguras, libres, compasivas, amorosas, auténticas, instintivas y respetuosas con la madre, y por ello, con la vida, significa que hemos podido sanar la mayor parte de aquello que nos oprimía, aunque también debo decir que estamos sanando siempre, hasta que nos morimos, porque así es nuestra experiencia humana, pero lo hacemos con más recursos, herramientas y respeto hacia nosotras mismas. Permitir estar un rato también en nuestra vulnerabilidad es sinónimo de sanación, de crecimiento y de madurez.

La mujer renacida que ocupa su lugar de hija adulta no solo se libera a ella misma, sino también a su madre y a todo su linaje. Allana el camino a su progenie y se erige en modelo de referencia para otras mujeres que también quieren romper con las creencias limitantes familiares.

Liberar a la madre permite al mismo tiempo que esta también se pueda relajar. Como he comentado en puntos anteriores, dejar de pedir a mamá hace que ella disminuya a su vez la tensión y la rigidez con la hija. Si cuando eras niña no pudo cubrir tus necesidades, fue porque para ella eran demasiado intensas y complejas de satisfacer debido a su grado de inmadurez. Cuando nos hacemos adultas, si no hemos sanado previamente, seguimos demandando de mil formas diferentes, y para una madre inmadura emocionalmente esto puede resultar aún excesivo y doloroso, como cuando éramos unas niñas. Así que dejar de reclamarle supone para ella una liberación y muchas veces, de manera muy curiosa, puede acercarnos más en la relación.

4

Próxima parada: mi niña, mi casa

> Todo niño tiene la legítima necesidad de ser observado, comprendido, tomado en serio y respetado por su madre.
>
> ALICE MILLER, *El drama del niño dotado*

¿Sabes qué fue lo que más me ayudó a darme cuenta del vínculo que había entre mi madre y yo en relación con mi dolor emocional? El hecho de reencontrarme con mi niña interior y darme cuenta de la herida, del abandono, del rechazo, de la no validación y de la desprotección que sufrí durante mi infancia. Me ubiqué ante una Sandra pequeña y desamparada que renunció a su autenticidad e infancia para hacerse cargo de su madre. Verme enfrente de ella hizo que mi corazón estallara en mil pedazos. Dar este paso supone un dolor muy intenso, por eso debes ser muy valiente para verlo y hacerte cargo de él. Pero mis ansias de verdad, de querer ocupar mi lugar en el mundo, de no repetir la historia en mis hijos, de estar en paz y de sentirme libre de mi madre me empujaron a atravesar la densidad de ese sufrimiento. Mi niña interior me mostró su vulnerabilidad, su dolor y su soledad para que yo la cogiese de la mano y se sintiese acompañada y amada. Hice de su testigo cómplice.

Atravesé el tabú de que todo se lo debía a mi madre, incluso la vida, y empecé a sostener a una niña inocente que en su día no pudo escoger ni enfrentarse a su progenitora. Empecé a maternarme. Para ello tuve que incorporar la idea de que, si yo cuidaba de mí misma, eso no significaba que descuidase a mi madre. Parecen dos supuestos incompatibles, pero nada más lejos de la realidad. Que tú te pongas por delante de tu madre no implica que la rechaces.

Para una hija que está profundamente vinculada con su madre, los intentos de individuación pueden suponer un brutal campo de batalla donde luchar por ser ella misma. Los acontecimientos dolorosos de nuestra infancia sobreviven en el momento en que ocurren y su impacto queda alojado en nuestra psique hasta que somos adultas. Nuestro sistema nervioso se modifica en el momento en que recibimos un estímulo externo que nos hiere o traumatiza, registra y guarda el significado emocional del suceso, incluyendo la intensidad y el impulso de la emoción. Esto significa que los sentimientos enterrados vivos nunca mueren. La negligencia o la falta de atención pueden ser tan dolorosas como el abuso o el maltrato. Debemos sanar esas heridas de nuestra infancia otorgando atención y aceptación a nuestra niña interior, a las necesidades no cubiertas en el pasado. Y esto implica también dejar que muestre su enfado. Al mostrar esa comprensión y esa compasión, comenzamos a sanar los traumas de entonces.

Aceptar la existencia de tu niña herida: yo soy tu testigo

Para poder sanar la relación con la madre y con la vida (recuerda que la madre es la que nos conecta a la vida y, por ende, la representante de ello en tu existencia), además de reconocer que necesitas ayuda, responsabilizarte de tu camino de sanación y darte cuenta de que tu madre tiene mucho que ver en cómo te mueves en las diferentes áreas de tu vida, también debes mirar, validar, poner voz, sostener, acompañar y jugar con tu niña interior. Hasta que no la recuperes y la protejas, sus heridas seguirán contaminando tu vida adulta. Debemos transformarnos en su testigo cómplice, ya que de pequeñas no había ningún adulto a nuestro alrededor que observara y testificara nuestro sufrimiento. Estuvimos solas con nuestro dolor porque la gran mayoría de nosotras crecimos en hogares hostiles y violentos.

Muchas mujeres niegan que sus madres y sus infancias tengan algo que ver con lo que ahora les está sucediendo. No quieren saber nada de su propia historia y, por tanto, no son conscientes de que en el fondo se hallan constantemente determinadas por ella al seguir viviendo en un contexto infantil no resuelto y reprimido. Nos gusta pensar que hemos superado la infancia simplemente porque ya somos adultas y que lo que pasó en verdad no fue tan terrible. Pero lo cierto es que nos hemos quedado bloqueadas en esa etapa. Aunque no podemos cambiar el pasado ni anular el daño que nos hicieron siendo niñas, sí tenemos la facultad para transformarnos y recuperar nuestra identidad perdida. En definitiva, podemos repararnos.

Millones de personas han podido sanar muchas heridas a través del trabajo de los estados infantiles; esto significa que nuestra niña interior no solo se muestra en esa forma única de sufrimiento, sino que tiene varias partes. Algunos de esos estados infantiles son juiciosos, otros son creativos, juguetones, amorosos, o bien pertenecen a traumas o heridas.

Entendiendo la psique y el desarrollo emocional de las niñas, tal y como expliqué en el capítulo 1, podrás entender también qué te pasó a ti. Nunca podrás pedirle cuentas a una niña como si de una adulta se tratase, porque a tan temprana edad el ser humano es ilógico y solo busca satisfacer sus necesidades desde un egocentrismo natural. Además, su pensamiento se basa en la polaridad: o me quieres o me odias, o me miras a mí o miras hacia el lado contrario. También debemos comprender que una situación concreta de malestar que pueda vivir una adulta, para una niña será más acentuado y difícil de sostener. No podemos restar importancia a los problemas de los pequeños porque, aunque para ti sea una obviedad o lo soportes fácilmente, para ellos puede resultar algo muy doloroso y debemos acompañarlos teniendo en cuenta su grado de madurez y sus limitaciones. Seguramente eso fue lo que te pasó a ti de pequeña. Cuando a la niña no la atienden y no la acompañan en el momento que lo necesita, siente que no es buena, que hay algo malo en ella. En ese instante puede llegar incluso a parecer que se está muriendo. En consecuencia, debe actuar para sentirse a salvo, por lo que destierra a su ser auténtico para adoptar otro distinto que agrade a mamá; es decir, se transforma en la buena niña. Renunciamos a ser quienes éramos porque temíamos más la falta de amor y aceptación de mamá que a nuestra propia muerte psicológica y emocional. Y es así como acabamos siendo domesticadas. Apareció un falso Yo que marcó nuestra adultez. Algunas renunciamos a mancharnos de barro, a subir a los árboles, a comer con las manos, a dormir en verano totalmente desnudas, a no sentir, a no llorar si nos enfadábamos, a no comer lo que queríamos, a no destacar; en resumidas cuentas, a no verbalizar nuestras necesidades orgánicas, emocionales y espirituales. Esto también les sucedió a los niños que ahora son adultos, pero a diferencia de ellos, nosotras además tuvimos que renunciar a nuestro cuerpo, lo que constituyó un anticipo de nuestra represión sexual.

Cuando aceptamos que dentro de nosotras existe una bebé, una niña y una adolescente herida, podemos transformarnos en los testigos cómplices de esas partes nuestras internas. Muchas mujeres no recuerdan nada de su infancia, o apenas unos retazos. Esto no quiere decir que no exista trauma o herida. Significa más bien que las vivencias del pasado fueron tan dolorosas que las llevamos a la sombra, al olvido, al cajón del sufrimiento reprimido. Es decir, toda la historia de nuestra infancia reside en el inconsciente y en nuestro cuerpo, por este motivo existen técnicas terapéuticas que permiten acceder al recuerdo y, desde ahí, procesarlo y transmutarlo.

Comprender el impacto en tu vida actual

Las experiencias infantiles no resueltas emergen a la superficie a lo largo de nuestras vidas. Dando un simple paseo ya ves las caras de las personas y por ese entrecejo fruncido —incluso por la mandíbula apretada— percibes que la mayoría de ellas están enfadadas. Son adultos que por dentro llevan un niño herido, y se manejan en su cotidianidad desde ahí, desde la herida primaria. Lo más seguro es que ni siquiera sepan de su existencia porque no tuvieron tiempo de escucharle en medio de una vida tan ajetreada, y finalmente fue desterrado.

Todo lo que vivimos en nuestra infancia, tanto lo bueno como lo no tan bueno, condiciona nuestra percepción del mundo. Aunque no es lo único, ya que también podemos heredar los traumas y conflictos de nuestros familiares hasta siete generaciones atrás. Este punto lo desarrollo con más detalle en el capítulo 6.

Por más que no seamos conscientes de esa niña interior, en realidad estamos fusionadas a ella y sentimos el mismo tipo de emociones y necesidades que experimentábamos siendo pequeñas. Por ejemplo, a veces sentimos soledad, aunque estamos rodeadas de más personas, y esto viene de la bebé que dormía a solas en su habitación y en su cuna; o tal vez tengas una bronca con tu pareja porque a tu adolescente interior nadie la estaba escuchando, a lo mejor no te sientes feliz porque tu niña de 5 años está triste porque nadie la miraba.

La niña interior es la clave para la intimidad en las relaciones, la energía física y el bienestar, así como el entusiasmo y la creatividad en nuestros proyectos. Ella nos gobierna durante muchos momentos del día, sin darnos cuenta de ello. Por tanto, su soledad, tristeza, enfado, rabia, falta de vitalidad... se pueden manifestar en las diferentes áreas de nuestra vida. Durante mucho tiempo mi niña herida hacía acto de presencia en la crianza de mis hijos porque estos me hacían de espejo. Era como si mis hijos y mi niña herida se encontraran y mi herida pedía gritar y ejercer poder sobre ellos. Al estar disponibles por ser pequeños y depender de mí para sobrevivir, mi niña a veces podía llegar a ser tirana y violenta. Ahora que son adolescentes, siempre digo que llevan a sus niños interiores heridos por mi deficiente maternaje. Por suerte, no tardé mucho en darme cuenta de esa rabia y ese dolor vertidos en ellos que venían del desespero y el enfado de mi niña.

Cuando nos convertimos en niñas buenas para que nos vean y amen (ya sabemos que esta estrategia no funciona para nuestro objetivo cuando somos adultas), también reducimos el caudal de vitalidad dentro de nuestro cuerpo, dejando de sentir la propia energía sexual. Una buena niña será asexuada, lo que permitirá que el resto pueda ejercer poder sobre ella, aun en la edad adulta. Sus úteros se volverán rígidos, su creatividad estará empobrecida, su impulso vital estará bajo mínimos. ¡Imagínate la dimensión que tiene este rol en nuestra vida adulta! Todo esto lo explica muy bien Mónica Felipe-Larralde en su libro *Cuerpo de mujer: Reconectar con el útero.*

Esta niña herida, además de manifestarse en la crianza de los hijos, en nuestro cuerpo y nuestra sexualidad, puede hacerlo en el tipo de relaciones que tejamos, ya sean de pareja, de amistad o de trabajo.

Por lo tanto, hasta que no hagamos un proceso de curación de sus principales heridas, seguirá mostrándose y contaminando nuestras vidas adultas. Su dolor nos puede llegar a gobernar en la edad adulta, por ejemplo, cuando buscamos relaciones de codependencia y esperamos que los otros satisfagan nuestras necesidades, o bien en actitudes violentas y agresivas hacia otras personas, cuando nos volvemos narcisistas, cuando no confiamos en nada ni en nadie y somos muy controladoras, cuando nos volvemos muy extrovertidas o muy introvertidas, cuando no logramos relacionarnos de corazón con los demás y no conseguimos ser nosotras mismas en la intimidad, cuando nuestra vida es totalmente anárquica o somos excesivamente perfeccionistas, cuando tenemos adicciones, cuando somos negativas o alarmistas o cuando nos sentimos vacías, apáticas o depresivas.

John Bradshaw habla de varios Yoes falsos que hemos gestado siendo pequeñas (entre los 3 y los 6 años) para seguir siendo amadas, para continuar perteneciendo al clan, y que surgen en la edad adulta sumiéndonos en un vacío porque vemos que nada tiene que ver con nuestro Yo real. Los principales son la hiperresponsable, la triunfadora, la rebelde, la perdedora, la complaciente, la cuidadora y la agresora, pero también la mimada de la casa, la estudiosa, la vaga, la torpe, la mediadora, etc. Para recuperar nuestro Yo auténtico y esencial, debemos permitir a esa niña herida que abandone dichos roles.

Teniendo en cuenta estos papeles que adoptamos y que poco o nada tienen que ver con nosotras, ¿alguna vez has sentido que eres un fraude o que no sabes quién eres realmente? Si es así, te propongo que hagas el siguiente ejercicio que siempre comparto con las mujeres que acuden a mi consulta.

Ejercicio

1. Haz una lista de los distintos personajes que tu niña herida eligió para que se la tuviese en cuenta en tu familia (ten como referencia los que acabo de mencionar).
2. De esta lista, ¿qué papeles siguen vigentes en tu vida adulta?, ¿cuáles te sirven?, ¿de cuáles necesitas despojarte porque te has dado cuenta de que no sirvieron en el pasado ni sirven en el presente?
3. De esos papeles que no sirven y que escogiste para sobrevivir, ¿qué sensaciones de herida percibes?, ¿qué tuviste que reprimir de ti?
4. Ahora escoge tres y sustitúyelos por comportamientos nuevos que te resultan beneficiosos.

Te pongo un ejemplo para que lo entiendas mejor. Imagina que de niña tuviste que adoptar el rol de la «princesita» porque cuando te movías mucho, eras intensa, te manchaste la ropa jugando o te defendías de los otros niños sin pudor, te censuraban e interpretaste que eras una niña mala y dañina para los adultos, que ser tú misma era perjudicial, y por eso te dejaban de amar. Entonces probaste a ser lo contrario, es decir, una niña quieta, acicalada, de sonrisa permanente para agradar a los mayores de tu casa, esperando que viniese un «príncipe» al salvarte de las personas hostiles. Y funcionó porque te valoraban más. Ahora de adulta te muestras al mundo como una «princesita» y eso no te permite fluir, seguir jugando, manifestar tus disgustos o mostrar tu enfado, estás continuamente pendiente de tu imagen para cumplir los estereotipos de belleza y acabas agotada, te exhibes como una mujer a punto de romperse y esperas a que venga un hombre y te salve de los peligros, por lo que eres una persona codependiente... En definitiva, no te muestras real.

Descubrirás que trabajar con la niña interior no sirve tan solo para sanar tus heridas, sino también para rescatar a tu Yo auténtico. Sin esta conciencia de nuestra propia valía y esencialidad, difícilmente podemos diferenciarnos de las otras personas, y además seguiremos sin saber lo que queremos en la vida. Sin la sanación de los recuerdos dolorosos del pasado, estos permanecerán dentro de ti activando las respuestas de nuestro sistema nervioso.

Liberar el dolor, el enfado y la tristeza acumulados: he ahí tu verdad

Me parece indispensable compartir en este punto un fragmento del libro de Alice Miller *El drama del niño dotado*, pues resume en pocas palabras la importancia de reconectar con el dolor original de nuestra infancia para poder entender y curar:

> La vivencia de las emociones intensas es una experiencia liberadora, no solo porque el cuerpo, tenso desde la infancia, puede «descargarse» entonces, sino sobre todo porque esta vivencia nos abre los ojos a una serie de realidades, nos libera

> de ilusiones, nos devuelve recuerdos reprimidos y a menudo hace desaparecer nuestros síntomas [...]. La ira desaparece cuando por fin puede vivirse y considerarse legítima.

Para sanar a nuestra niña interior, en primer lugar, hay que reconocerla y experimentar su existencia, dejar de minimizar lo que vivimos en nuestra infancia. Para ello es esencial experimentar conscientemente a esa niña y así poder reparar el daño que sufrió. Una vez que la verdad sale a la luz, estamos a las puertas de la curación y la recuperación. Y aunque no lo creas, cuando le pongas voz a esa verdad, también servirá para los demás, porque compartir nuestra experiencia auténtica es un servicio público, aunque muchos reaccionen negativamente ante ello.

Pero cuidado: no es nada fácil ni cómodo conectar con el pasado y sentir nuevamente todo ese dolor encapsulado y desterrado (por alguna razón poderosa, ese sufrimiento fue relegado al olvido y tuviste que anestesiarte para seguir viva). Reconocer y aceptar que no fuimos amadas de manera incondicional, cómo legítimamente necesitábamos, es lo que más duele. Como dice mi querida Marta Segrelles: «Nadie puede prepararnos para lo doloroso y removedor que puede ser eso de abrazar a la niña que fuiste».

Marta es psicóloga especializada en traumas de infancia y en sanar a la niña interior, así que es una crack en esta faceta. En su libro *Abraza a la niña que fuiste*, expone con gran sinceridad cuán difícil resulta transitar estas heridas primarias:

- Sentirte mal cuando ves que estás lejos de tu niña interior y que no logras integrarla en tu vida.
- Conectar con el dolor y la pérdida de cuando eras niña, hacer el duelo de tu fantasía de que algún día tus padres

llenarán ese vacío y darte cuenta de que hay personas queridas que no te validan como tu niña necesita.

- Sentir vergüenza al reconectar con el pasado.
- Sentir rabia, ira e injusticia y querer que los perpetradores lo reconozcan.
- Tener miedo a que tu vida cambie si sientes tus emociones.
- Darte cuenta de que no te conoces y de que no eres real.
- Dejar de creer que nunca más sentirás dolor por abrazar a tu niña interior.

En resumen, para que seamos plenamente humanas, es preciso abrazar y expresar a la niña interior. Cuando damos voz a esa verdad dolorosa del pasado, aunque no es nada glamuroso ni sencillo, el cuerpo se relaja, la energía se libera y ganamos impulso para que luego en nuestra vida cotidiana también podamos hablar sin reparos y a favor nuestro, es decir, reaprendemos a no callarnos sobre todo cuando sentimos que están superando nuestros límites o cuando nos faltan el respeto. Y, a su vez, ya no necesitamos manifestarnos a través de reacciones emocionales automáticas como el enfado, la depresión, la tristeza, el control, el miedo, las adicciones, las obsesiones, el perfeccionismo, las inseguridades, etc.

Escuchar sus necesidades

Los problemas emocionales y físicos recurrentes en nuestra edad adulta son una señal de que la niña interior está tratando de decirnos algo, de que hay un tema pendiente por satisfacer. Solo tú puedes hacerte cargo de ello, nadie más podrá hacerlo, ni siquiera tu madre (hubo un tiempo en el pasado que debería haberlo hecho, así que no esperes que ahora se responsabilice).

Tú eres la única responsable de conocer y satisfacer sus necesidades.

Gabor Mate hace referencia a dos necesidades primordiales en los seres humanos en los primeros años de vida: el apego y la autenticidad. En la mayoría de las familias, los niños y las niñas han de renunciar a la necesidad de ser auténticos para mantener el apego, principalmente con la madre. Esta segunda necesidad es la más importante, así que cuando éramos pequeñas, lo más seguro es que tuvimos que relegar a la sombra a nuestro Yo real.

Gemma, de 52 años, recordó en una sesión que con 5 años envió a otro mundo imaginario a una parte de ella para algún día ir a su rescate. Esa niña era su Yo auténtico. Lo tuvo que hacer para poder ser vista, renunciando a manifestar sus necesidades genuinas. Gemma anhelaba ser libre y hacer lo que quisiese con su vida y no estar a merced de los demás y cumplir con unos roles estereotipados y arquetípicos socialmente. Nuestro trabajo terapéutico se centró principalmente en ir a buscar a esa niña exiliada e incorporarla en su vida.

O éramos auténticas o nos sentíamos amadas, no había otra opción. En ese sentido, ahora en el presente dejamos de lado nuestros verdaderos sentimientos y nuestra naturalidad y esencia. Seguimos ignorando a esa niña que llevamos dentro y no somos capaces de nutrir nuestro cuerpo y nuestra alma. En definitiva, la descuidamos. Esto es así porque tendemos a adoptar la actitud que tenían nuestros padres hacia nuestras necesidades. Por ejemplo, si tu madre no te ayudaba nunca en las tareas de la escuela, quizá ahora de adulta no pidas nunca ayuda en tu trabajo o para realizar las obligaciones en el hogar. Recuerdo que de pequeña, cuando tenía miedo a los monstruos, mi madre no dejaba que me metiera con ella en la cama y tampoco venía a la mía para hacerme sentir a salvo. Aprendí a no pedir auxilio en momentos que necesitaba protección ante un peligro o amenaza porque sentí que no merecía esa seguridad externa. Por consiguiente, muchas personas que no vieron satisfechas sus necesidades primordiales, y además tuvieron que renunciar a su Yo auténtico, en la actualidad sienten que sus anhelos pueden parecer humillantes, excesivos y peligrosos. Superar esto no es fácil. Debemos aprender que ya no hay peligro en tener deseos legítimos y que además hay personas que pueden y quieren satisfacer las nuestras. Permite que tu niña se manifieste y dale lo que quiere.

Pero ¿cómo sé cuáles eran mis necesidades en mi infancia si no obtuve una crianza materna eficiente? Para las que hemos sufrido una herida materna es difícil saber qué nos perdimos en realidad cuando éramos pequeñas. Aquí tienes un listado básico de diez necesidades fundamentales que es preciso que la madre (o el principal cuidador) cubra durante la infancia:

1. Pertenecer a un lugar y a la vida en sí.
2. Apegarnos a otras personas para sentirnos seguras.
3. Que nos tomen en serio, que nos vean tal y como somos.
4. Que nos ayuden y orienten.
5. Tener apoyo y respaldo.
6. Tener personas como modelos de aprendizaje sano y estimulante.
7. Respetar nuestros ritmos, recibir consuelo y tranquilidad.
8. Sentirnos protegidas.
9. Que nos traten con respeto.
10. Que nos amen y cuiden.

Una manera de escuchar qué necesidad se manifiesta en un momento concreto en nuestra niña interior es a través de las sensaciones corporales y de las emociones. Cuando estamos enfermas o manifestamos algún síntoma de malestar, nuestra niña interior está intentando decir algo. Cuando nos quedamos ancladas en nuestros pensamientos y responsabilidades de adulta, solo lo estamos en la mente y nos separamos de nuestra niña, que justamente vive en nuestro cuerpo. La cabeza va por un lado y el cuerpo va por otro, así que dejamos de mirar a la esencia de la niña. A veces solo nos quedamos en el cuerpo y no somos capaces de hacer las suficientes conexiones neuronales para interpretar qué nos está pasando; es decir, malinterpretamos lo que la niña nos quiere decir. Por ejemplo, en lugar de escuchar sus sentimientos, nos alimentamos con demasiada comida; en vez de tener tiempo para jugar, consumimos drogas, o en lugar de proveernos de amor propio, le damos sexo en el momento equivocado o con personas tóxicas. Como decía, nuestra niña también reside en las emociones. Cuando sentimos, ella nos está hablando en nuestra lengua materna. Por ende, cuando no nos sentimos amadas, podemos estar irritables, manifestar problemas físicos o tener pataletas, justo lo mismo que haría ella.

Cuando ya somos capaces de reconocer y aceptar nuestras necesidades no satisfechas en el pasado, podemos subsanar esa división que tuvimos que llevar a cabo de pequeñas para poder sobrevivir. Tenemos el permiso de fusionar el ser auténticas con el sentirnos aceptadas y amadas, por dentro y por fuera. Para que nuestras necesidades sean auténticas es preciso que nos vean tal y como somos desde nuestra esencia, donde podemos mostrar nuestras debilidades y limitaciones, nuestros fracasos y errores, nuestras peculiaridades e idiosincrasias, nuestros dones y talentos, y nuestra grandeza y exclusividad. El modelo de *superwoman* o «mujer 10» queda desterrado de nuestra vida. Por otro lado, las necesidades de apego han de incluir la necesidad de ser amadas, de sentirnos seguras, de recibir ayuda y apoyo, de ser vistas y de pertenecer.

Fomentar la confianza y la seguridad interna como poder transformador

Nunca curaremos el lastre de los abusos perpetrados a los menores en todo el mundo hasta que no dejemos de abusar de nuestra niña interior. Esto va por ti, por mí, por tu madre, por tu padre, por tus profesores y profesoras, por tus jefes, por tus parejas, por los políticos, por los gobiernos de todo el mundo, por las grandes estructuras que manejan los hilos de los ciudadanos y del planeta. Imagínate cuán importante es que todos y todas sanemos nuestras heridas de la infancia para devenir en un mundo mejor y más humano, donde el centro de todo debate sea la misma VIDA. Date cuenta del poder transformador de cuidar a tu niña interior, que no solo queda limitado a tu mundo interior, sino también al exterior. Es bueno para ti, es bueno para todos y todas.

La niña interior reside en nuestro corazón. Eso significa que al abrirlo a ella, lo hacemos también a todos y a todas. De esta manera podemos llegar a encontrar la fuente de nuestro verdadero poder: el amor.

Entonces, ¿qué labor tienes que hacer con la niña interior?

Ante todo, debes ganarte su confianza, presentándote como la principal adulta que podrá sostenerla y protegerla. Has de transformarte en tu propia madre bondadosa y cariñosa; debes demostrarle que eres fuerte, siempre desde la posición de adulta, y que tienes el poder para hacerlo; has de ser compasiva con ella, sentir ternura, sentir tu corazón fusionado al suyo, y mirarla con ojos de madre, como a ti te hubiese gustado que tu madre te hubiera mirado a ti, dedicarle tiempo y atención, comunicarte con ella, mimarla; es preciso crear para ella un espacio seguro y amoroso. Cuanto más tiempo inviertas en escucharla y pasar tiempo con ella, comenzará a tener más confianza y a explicarte todo lo que le sucede. Y es que cuidar a tu niña es una poderosa medicina para transformarte y ser feliz. Lucia Capacchione, en su libro *Recovery of Your Inner Child* (*La recuperación de tu niño interior*), habla sobre la alegría ilimitada y la creatividad que tu niña interior sanada te puede ofrecer. Dice que cuando ella se siente segura y protegida, amada y cuidada por ti, dispone de un corazón y una mente abierta. Se siente libre para amar y para ser amada.

Dicho así suena delicioso y simple, pero a la vez complejo, porque, ¿cómo hablo con alguien que no existe físicamente?, ¿cómo me conecto con mi Yo del pasado? Este paso requiere en muchos casos un acompañamiento profesional. Capacchione explora en su libro tres conceptos de la niña (la juguetona, la creativa y la espiritual) e incluye diferentes gestos que podemos tomar para satisfacerla:

- La niña juguetona es capaz de ser auténticamente feliz a través de la diversión, de la libertad y de ver a otros niños y niñas también jugando. Una manera de reconectar con ella es observar en un parque o en el patio de una escuela cómo se comportan los niños y las niñas del presente en el juego: ríen, gritan, corren, bailan, trepan, dan volteretas... Puedes saber que tu niña juguetona está presente en ti cuando tienes espacio para la risa y el humor en tu vida. La verdadera recuperación consiste en encontrar la alegría en tu interior, de la misma manera que los bebés y los niños y niñas disfrutan de esa dicha desde el tuétano de su ser. Por ejemplo, poder contar con un grupo sano de amistades ayuda a despertar ese juego dentro de nosotras. También debemos buscar momentos para bailar. O entrar en una tienda de juguetes, de arte o manualidades y comprarle algo a tu niña interior. Si tienes críos a tu alrededor, dedica un tiempo a jugar con ellos tal y como lo haría una niña de 5 años. A mí de pequeña siempre me gustaron los parques de atracciones y nunca me llevaban (mis padres no invertían tiempo libre en mí y en lo que me gustaba, sino en sus propios gustos). De mayor me permito una vez al año, como mínimo, asistir a un lugar de este tipo y subirme en todo lo que ahora mi vértigo me permita.

- La niña creativa, imaginativa e ingeniosa es así de serie. Le gusta bailar, cantar, inventar, escribir, descubrir y dibujar. Pero durante el camino de nuestra infancia esa chispa comienza a desvanecerse y en la edad adulta puede haber incluso desaparecido. Dar permiso a esa parte tuya creativa pasa por soltar tu rigidez y la exigencia de la perfección. Otorga a tu niña el derecho a equivocarse en sus creaciones. Para recuperar esa parte de ti imaginativa tienes que conectar con un recuerdo del pasado donde tu niña expresó su creatividad, donde se sentía ingeniosa. Ya de adulta, puedes incluso apuntarte a un taller o un curso donde retomar esa práctica que te permitía sacar esa parte de creación. En casa, dale permiso a la niña para que manifieste su carisma, por ejemplo, combinando piezas de ropa, cocinando, decorando y pintando cuadros. En el ámbito laboral, puedes ofrecer propuestas que innoven tu trabajo.

- La niña espiritual es inocente, amorosa y está conectada a algo más poderoso y supremo que ella misma. Irradia luz, brilla con su entusiasmo. En su mirada se puede detectar una fuerza vital ilimitada. Para llegar a ella podemos hacerlo a través de la meditación y la contemplación. Escuchando nuestra intuición también estamos dando lugar y presencia a esa niña espiritual.

A todas estas maneras de conectar y jugar con nuestra niña que Lucia Capacchione nos propone, también me gusta añadir otras prácticas más profundas y de diálogo íntimo y emocional que puedes llevar a cabo sin necesidad de ayuda terapéutica.

EJERCICIOS

Uno que siempre recomiendo a las mujeres que acuden a mi consulta es que consigan una foto de cuando tenían entre 4 y 6 años, que la dejen a la vista en su mesita de noche o en el escritorio, y que cada día le dediquen palabras amables o simplemente que escuchen si tiene que decirles algo. Mejor no tratar de racionalizar o analizar a tu niña interior porque ella opera desde los sentimientos, el juego, la creatividad, la imaginación, los símbolos y el alma. Si pones el corazón y no la mente, te sorprenderá la magia que opera en este acto tan simple y tan nutritivo para ella y para ti.

La recuperación de tu niña interior también debe incluir la celebración de los momentos felices, no solo recordar lo doloroso del pasado. Si nos centramos únicamente en los traumas y excluimos los momentos de gozo y dicha, nos mantenemos fuera del equilibrio, mirando al mundo a través de una densa niebla. Si no glorificamos los momentos felices con gratitud, tanto los del pasado como los del presente, podemos agotar nuestros recursos internos. Nuestra capacidad de hacernos felices a nosotras mismas es una habilidad que necesitamos practicar, y la gratitud es un recurso maravilloso para lograrlo.

La escritura es otra herramienta para mantener ese diálogo necesario con nuestra niña interior, por ejemplo, a través de un diario, como cuando eras adolescente, o bien escribiéndole directamente y leer sus respuestas, en una suerte de conversación entre tu parte adulta y tu parte infantil. Para ello es fundamental que cuando escribas como adulta uses tu mano dominante (con la que escribes siempre), y cuando escribas como niña, lo hagas con tu mano no dominante (lo cual te costará un poco, pues las niñas pequeñas escriben normalmente con dificultad, poco a poco y con letra cambiante).

A un nivel más espiritual, otro ejercicio interesante consiste en colocar en casa un altar con varias fotos tuyas de cuando eras niña, en el que también puedes poner elementos de la naturaleza como hojas de árbol, piñas, piedras, conchas de mar... o bien un juguete o cualquier otro objeto que pertenezca a tu infancia. Enciéndele una velita cada día para aportar luz a esa niña que llevas dentro y háblale, dile frases dulces, amables, amorosas y sanadoras.

Reescribir patrones negativos y fomentar el crecimiento emocional

Se considera que, como adultas, tenemos un poco más complicado revertir nuestros patrones negativos en relación con el apego fundamental. Cuando somos pequeñas, el cerebro está más abierto al cambio cuando se expone a estímulos ambientales. De ahí que lo ideal sea cambiar los patrones de apego inseguro en la infancia. La buena noticia es que disponemos de plasticidad cerebral hasta el final de nuestros días, tal y como ha demostrado la neurociencia, y es así como somos capaces de modificar hábitos o conocimientos predeterminados y aprender cosas nuevas. Además, contamos con muchas opciones para poder transformar las creencias limitantes en creencias funcionales, como por ejemplo asistir a terapia y llorar las viejas heridas.

Si creemos en esta posibilidad de modificar los viejos paradigmas de la niña herida por nuevos marcos conceptuales positivos, entonces estamos apostando por el cambio en nosotras y por un crecimiento personal saludable.

Si esta fe ya está en ti, la parte esencial en la sanación de tu niña interior pasa inevitablemente por un trabajo de duelo en el que debemos desengancharnos de la madre y reconciliarnos con nuestro pasado. Es una parte importantísima en la curación. Se necesita tiempo y fuerza para afrontar el propio dolor enquistado. Las afortunadas que se arman de valor y miran a su niña interior se pueden dar cuenta de que no tuvieron una verdadera infancia, que se vieron obligadas a convertirse en pequeñas adultas, quizá en niñas parentalizadas, desde una edad temprana. Ese dolor no expresado anteriormente nos puede pasar una factura con un elevado precio donde nuestras emociones y nuestro cuerpo pueden quedar dañados. Se necesita tiempo y paciencia para trabajar a través del dolor emocional. Lo que sucede a veces es que queremos sanar rápido y dejar de sufrir de inmediato con solo entender lo que nos pasó, sin atravesar esa oscuridad. Por ejemplo, algunos estudios indican que hay personas que acaban enfermando de cáncer justo un año después del fallecimiento de un ser querido por no haber dado ni espacio ni lugar a la manifestación de su dolor y su tristeza.

La curación del alma de la niña acontece con el tiempo,

quitando capa a capa como si de una cebolla se tratase. No hay una receta única para todas, ni un remedio que funcione al momento. Cada mujer es única, con una historia diferente y con una familia singular. Así que no hay un método establecido con un tiempo definido ni soluciones milagrosas.

Lo que sí tienen en común las mujeres que deciden sanar su herida materna es que, como adultas, son capaces de decirle a su niña interior que desobedezca las creencias familiares que la limitan, que rompa con la rigidez y que manifieste lo que siente. Se trata de un permiso incondicional que le damos. Le mostramos que si «desobedece» las reglas familiares no hay riesgo de que la excluyan o la abandonen, porque, para empezar, tú vas a estar siempre a su lado. Como adulta, tienes el poder de desobedecer; no pasa nada si dices lo que sientes y lo que piensas, si cometes errores, si te diviertes, si sientes que mereces y te mueves hacia lo que deseas, si conectas con tu poder interior o si escuchas a tu propia intuición.

Nuestra responsabilidad como adultas de sanarnos y de separarnos de nuestra madre pasa por consolar a tu niña herida y sustituir los viejos paradigmas disfuncionales por otros nuevos y positivos. Crear confianza con ella y hacerle ver que no es peligroso ser real, tener necesidades, decir «no», tener emociones, celebrarte a ti misma y ser vista es tu labor como adulta, e implica buscar ayuda profesional, marcar límites, autocuidarte (de esto hablaré en el siguiente capítulo) y permitirte sentir el duelo hacia tu madre real y hacia tu pasado. Dale a tu niña lo que no tuvo y necesitó, y dile, sobre todo, que ella no es culpable por no sanar a su madre, sino que es inocente.

Ejercicio

Escríbele una carta a tu niña interior y háblale de todo lo que eres capaz ahora, del poder que tienes en el presente. Por ejemplo, te compras tu propia ropa, conduces un coche, viajas donde quieras, te vas a dormir cuando te apetece o comes todo lo que te gusta. Esta carta te ayudará a afianzar la confianza en ella, además de tu seguridad y tu poder interior.

Tomar decisiones basadas en el amor y la autenticidad

La expresión «el amor mueve el mundo» es real. Según Einstein, la fuerza más poderosa del universo es justamente el amor. ¡Y lo decía un científico! Podemos amar a los otros desde la pureza cuando somos capaces de amarnos a nosotras mismas por ser quienes somos. Y es así: tú no puedes amar incondicionalmente a tus hijos e hijas si primero no descubres cuánta fuerza tiene tu corazón y cuánto late para ti. El amor es energía, y es la mayor de tus protecciones. Así que cuanto más te amas, más conectada estás a tu ser esencial, es decir, a tu Yo auténtico, aquel que se diseminó en los cinco primeros años de tu vida. Ese *self*, tal y como lo llama el modelo terapéutico de los sistemas de la familia interna, es puro amor, calma, sabiduría y bondad.

Sin embargo, ya de adultas, a veces tomamos decisiones basadas en la rigidez, la perfección, la autoexigencia y la crítica. Muchas iniciativas y acciones que llevamos a cabo son muy poco amorosas y blanditas. La voz materna (y también la paterna) replica en nuestro interior y los discursos que nos agredían y nos minimizaban cuando éramos niñas se quedaron grabados y codificados en nuestra mente y nuestro cuerpo, y ahora los manifiesta nuestra madre interior. La energía de tu madre rígida conforma lo que es tu madre interior crítica. Esta madre interna nunca está satisfecha y para ella nunca nada es lo suficientemente bueno. No es amorosa, sino todo lo contrario: autoritaria y exigente. En cambio, tu niña interior, aunque esté herida, siempre es puro amor. Y eso es lo que debemos recuperar, ante todo: su corazón.

Para poder abrazar a nuestra niña interior tenemos que enfrentar a esta madre interior crítica y transformarla en la afectuosa que siempre hemos querido tener, que nos reconecte con el amor más puro que reside en nuestro corazón y, por ende, con nuestro Yo real y auténtico.

Acompañando a nuestra niña desde el amor y la aceptación, creamos una respuesta amable que se va convirtiendo con el tiempo en instinto de protección. Ese amor incondicional nos lleva a saber poner límites sanos a nosotras mismas y al exterior, a ser sinceras, a exponer nuestras necesidades, a dar y recibir de manera equilibrada, a ser reflexivas; en definitiva, a ocupar nuestro lugar en el mundo y a ser reales.

Amarnos y aceptarnos también lleva implícito el acto de perdonarnos. Para mí esto es esencial si no queremos seguir martirizándonos cuando nos equivocamos o cuando las cosas no salen como esperamos. Uno de los ejercicios que hacemos en la consulta es justamente ese: pedir perdón a nuestra niña interior, y lo hacemos una vez la hemos incorporado en nuestra conciencia y la tenemos presente las veinticuatro horas del día. Le pedimos perdón por haberla desatendido todos estos años, por habernos castigado, ya de adultas, en relaciones tóxicas, lugares inadecuados, conductas lastimosas, negligencias en nuestro autocuidado, maltrato emocional hacia nuestro Yo, etc. Esta niña necesita escucharlo de la adulta que justamente ahora la está maternando. Este paso nos ayuda a consolidar la confianza entre ambas. A pesar de que la huella que nos hemos dejado a nosotras mismas seguirá doliendo, ya no nos limitará y hará que sintamos una agradable paz en el corazón. En definitiva, dejaremos de autoflagelarnos y autocastigarnos.

Recuerdo perfectamente el día que le pedí perdón a mi niña interior desde lo más profundo de mis entrañas. Durante mucho tiempo, como ya te he explicado, intenté que la muerte se me llevase de esta vida. No lograba deshacerme de ese sentimiento de desgarro y desesperación, a pesar de haber participado en procesos terapéuticos sanadores. Un día, haciendo una meditación de respiración ovárica alquimia femenina, canalicé a mi Sandra niña de 5 años mirándome y pidiéndome que no la matase más, que yo era la única que podía tener compasión por ella y que necesitaba cuidados auténticos y amorosos. En ese instante por fin hice un tremendo clic en mi psique y en mi corazón y pude ver con claridad que la razón de ir muchas veces en pos de mi muerte era el deseo de aniquilar a mi propia niña. Inconscientemente había grabado que ella era el origen de mi sufrimiento. Pobrecilla, mi niña... ¡ni siquiera yo la quería por ser quien era! Pedirle perdón fue sanador en su máxima potencia. Desde entonces debo decir que no he vuelto a tener ningún vacío que me haga mirar a la muerte como un destino a corto plazo.

Buscar apoyo terapéutico y emocional para procesar y sanar tus heridas

La curación de la niña interior herida no se puede hacer en soledad, aunque, como hemos visto, hay algunas técnicas sencillas que sí puedes hacer sola y que son un muy buen comienzo. Ya ha pasado mucho tiempo en ese estado, así que ahora es lo que menos necesita en su vida. Debemos buscar grupos de apoyo, hacer terapia, talleres de sanación, lecturas que hagan referencia a este tema, crear una red con otras mujeres...

El trabajo de la niña interior es una herramienta terapéutica cada vez más utilizada en psicoterapia. La terapia Gestalt fue la que empezó a usar este arquetipo que reside en nuestro inconsciente. Es un recurso completamente distinto a la forma de terapia que se hacía en el pasado. Freud ya fue el primero en entender que nuestras neurosis y los trastornos emocionales son el resultado de carencias sufridas en nuestra infancia y que no han sido resueltas, repitiéndose a lo largo de nuestras vidas.

Si decides buscar ayuda profesional para encontrar tu bienestar emocional y sentirte en paz, y sabes que lo debes hacer desde tu niña interior, has de tener muy presente que un buen acompañamiento terapéutico tiene que ser parcial y no neutral. Esto significa que el o la profesional en todo momento ha de validar y tener en el centro de la terapia a esa niña que habita dentro de ti, y no justificar ni posicionarse a favor de la madre y el padre de la mujer. Asimismo, también debe hacer de testigo cómplice de la persona, que comparta con ella el abandono, la soledad y la indignación por lo que tuvo que pasar en su infancia. Evidentemente, la terapeuta no se quedará en la herida y seguirá dando alimento para que sangres más y más. Pero en todo momento tiene que dar valor a todo lo que sientes y experimentas.

En este sentido, ya sea una terapeuta, una amiga o una pareja, lo más beneficioso para nosotras es que ellas o ellos ya hayan validado previamente su propio dolor de infancia, es decir, que hayan puesto voz a su niña interior para entender ahora a la tuya y que su ejemplo nos sirva para comprender la relación que existe entre nuestro malestar actual y nuestras vivencias a temprana edad.

5

Gestando y pariendo a tu madre interior

> Deshacernos de la madre interiorizada para dar paso a la madre interior.

2018 fue un año clave para mí: empecé mi formación de Mujer Consciente, que duró un año. Cada mes nos reuníamos en círculo 28 mujeres para tomar plena conciencia de la mujer salvaje que llevamos dentro, de nuestras heridas, de lo femenino y de lo masculino, de los hijos, los proyectos, los arquetipos menstruales... Fue un punto de inflexión nuevamente para mí y un encuentro maravilloso de conocimiento y sabiduría. Aquí descubrí aún más la importancia de nuestro autocuidado y automaternaje. Carmen Hernández Rosety, mi maestra del sagrado femenino, a la que estaré eternamente agradecida por que apareciese en mi camino, me abrió una puerta hasta ese momento desconocida, aunque estaba en mi psique y en mi cuerpo, pero totalmente a oscuras. Reconocí los años de moverme mucho desde la energía masculina y lo agotada que estaba. Empecé a tomarme muy en serio mi propio autocuidado, no sin antes ver por qué vivía tanto desde la autoexigencia y la rigidez, y la dificultad que tenía en soltar el control y fluir un poco más. Aunque parezca algo sencillo de entender, descubrí que una misma podía darse el maternaje, pero desde un lugar más blandito y bondadoso.

Al igual que dentro de nosotras hay una niña interior, también reside una madre interior que puede ser exactamente igual que nuestra propia madre real. Y yo, curiosamente, me estaba cuidando desde un lugar muy exigente y a la vez desvitalizado. Reconocer a mi propia madre interior y alimentarla formaba parte del proceso de fomentar un femenino y un masculino maduros que había ignorado toda mi vida. Aunque la principal búsqueda y objetivo para sentirme feliz y conectada a la vida era poder deshacerme del rechazo que sentía hacia mi madre, dentro de ese proceso estaba implícito redefinir a mi madre interior para que cuidase de mi niña interior. El duelo pasaba por reconocer lo que me faltó en el pasado y también en encontrar maneras de compensarlo. De nuevo estaba sumergida en el camino de sanar la relación con mi madre desde otro lugar más espiritual y energético, y tomé más sesiones de terapia específicas de la niña interior y de traumas de la infancia, lecturas, círculos de mujeres, nuevas amistades que me aportasen más valor... Fue tanta la riqueza conseguida entre 2018 y 2020 (con pandemia incluida) que comprendí que mi misión de vida tenía que ver con ayudar a que las mujeres entendieran cuál era el puente vital que existía entre ellas y sus madres, y que tenían que ver a sus progenitoras en sus conflictos emocionales y cotidianos. Además, estaba haciendo un salto de conciencia en relación también con la Vida en mayúsculas, no solo la que habitaba en mí, sino la que residía en el planeta Tierra.

En los últimos años he nutrido a mi madre interior a través de la danza y la respiración consciente. Considero que una parte fundamental de nuestra sanación es ir a nuestro cuerpo y moverlo, ya que es el que tiene toda nuestra información de vida grabada. Danza Útera, Mujer Medicina, Respiración Ovárica, Alquimia Femenina... Toda esta riqueza y sabiduría me ha otorgado más poder y una madre interna fuerte, protectora y a la vez compasiva conmigo misma. También me ha otorgado el impulso para tomar decisiones que, aunque no fueran populares ni bien vistas, reflejaban mi identidad y mis verdaderos deseos. Una de esas decisiones fue tomar distancia física y emocional con mi madre, hasta llegar al contacto 0. Ni mensajes, ni llamadas, ni reuniones familiares... Mi niña y yo lo necesitábamos para lograr separarnos de ella emocionalmente y ocupar nuestro lugar, sin interferencias que nos desestabilizaran. Me estaba transformando en la oveja negra, no solo en mi sistema familiar, sino también en el resto de los sistemas a los cuales pertenecía. La crisálida, habitada por una buena niña, se estaba transformando en una mala hija.

La madre interior que protege y cuida a tu niña interior

La insatisfacción creada durante la infancia genera en la edad adulta una gran limitación para satisfacer las necesidades de la niña interior. Sin darnos cuenta, hemos reprimido el sentimiento de que merecemos una buena madre. Lo chocante de esto es que, de manera inconsciente, estamos esperando a que mamá nos dé lo que no nos dio siendo niñas, lo cual desemboca en un déficit de automaternaje y de descontento, permaneciendo insatisfechas a lo largo del tiempo. Esto, como ya he explicado en el libro, nos lleva a buscar involuntariamente en las parejas, las amigas, los hijos... que nos maternen, que nos den todo lo que no recibimos en su momento. Por otro lado, acabamos necesitando rescatar a los demás, cuando ni siquiera somos capaces de hacerlo con nosotras mismas. Es en este punto cuando tenemos que gestar y parir a una madre interior que calme a nuestra niña herida con comprensión y compasión. Una parte nuestra interna que nos automaterne y nos dé herramientas de cuidado propio.

En el proceso de sanar la herida materna, debemos transformar a esa madre interior en la madre que siempre hemos deseado: una que pueda satisfacer nuestras necesidades con precisión y generosidad, que pueda apoyarnos en nuestro florecimiento y amarnos por ser auténticas. Para ello, son necesarios varios puntos de partida:

- Una réplica de nuestra madre humana, con sus limitaciones.
- La cultura y la sociedad que nos han envuelto a ambas, rompiendo con los patrones y las normas limitantes.
- Todo nuestro linaje y ancestras, en honor a ellas y con la fuerza que me llega.

Nuestra madre interior, que es nuestro Yo adulto, es quien da permiso a la niña para que rompa con las creencias que la limitan y que vienen de su familia, y también para que se ame a sí misma tal cual es. Además, es la proveedora de todo aquello que necesitamos de pequeña y que nuestra madre no nos pudo dar, que no fue cubierto y que ahora sí podemos hacerlo. Las decisiones que no pudimos tomar en el pasado porque éramos pequeñas, ahora sí podemos llevarlas a cabo proveyéndonos de nutrientes emocionales que reemplacen los déficits anteriores.

Abrir nuestro corazón a las necesidades de la niña que llevamos dentro es el verdadero comienzo de la reparentalización, de convertirte en tu propia madre. Diseñar y modelar a la madre interior que anhelamos y amar a tu niña interior a diario es el primer paso hacia la curación de las heridas del pasado. Esto significa dialogar con ella regularmente, aunque nos dé pereza. A medida que desarrollamos una relación de amor con nuestra propia niña interior, esta parte interna nuestra recibe el mensaje de que ahora las cosas son diferentes.

Además, la necesidad de encontrar madres protectoras y amorosas en el exterior como sustitutas de nuestra madre real disminuye. Al convertirnos en la madre «suficientemente buena» para nosotras mismas, no solo nos liberamos a nosotras mismas, sino también a todos aquellos que conforman nuestra vida.

Ser tu propia madre bondadosa y protectora es una habilidad que hay que aprender y que puede durar años. Quizá sientas que ya te estás automaternando, pero yo te pregunto: ¿desde qué lugar lo estás haciendo?, ¿cuántas horas dedicas a ello?, ¿cuán presente y blandita te puedes mostrar a ti misma? Hubo un momento en que yo también pensé que me estaba autocuidando y concediendo espacios y tiempos para mi bienestar y riqueza interiores, pero lo estaba haciendo desde un lugar de perfeccionismo, exigencia, rigidez y con poco margen de error. Con esto me refiero a que, por ejemplo, tenía que ir al gimnasio cuatro veces a la semana y pasarme allí dos horas como mínimo, estuviese o no cansada, o que debía estar escrupulosamente depilada, o que mi cabello no podía mostrar ni una sola cana, o que debía tapar mis ojeras cada mañana con maquillaje, o que no podía comer ni un triste trozo de pizza aunque llevase semanas haciendo dieta estricta, o que debía dedicar horas y horas a mis estudios sin tiempo para salir y disfrutar la vida, o que debía tener la casa impoluta y en un estricto orden, o que si un día estaba cansada y prefería ver una película, me autojuzgaba por no ser productiva. Dentro de mí habitaba una madre interior crítica con mucha energía masculina que, además, en muchas ocasiones me situaba en el último lugar de la lista de cosas por hacer, priorizando el cuidado de los demás.

Cierto es que tendemos a asumir muchos roles en nuestras vidas y cargamos con muchas creencias que no nos ayudan a parar ni a tomar tiempo para nosotras mismas. Pero en numerosas ocasiones, cuando tenemos ese tiempo, seguimos ancladas en la autoexigencia de actuar con una eficacia lineal propia de la masculinidad. Al fin y al cabo, las mujeres nos maternamos de la misma forma en la que fuimos maternadas por nuestras propias madres.

Dentro de ti se ha de crear un vínculo interno entre la madre y la niña que debe estar en completa comunicación todo el día. Tanto en terapia como en mis cursos suelo aconsejar varias maneras de conectarnos con nuestra madre interior para que las mujeres puedan crear un centro de integridad y seguridad interior que les permita dar y recibir el alimento que precisan. Una manera —para mí, de las más efectivas e importantes— es dialogar a diario con la niña interior, como ya he explicado, a través de la escritura terapéutica o con una foto de cuando éramos pequeñas. También podemos conectar con esta parte interior nuestra a través del arquetipo de la madre con símbolos e imágenes, lo cual nos ayuda a evocar las energías de la buena madre cuando estamos en nuestro camino de sanación. Puede ser una imagen de la Madre María o un elemento de la naturaleza que represente a la Madre Tierra o a la Gran Madre. Más adelante lo desarrollaré con detalle porque me parece un recurso muy potente y nutritivo para las mujeres.

Reconectar con los ciclos de la naturaleza —entre ellos, nuestro ciclo menstrual— es otra poderosa manera de encontrarnos con nuestra madre interior. Cuando escuchamos y damos espacio a nuestras emociones en el momento en que surgen también está presente esta madre. Encontrar a una buena terapeuta para hacer un proceso con todo el dolor encapsulado, tener un autocuidado a diario a través de la alimentación, el ejercicio físico, el descanso, la sexualidad, tener relaciones sanas, pero sin quedarnos secas y desvitalizadas, satisfacer nuestras propias necesidades e incluso abrirse a recibir un abrazo, un rayo de sol, un halago, una sonrisa, un piropo, un regalo... son también maravillosos métodos para hacer presente a nuestra madre interna.

A veces me encuentro con mujeres que están maternando a sus hijos e hijas a edades muy tempranas, pero no tienen tiempo para conectar con las energías de su madre interior. Me doy cuenta de lo difícil que es poder disponer de nuestra madre interior para nuestra niña interior en estos momentos de nuestra vida porque necesitamos mucha energía para ello y a veces no la tenemos. Pero justamente nuestra niña interior, cuando conectamos con ella y la hacemos presente en nuestro corazón, la escuchamos y la calmamos, nos permite comprender de verdad a nuestros hijos reales y darles voz. Para mí, el hecho de reivindicar y rescatar a mi niña interior fue una posibilidad poderosa de poder entender en profundidad a mis dos hijos. Estaba tan imbuida en la acción y la mentalidad de adulta, de perfección, normas y rigidez, que no tenía plena conciencia de los ritmos naturales de mis propios hijos. Al ver a la Sandra niña y escucharla de corazón, pude entender las necesidades de mi hijo y mi hija.

Fundamentos de la madre interior

Una vez que somos adultas, nuestra madre real termina de cumplir su tarea y es la madre interior quien hace el trabajo de cuidar a la niña interior. Desde que estamos en el vientre materno, aprendemos los fundamentos emocionales principales sobre los cuales nos sostenemos para crear nuestra vida adulta. Ten muy en cuenta que la madre cuida y nutre a partir de las herramientas internas que ella ha desarrollado; dicho de otra manera, ella solo puede cuidarnos hasta donde se ha cuidado a sí misma.

Tanto si recibimos una crianza materna abundante como

si fue deficiente, es preciso que continúe el cuidado de la niña. Tú, como adulta, ahora tienes la capacidad de cuidarla y de proporcionarle las cosas que tu madre no pudo satisfacer, o bien continuar con el próspero legado de cuidado que te transmitió.

En caso de que tus necesidades emocionales no fueran cubiertas, aquí tienes algunos de los fundamentos principales que debe tener tu madre interior para maternar a tu niña:

- *Reconoce las emociones* que puedan haber quedado sin resolver. Se necesita tomar tiempo para reflexionar sobre las experiencias de tu infancia y acoger los sentimientos que surjan con amor y empatía. Valida las emociones de tu niña interior, reconociendo que todas las emociones son legítimas. Anima a expresar esos sentimientos de manera segura.
- *Escucha activamente* y presta atención a las necesidades emocionales de tu niña interior. Escucha sus miedos, sus alegrías y sus preocupaciones con compasión y sin juzgarlas.
- *Acepta a tu niña interior tal y como es*, con todas sus vulnerabilidades y necesidades. Bríndale amor incondicional y comprensión.
- *Desarrolla rituales o actividades que brinden consuelo y seguridad* a tu niña interior. Puede ser algo tan simple como abrazarte a ti misma o crear un espacio seguro en tu hogar.
- *Establece límites saludables* para protegerla y cuidarla. Aprende a decir «no» cuando sea necesario y a crear un entorno seguro.
- *Cuida tu bienestar físico* a través de una buena alimentación, así como de un ejercicio y descanso adecuados. Esto también contribuye al cuidado de tu niña interior.
- *Conecta con la creatividad y el juego*, participando en

actividades creativas que estimulen la imaginación y la expresión artística, siempre desde el gozo y el disfrute. Esto puede ayudar a liberar la creatividad y la alegría que a menudo se encuentran en la niñez.

- *Fomenta la comunicación sistemática*, haciendo revisiones periódicas con la niña interior y tranquilizándola. Que sepa que le importas. Puedes hacerlo mediante la escritura o practicando alguna visualización guiada.
- *Impulsa el crecimiento personal continuo* a través de actividades regulares que beneficien a la niña y a la madre interior.

Estos fundamentos permitirán que tu madre interior cumpla con las funciones básicas que tu madre física llevó o no a cabo. ¿Y cuáles son esas tareas maternales universales?

1. Ayudar a la niña a encontrar su pertenencia, bien aceptando a su madre real como la fuente de la vida y/o viéndose como hija de la misma existencia o Madre Tierra.
2. Ofrecerle seguridad.
3. Sostenerla y atender todas sus necesidades al momento.
4. Regular y calmar sus miedos e inseguridades, estabilizando sus angustias y ansiedades.
5. Nutrirla, física y emocionalmente.
6. Validar lo que siente, poner voz a sus sentimientos y pensamientos, nombrar sus cualidades y dones.
7. Animarla, estimularla y alentarla a que vaya a por sus sueños. Y celebrar todo aquello que consiga.
8. Acompañarla para que aprenda y evolucione sin presiones ni juicios.
9. Protegerla a través de los límites hacia el exterior.
10. Hacerle sentir que siempre estará esta madre interior como refugio y hogar.

Cuando somos pequeñas, no tenemos la habilidad de maternarnos a nosotras mismas ya que lo ha de hacer la adulta que te cuida. Ella será el modelo de maternaje que se forjará en tu psique y que luego tendrás que poner en marcha para cuidar a tu niña interior. En función de cómo fuiste atendida y mirada, así lo harás tú de adulta contigo misma. Y llegados a este punto es cuando nos damos cuenta de si lo estamos haciendo desde la crítica y el juicio, o bien desde la bondad y el amor a una misma. Al final, tarde o temprano, nos hemos de convertir en esa buena madre interior para sanar las heridas del pasado.

Energías sanadoras profundas de la maternidad interior: celebrando mi renacimiento

Reproducir las premisas emocionales que nuestra madre real debería habernos transmitido cuando éramos pequeñas es una manera de responder a nuestras necesidades básicas que siguen pendientes en nuestra niña interior. Es por ello por lo que tu madre interior puede radiar a esa parte tuya interna sensaciones y energías de una buena madre, como si de mandamientos se tratase, con máximas del estilo «Me alegro de que estés aquí», «Te veo», «Eres especial para mí», «Te respeto», «Te amo», «Tus necesidades son importantes para mí» o «Puedes dirigirte a mí en busca de ayuda». Estas frases sanadoras, que puedes repetirle a tu niña siempre que lo necesite a través de una fotografía de cuando eras pequeña, permiten reprogramar nuestras creencias limitantes; es decir, conseguimos cambios poco a poco, transformando los viejos paradigmas en nuevos y funcionales modelos de automaternaje.

Las aptitudes y fortalezas que nos aporta nuestra propia madre interior, que con el tiempo nos lleva a renacer y a devenir una nueva mujer adulta y responsable de su vida, nos devuelven aquello que perdimos siendo pequeñas: nuestra autenticidad. Estos talentos y valores traen consigo, por ejemplo, tener la capacidad de aminorar nuestros miedos y ansiedades, permitir más espacio para estar con nuestras emociones, dedicar tiempo a distinguir el dolor del pasado de la seguridad del presente, dar pruebas de todas las cosas buenas y hermosas de nuestra vida cotidiana, darnos permiso para hacer las cosas más despacio durante el día hasta crear nuevas circunstancias no negociables que nos ayuden a salvaguardar nuestros límites o tener el valor de poner fin a relaciones tóxicas que nos desgastan.

Cuando velamos por nuestra niña, empezamos a recuperar nuestro verdadero Yo esencial. Empezamos a liberar y a sacar a la luz aquellas partes nuestras que tuvimos que rechazar para poder ser vistas y amadas. Ya no estamos en peligro por mostrarnos reales. Y esto, querida mía, es profundamente liberador.

La pregunta que durante años nos hicimos ya de adultas, «¿quién soy yo?», empieza a tener respuestas claras. Vivir una vida auténtica, plena y alineada con tus valores, fortalezas, talentos y deseos implica buscar la congruencia entre quién eres realmente y cómo vives tu vida. Las cualidades y dones que pueden estar presentes en ti y que quizá quieres cultivar en tu vida pueden ser fuerza, coraje, enraizamiento, receptividad, sabiduría, sanación, sensibilidad, ligereza, alegría, fluidez, claridad, compasión, generosidad y gratitud.

Este nuevo maternaje interior consigue reparar en nosotras parte o todo el daño sufrido en el pasado fomentando cambios extraordinarios en nuestra vida, como por ejemplo poder mirar el futuro con entusiasmo, sentir que merecemos, convertirnos en la mujer de nuestros sueños o ser generosa y tener el deseo de ayudar a otras mujeres en sus sueños.

La paradoja de todo esto es que cuanto más despacio vamos, más atención prestamos a nuestra niña interior, que es justamente lo que de niña necesitabas de tu madre, es decir, que respetase tus ritmos y tiempos de manera respetuosa y calmada.

Desprenderse de viejos patrones disfuncionales y obsoletos: me salgo del rebaño

El hecho de desprenderte de los viejos patrones disfuncionales y obsoletos que tu familia te inculcó, en concreto tu madre, y que te paralizan y limitan tiene como resultado la búsqueda de tu individualidad, de tu autenticidad o la resistencia a seguir expectativas que no se alinean con tu propia identidad. En algunos casos, la hija que decide «salirse del rebaño», es decir, que se convierte en la oveja negra o en la mala hija, puede ser vista como un agente de cambio dentro de la familia, desafiando las normas y fomentando la diversidad de pensamiento. Esta mujer puede tener opiniones o creencias que entran en conflicto con las normas establecidas o las expectativas de la familia, y en la mayoría de los casos no suelen estar bien vistas o valoradas. Puede llevar un estilo de vida que difiera significativamente del de otros miembros de la familia, ya sea en cuanto a elecciones profesionales, relaciones o actividades recreativas. A menudo busca la independencia y puede resistirse a conformarse con las expectativas familiares, lo que a veces se interpreta como rebeldía, como una hija desagradecida, como una mala hija...

Creo que es importante entender, desde una perspectiva social y cultural, qué fases del desarrollo de la moral experimenta el ser humano en su interrelación con el resto de los miembros de una familia, una comunidad o un país. Esa moral se empieza a construir justamente en la relación madre-hija. El vínculo entre ambas, en toda su belleza, dolor y complejidad, forma el cimiento mismo del estado de salud y felicidad de una mujer, y eso determinará la libertad de pensamiento y sentimiento. Nuestro cuerpo y nuestras creencias acerca de él se formaron en el terreno de las emociones, creencias y comportamientos de nuestra madre; de ella aprendemos qué es ser mujer y cómo cuidar nuestro cuerpo. Por eso es tan importante conocer la historia de nuestra madre, justamente para entender cómo influye en nuestro estado de salud, nuestras creencias y nuestra manera de vivir la vida. La influencia muchas veces inconsciente de una madre sobre su hija es tan profunda que cuesta a veces entenderla. Si la relación de una mujer con su madre es sana y de mutuo apoyo, entonces es que se le han transmitido mensajes positivos acerca de su cuerpo femenino y de cómo cuidarlo, tendrá una salud óptima y sabrá cómo automaternarse de manera saludable y siendo ella misma su máxima autoridad. No obstante, si la influencia de la madre es problemática, si ha habido maltrato, negligencia, una nula intimidad emocional, en ese caso la salud, el bienestar y el poder personal de la mujer se verán resentidos, aparecerán enfermedades y tendrá dificultades para decidir por ella misma y en favor de su libertad.

Las creencias y los comportamientos de nuestra madre imponen el tono para lo bien que aprendemos a cuidar de nosotras mismas en la edad adulta. Si bien es cierto que la cultura en general tiene un papel muy importante en cómo nos vemos a nosotras mismas como mujeres, las creencias y los comportamientos maternos ejercen una influencia mucho más fuerte. De hecho, la madre es quien nos enseña los dictámenes y normas de la cultura y la sociedad en general.

Existen tres fases predecibles del desarrollo de la moral:

1. La primera fase corresponde a una moralidad egocéntrica y va desde los 3 meses hasta los 6 años aproximadamente. La niña solo atiende a sus necesidades porque en su esencialidad existe un narcisismo sano y natural. Quien ha de satisfacer esas necesidades en un primer momento es la madre, luego el padre y después la familia y la escuela.
2. La segunda fase comprende la moralidad convencional y va desde los 6 años hasta la adolescencia. Para la niña, ser buena equivale a estar a la altura de lo que los demás esperan de ella. En esta etapa somos capaces de protestar en voz alta cuando no se cumplen las reglas; por ejemplo, recuerdo llamar la atención a mi padre cuando sobrepasaba el límite de velocidad con el coche. Algunas personas se pueden quedar estancadas en esta fase del desarrollo moral dado que son incapaces de sentir o de ver en su interior lo que es correcto. Solo cuentan con lo que las autoridades externas deciden por ellas y/o por lo que su familia impone como norma y directriz colectiva. Es decir, se fían más de estas autoridades que de sí mismas y no escuchan nunca su voz interior. Este tipo de moral en la que muchas mujeres hemos acabado estancadas ha permitido al patriarcado hacer de nosotras mujeres sumisas, domesticadas y sin derecho a ser soberanas, sin opinión ni voz en muchos lugares del mundo. Muchas familias, culturas, sociedades y estamentos, sobre todo los religiosos, las dictaduras y las monarquías, se han anclado en este peldaño moral, incapacitando a sus miembros a evolucionar, a pensar por ellos mismos, a ser independientes, individuales y auténticos.
3. La tercera fase corresponde a la moralidad posconvencional, que surge a partir de los 12 años y dura hasta la

etapa adulta o hasta el final de nuestros días en la Tierra. Aquí el cerebro de la niña se va abriendo cada vez más a los matices grises que hay entre lo correcto absoluto y lo incorrecto absoluto en una determinada situación. Empezamos a dudar si lo que nos dice la madre, el padre, la autoridad o las leyes es correcto y si realmente estos mandatos favorecen a la familia o a la comunidad, o bien a un solo individuo o a un colectivo reducido. Todas hemos pasado por esta fase durante nuestra adolescencia, pero la mayoría de las mujeres, una vez llegan a la edad adulta, han retrocedido a la segunda fase por el incómodo sentimiento de quedarse fuera del sistema o de ser excluidas. Pocas se mantienen firmes en lo que sienten, en su individualidad e independencia como ser. Se necesita mucho valor y mucha autonomía para fijarnos en esta fase de la moralidad, así como una gran capacidad para escuchar más nuestras voces internas —nuestro instinto— y no los discursos externos. Esta fuerza interior, que emana precisamente de la madre interior, nos permite abrazar nuestro poder y nuestra libertad y mostrarnos ante nuestra madre y ante el resto de la familia como hijas adultas libres. Y esto, querida mía, puede resultar amenazador y peligroso a los demás, no solo a tu familia, sino también al mismísimo patriarcado.

Practicar el automaternaje y el cuidado personal

El autocuidado es un aspecto fundamental para mantener un equilibrio saludable en la vida y tiene que ver con las prácticas y actividades que realizamos para promover nuestro bienestar físico, mental y emocional. Pero lo curioso de todo esto es que a pesar de saber lo que nos nutre y nos renueva, a menudo nos cuesta muchísimo darle espacio en nuestra vida. Tendemos a asumir muchos roles y cargamos con muchas creencias que no nos ayudan a parar ni a tomar tiempo para nosotras mismas. Es por ello por lo que vale la pena dedicarnos un tiempo de reflexión y sembrar semillas para el cambio. Pregúntate, por ejemplo: ¿soy imprescindible?, ¿merezco parar? Si dejo de dar, ¿sigo teniendo valor o ya no sirvo para nada más?, ¿qué pasa si un día me priorizo?... Y ahora date cuenta de dónde vienen estas creencias. A menudo las hemos adoptado desde nuestra propia inseguridad o simplemente las hemos heredado del linaje de mujeres en nuestra familia.

A continuación, expongo las áreas clave del autocuidado.

Cuidado físico

- *Nutrición*. Mantén una dieta equilibrada y nutritiva. La alimentación y la madre están íntimamente ligadas. Cuando una mujer no se cuida con la comida se ve muy claramente en la velocidad, el tiempo que dedica al comer, cuánto tiempo se toma para cocinar los alimentos, prepararlos, cómo decide escogerlos y dónde comprarlos, si son sanos y equilibrados, si hace ayunos conscientes, si come más carne o más verdura y fruta... Asimismo, las mujeres en cuya familia se desayuna (hay familias que no desayunan) son capaces de preparar para todo el mundo el desayuno, pero no se hacen nada para ellas mismas, o bien se toman un café antes de salir de casa. La mujer que se cuida, desayuna bien y de forma equilibrada, toma su tiempo para poner la tetera, preparar una tostada y sentarse a comerla, compra alimentos ecológicos y saludables.

- *Ejercicio*. Hacer que nuestro cuerpo se mueva es primordial para tener una buena salud en todos los niveles. Si nuestro cuerpo es sedentario, difícilmente lo habitamos y podemos conectar con él. Esto no significa que vayas dos horas cada día al gimnasio. Debemos caminar a diario durante más de treinta minutos, hacer yoga, practicar danza o algún deporte concreto algún día a la semana, y siempre evitando los excesos.
- *Descanso*. Es esencial en los seres humanos e incluso en los animales. Para poder recargar las pilas tenemos que reposar, dormir, relajarnos. Las mujeres descansamos poco porque no nos damos permiso para ello. Además, cuando entramos en la fase premenstrual, y más aún en la menstrual, el cuerpo nos pide todavía más reposo, y lo cierto es que no lo respetamos. Siempre debemos estar en acción, y descansar no es una de nuestras prioridades. Entonces, cuando llegamos al final del día, estamos agotadas y sin energía ni siquiera para tener relaciones íntimas con nuestras parejas. Pero ¿cómo te vas a recargar si no descansamos todo lo que nuestro cuerpo nos pide?, ¿cómo vas a volver a tener energía si no dejamos reposar nuestra mente, nuestra psique y nuestro físico?

Cuidado emocional

- *Expresión emocional*. Permítete sentir y expresar tus emociones de manera saludable.
- *Tiempo para una misma*. Dedícalo a actividades que te hagan disfrutar y que te den satisfacción personal.
- *Gestión del estrés*. Practica técnicas como la meditación, la respiración consciente o el yoga para reducir el estrés.
- *Sexualidad*. ¿Cuándo no cuido esta parcela? Cuando no

me permito abrirme al placer, cuando no me permito abrirme a lo sensorial. ¿Te permites la sexualidad desde el sentir? Hay muchas mujeres que enfocan la sexualidad en el otro, en hacer lo que a la otra persona le gusta, en satisfacerla, y se olvidan totalmente de lo que a ellas les apetece, de su propia capacidad y su derecho a sentir, a abrirse a lo sensorial, a abrirse al gozo, a tener un cuerpo y mirarlo desde el amor y el cuidado.

Cuidado mental

- *Aprendizaje continuo.* Estimula tu mente a través de la lectura, el aprendizaje de nuevas habilidades o la participación en actividades intelectualmente desafiantes.
- *Descanso mental.* Programa momentos de descanso para desconectar y relajar tu mente. Por ejemplo, después de cenar, no cojas el móvil ni utilices ninguna pantalla ya que estimulan mucho la actividad mental. En todo caso, leer ayuda a relajarse. Parar es necesario para descansar nuestra mente. Algo que ayuda mucho, aunque hay que aprender a hacerlo, es meditar.

Cuidado social

- *Relaciones saludables.* Cultiva aquellas que sean positivas y significativas. Tal vez sea el momento de revisar tus actuales amistades y conocidos, y darte cuenta de si estás con ellos porque toca o porque realmente tu corazón lo desea y te nutre. Nos cuidamos mucho en el tema de las relaciones cuando decidimos compartir nuestro tiempo con personas que nos respetan por ser quienes somos,

que celebran nuestros logros, que nos cuidan cuando hace falta, que nos nutren con conversaciones profundas y, por supuesto, que no nos manipulan para conseguir satisfacer su ego. En este apartado también deberíamos ser fieles a nosotras mismas en cuanto a nuestros encuentros y reuniones familiares, si son saludables o más bien nos debilitan.
- *Conexión comunitaria.* Participa en actividades sociales y contribuye a tu comunidad, pues esta te brinda un sistema de apoyo emocional. En tiempos de alegría o dificultad, contar con la ayuda y el entendimiento de los demás puede ser reconfortante. También ayuda a combatir el aislamiento social, lo que puede mejorar la salud mental y emocional de las personas. Por otro lado, te aporta seguridad y apoyo mutuo, sentimiento de pertenencia y arraigo.

Cuidado espiritual

- *Prácticas espirituales.* Dedica tiempo a actividades que nutran tu espíritu, ya sea a través de la meditación, la oración, la contemplación o la conexión con la naturaleza. Al principio de este libro te comenté que hay cuatro tipos de herida materna, y una es la espiritual. Es hora de creer que hay algo más grande que nosotras mismas, algo supremo y esencial. Existe un poder divino, ya seas creyente o no, que vela por nosotras y se muestra oculto en todos los seres vivos e inertes.
- *Exploración transpersonal.* Comprende y equilibra la interconexión entre el cuerpo, la mente y el espíritu. Considera que la salud y el bienestar óptimos resultan de la armonía en estas áreas.

Cuidado profesional

- *Desarrollo profesional.* Invierte en tu crecimiento profesional a través de la formación continua y el desarrollo de habilidades, conectándote con tu propósito y misión de vida. Tú estás al servicio de la vida, así que descubre qué te encomendó el universo.
- *Equilibrio trabajo-vida.* Muchas veces no nos cuidamos en lo vinculado al trabajo porque tendríamos que delegar ciertas tareas y no estamos dispuestas. O quizá deberíamos ponernos un horario y no lo hacemos o no lo respetamos. Respecto al trabajo en casa, deberíamos repartir ciertas faenas y no lo hacemos para evitar conflictos. Así que el autocuidado en esta área de tu vida requiere establecer límites saludables entre el trabajo, el hogar y tu espacio propio.

Cuidado financiero

- *Gestión económica.* Lleva un control de tus finanzas y establece metas financieras realistas. Gestionar el dinero es un abordaje que tiene que ser saludable ya que es lo que nos provee de nuestras necesidades básicas, igual que nuestra madre. Tus finanzas dependerán de cómo te relaciones con él. Al final, el dinero es una energía que se ha de mover para que siga habiendo.
- *Planificación a largo plazo.* Considera tu seguridad financiera a largo plazo y planifica para el futuro. Tener ahorros es muy saludable, pero sin caer en excesos y permitiendo que el dinero se siga moviendo.

Cuidado medioambiental

- *Conciencia medioambiental.* Otra herida materna, referida por Bethany Webster y que también menciono al principio del libro, es la planetaria. En las últimas décadas, el desarrollo de las grandes potencias mundiales en pro de su economía y poder ha generado un desgaste y un maltrato al planeta sin precedentes. Aún siguen esa línea, sin tener como centro del debate la vida misma. El cambio climático es una realidad y no podemos mirar para otro lado, como muchas madres han hecho con sus hijas cuando eran depredadas por el padre u otras personas. Adopta prácticas sostenibles, como el reciclaje, y respeta el medioambiente. Como decía la Madre Teresa de Calcuta: «Si cada uno barriera el patio de su casa, tendríamos un mundo limpio».
- *Tiempo al aire libre.* Disfruta de la naturaleza y dedica tiempo a actividades al aire libre. Estar en la naturaleza aporta una serie de beneficios y experiencias exclusivas al ser humano debido a la profunda conexión que existe entre los entornos naturales y nuestra biología evolutiva y psicología humana. Esta unión con el entorno natural es esencial para una vida saludable y equilibrada. Además, la exposición a la naturaleza ha demostrado reducir los niveles de cortisol, la hormona del estrés. La relación con ella es intrínseca a la salud y al bienestar humano.

El arquetipo de la madre

Un arquetipo es un concepto originalmente propuesto por el psicólogo suizo Carl Gustav Jung para referirse a patrones universales e innatos de pensamiento y comportamiento que son parte del inconsciente colectivo de la humanidad. Estos patrones representan experiencias y situaciones comunes que han sido compartidas a lo largo de la historia. Pueden representarse a través de símbolos o modelos que transmiten significados inherentes y que evocan respuestas emocionales y psicológicas en las personas. Jung identificó varios arquetipos fundamentales, como el héroe, la madre, el padre, el anciano sabio o el niño divino, entre otros. Estos arquetipos no son personajes o imágenes específicas, sino más bien patrones subyacentes y energéticos que se manifiestan de diversas maneras a través de diferentes culturas y épocas. En los primeros tiempos de la humanidad, estas energías básicas estaban asociadas más bien al mundo natural.

Desde la perspectiva junguiana, una de las estructuras psíquicas con las que nacemos está conformada por el arquetipo de la buena madre, que representa la figura materna en todas sus manifestaciones simbólicas y psicológicas. La madre, como arquetipo, va más allá de la figura biológica y se relaciona con la idea de nutrición, protección, cuidado, compasión y amor incondicional.

Algunas características y aspectos asociados al arquetipo de la madre incluyen:

- *Naturaleza y cuidado.* La madre es vista como la fuente de nutrición y apoyo emocional. Representa la capacidad de nutrir y cuidar tanto física como emocionalmente.
- *Protectora.* La madre simboliza la seguridad y la protección. Es la figura que ofrece refugio y consuelo en momentos de necesidad.
- *Fertilidad y creatividad.* Además de la maternidad literal, el arquetipo de la madre también está relacionado con la creatividad, la fertilidad y la capacidad de generar y dar vida en un sentido más amplio.

- *Amor incondicional.* La madre, como arquetipo, representa esta forma de amor que no depende de condiciones ni de expectativas.
- *Aspecto oscuro.* Jung también señaló que los arquetipos pueden tener aspectos oscuros o negativos. En el caso de la madre, podría manifestarse como sobreprotección, posesividad o, en casos extremos, voracidad.

Personalmente ha sido muy importante entender este arquetipo y hacerlo muy presente para moverme desde ese lugar con mi niña interior, pues captura las complejidades y la riqueza simbólica asociada con la figura materna en la experiencia humana. Es un modelo que se activa cuando estamos expuestas a una crianza materna abundante. Pero si, por el contrario, recibimos un maternaje deficiente, necesitaremos que, una vez seamos adultas, alguien o algo active ese arquetipo en nosotras, por ejemplo, mediante una terapeuta o incorporando tradiciones espirituales. Las prácticas devocionales dirigidas a cualquiera de las figuras de la madre divina, ya sea a través de Madre María, de la religión cristiana, ya sea Kuan Yin, de la religión budista o, por ejemplo, también a través de rituales de adoración y de conexión con la Madre Tierra, ayudan a abrir el corazón al arquetipo de la madre y con el tiempo pueden ser útiles para sustituir la imagen de una madre fría y crítica que habita en tu interior por otra más generosa y cálida. En mi caso, recuerdo que durante mucho tiempo tuve una imagen impresa de internet de la Madre María joven, hermosa y cálida en su expresión. Era un refuerzo diario para mi psique y para mi corazón. A través de esa imagen podía ir diseñando a la madre interior buena que tanto anhelaba mi niña.

Otra manera de conectar con las energías de la buena madre a través del arquetipo de la madre es adentrarnos en la naturaleza. El hecho de acostarnos o caminar descalzas sobre la hierba, bañarnos en el mar, meter los pies en un río, abrazar a un árbol, hundir las manos en la tierra, oler las diferentes fragancias que desprenden los árboles y las plantas, etc., son prácticas sencillas al alcance de todas para dejarnos sostener y abrazar por la Madre Tierra. Ella es la Gran Madre que nos provee y nos sostiene sin pedir nada a cambio. Cuando renacemos como sus hijas y nos abrimos a ese cuidado, descubrimos que su abrazo es inmenso, que su amor es infinito e inmortal.

Este arquetipo primordial está presente en cada mujer de una manera distinta, según su etapa vital, su cultura, su herencia familiar, su personalidad, su elección de forma de vida... Pero no solo reside en la psique de las mujeres, sino también en la de los hombres. No son energías exclusivas en la mujer, aunque sí son solo femeninas. Es decir, la capacidad de cuidar y proteger a nuestra niña interior también pueden desarrollarla los hombres en favor de su niño interior. Hay escritores que hablan del arquetipo del padre o padre interior, pero para mí las energías difieren y tienen otras funciones, las propias de un padre real. Entonces los hombres también pueden fomentar dentro de ellos el arquetipo de la madre y sus buenas energías, que son puramente femeninas.

Este maravilloso arquetipo de la madre, además de servirnos a nosotras mismas para nutrir y cuidar de nuestra niña interior, muestra poderosamente sus energías y todo su esplendor hacia el exterior justo cuando entramos en nuestra etapa fértil, entre los 20 y los 45 años. Esta etapa vital, inspirada por el poderoso movimiento cíclico y hormonal femenino, nos lleva a la necesidad de cuidar a los demás, de crear, de mostrarnos al mundo, de relacionarnos. Pero no solo se muestra tan activo y fuerte en este periodo de la vida, sino también en nuestro ciclo menstrual.

Miranda Gray, artista gráfica, diseñadora, escritora y profesora de terapias alternativas, es un referente en este tema. Ella nos muestra esta antigua sabiduría menstrual para la mujer moderna. El ciclo menstrual era un don que impulsaba a la mujer a renovarse cada mes, a manifestar y crear el mundo que la rodeaba, a conectar profundamente con la tierra y con su familia, y también a expresar su sabiduría e inspiración. Miranda nos explica que este recurso natural fisiológico femenino es un poderoso proceso creativo cuyos efectos no se reducen al plano meramente fisiológico, sino que también se hacen sentir intensamente a nivel psicológico y espiritual. Según ella y también a partir de mi propio análisis, observación y experiencia, el ciclo menstrual encierra gran parte de nuestros dones y posibilidades.

A continuación, resumo brevemente lo que esconde cada fase de tu ciclo menstrual, teniendo como base cuatro arquetipos presentes en cada momento:

1. Durante la *fase preovulatoria*, justo después del sangrado, entramos en el *arquetipo de la Doncella* o la Virgen. Es un momento de renacimiento lleno de vigor y energía en el que miramos afuera, con ganas de relacionarnos y divertirnos, de vernos bellas, eróticas, sensuales, libres, ligeras, rejuvenecidas... Actuamos más desde la mente y lo analítico, lo cual nos permite en este momento del ciclo menstrual llevar a cabo tareas de forma productiva. Nos sentimos capaces de realizar actividades porque tenemos mucha energía y vitalidad. Podemos lidiar mejor con nuestras emociones. Esta fase del ciclo menstrual podemos trasladarla a la etapa vital de la adolescencia, cuyo rito de paso es la menarquia (nuestro primer sangrado), y a la primavera.
2. En la *fase ovulatoria* aparece el *arquetipo de la Madre*. En esta segunda fase, las energías y las cualidades ma-

ternas aparecen de manera clara y sencilla. Nos entregamos a las personas que nos rodean como una madre se da a sus hijos. Es más fácil comunicarnos y entendernos con los demás. Nos sentimos seguras y vitales. Como estamos ovulando, somos fértiles y nos mostramos disponibles sexualmente para nuestras parejas. Nuestra piel brilla más y aparentamos confianza en las otras personas. Es un momento de gran creatividad en el que llevamos a cabo nuestras ideas y las materializamos en el mundo de lo concreto. Esta fase del ciclo menstrual podemos equipararla a la etapa vital de la maternidad (ya seas o no madre de hijos biológicos) y su rito de paso es el parto. Lo relacionamos con el verano.

3. En la *fase premenstrual* entramos en el *arquetipo de la Chamana* o la Hechicera. Aquí nuestro óvulo no ha sido fecundando y el cuerpo se prepara para el sangrado. Nos adentramos progresivamente en nuestro mundo interior. No tenemos ganas de salir y relacionarnos, estamos más sensibles y nos cuesta reprimir la expresión de nuestras emociones y necesidades. Podemos sentirnos más confusas, más cansadas y debilitadas. Entramos en nuestra vulnerabilidad. Somos altamente creativas, en conexión con nuestro inconsciente, con nuestra herida y con nuestra verdad. La etapa vital que encaja con esta fase es el climaterio, y el rito de paso es la menopausia. Aquí llegamos al otoño.
4. La *fase menstrual* corresponde al *arquetipo de la Anciana* o de la Bruja. Es un momento del mes de introspección, del máximo descanso posible y de conexión con lo más profundo que hay en nosotras, el lugar donde se gestan las visiones creativas. Somos muy poco racionales y muy intuitivas. Tenemos poca energía, los movimientos son lentos y torpes. Normalmente nos apetece

limpiar la casa, ordenar el armario o tirar trastos viejos. La etapa vital es la ancianidad, cuyo rito de paso es la muerte y los tiempos de transición, pérdida y envejecimiento. Estamos en el invierno.

Somos todas estas fases, aunque ya no sangres. Esa es nuestra realidad interior femenina. Somos cíclicas como la naturaleza. Muchas mujeres creen que su Yo verdadero es cuando están en la fase de Doncella o de Madre, y dicen que están raras en la fase de la Chamana y de la Anciana. Rechazamos estas últimas porque no coinciden con el ideal de mujer que se glorifica en la cultura patriarcal, somos menos productivas, pero más espirituales, y que una mujer conecte con ello es peligroso para la sociedad capitalista.

Si nos centramos de nuevo en el arquetipo de la madre, hay mujeres que no consiguen tenerlo bien equilibrado en su interior. O bien cuidan en exceso a los demás, se muestran muy sumisas y complacientes, y por ello agotadas al final del día, sin tiempo para ellas, siendo seres pasivos, sin ambiciones ni confianza en sí mismas, o bien no logran integrar las energías de este arquetipo en sí mismas, por lo que no son capaces de consolidar una relación de pareja, no pueden maternar ni cuidar sus proyectos y tampoco a sus hijos. En este segundo caso se corre el riesgo de ignorar los profundos lazos que nacen del hecho de compartir o de cuidar de otras personas.

Cuando vivimos plenamente desde el arquetipo de la madre, desde dentro y desde fuera, tenemos la capacidad de darnos sin fin y vivir nuestras vidas fluyendo también en la entrega a los demás. Conectar con las energías de la buena madre a través de este modelo permite apropiarnos de algunas de sus cualidades deseables: generosidad, bondad, amor, confianza... Al interiorizar esta imagen, tenemos un recurso al cual acceder cuando lo necesitemos. Y no solo para abastecernos a nosotras mismas, sino también para poder cuidar de manera equilibrada a nuestros hijos e hijas, a nuestras parejas cuando lo necesiten, a nuestras amigas o a nuestros padres cuando se hagan mayores y tengan dificultad para valerse por sí mismos.

Me amo y me acepto completamente

«Te amo y te acepto completamente». Esta frase, tan pura y amorosa, nos hubiese gustado escucharla de nuestra madre, pues nos daría permiso para ser nosotras mismas, para amarnos profundamente, tener valor como ser y como niña, ser especiales. Lo más seguro es que tú nunca recibieras una frase o mensaje de este calibre, por eso ahora, aunque te la digas, no te la crees de verdad. Hasta que no sueltes el sueño imposible de recibir el beneplácito de tu madre, no podrás concederte tu propio permiso para ser real y amarte a ti misma por ser quien eres. Este momento nacerá en la intimidad de tu espacio interior, de la madre a la niña interior.

Tu madre interior se hará cargo de que tu niña con el tiempo se la crea, que se sienta profundamente amada de manera incondicional, validada, especial y poderosa. Llegará un día, si es que aún no ha llegado, que esa baja autoestima que muchas veces reconocemos tener a nuestras amigas, parejas o terapeutas se convierta en una alta autoestima y por fin puedas decirte: «Me amo y me acepto completamente».

6

Mira de dónde vienes para saber hacia dónde vas: la herencia de la herida materna

En mí habitan mil mujeres.
Cumplen años
llantos
rabias
libran guerras en mi cuerpo
se libran de sus grilletes
se me cuelgan
me desgarran
Soldaderas del destino
brujas buenas de los bosques
prisioneras de los mitos
encerradas en telares
en iglesias
en fogones
fueron roca
arena
agua
sangre
lunas
montes
Siento voces en mis venas

alaridos en mi alma
carcajadas en mi entraña
con mis madres
mis abuelas
mis hermanas
Es mi historia que me llama

Poema de
Rosamaría Roffiel

A finales de agosto de 2022, la comunidad de Malas Hijas en Instagram estaba en 900 seguidoras aproximadamente. En aquel momento publiqué uno de los *reels* que más mujeres atrajo a mi perfil, y en cuestión de dos semanas, y gracias a esta publicación, pasé de casi 1.000 seguidoras a 119.000. Fue una locura esa exposición tan grande que viví en tan solo dos semanas. De una desconocida pasé a ser una persona influyente en muchas mujeres con herida de madre. Pero no menciono este repunte que experimenté en redes sociales porque sí, sino porque justamente el *reel* que tanto impacto y tanto alcance tuvo hablaba sobre el linaje femenino y la herida materna. Unas cuantas mujeres me han parado por la calle, y muchas me han escrito para decirme lo bien que les sentó ver ese vídeo y entender cuán conectadas estamos todas las mujeres del mismo linaje. Ver la línea de mujeres que nos preceden representadas por playmobils les regaló una imagen amorosa y fuerte de sostén e inclusión.

Las mujeres, sobre todo las que hemos nacido en Europa occidental, aunque aparentemente vivamos de espaldas a nuestro pasado y a todas nuestras predecesoras, tenemos un profundo anhelo inconsciente de conectarnos a todas ellas y sentirlas a nuestro lado, porque a través de estas mujeres nos llega la fuerza, la continuidad, el apoyo y la pertenencia a algo más grande que nosotras mismas. Estamos interconectadas las unas con las otras, aunque no nos hayamos conocido. Además, somos quienes somos gracias a todas las experiencias que ellas vivieron, tanto las buenas como las no tan buenas. Pertenecemos a ese clan femenino, por lo que somos candidatas para heredar de todas ellas. Claro que también parte de nosotras se ha forjado gracias a las vivencias de los hombres de nuestro sistema familiar, pero en mayor medida la herencia nos viene de nuestras ancestras por ser nuestro referente del femenino.

Es importante entender que si tu madre generó en ti una herida primaria era porque ella también llevaba su propio dolor original con su madre, y esta, a su vez, de tu bisabuela, y esta de tu tatarabuela... y así sucesivamente. La herida materna es transgeneracional y cultural; no nos fue transmitida por nuestra madre de la nada. En esa línea, para poder sanar la relación con tu madre, es inevitable echar la vista atrás, a las mujeres que nos preceden, y hacer un ejercicio de revisión y aceptación del legado que nos ha llegado de ellas. Acometer esta sana tarea nos permite ver de dónde venimos para ser más claras en cuanto a dónde vamos. Así tuve que hacerlo yo. Entender la historia de mi madre, la de mi abuela materna, la de mi bisabuela, pero también la de mi tía materna y la de mi tía abuela. Asimismo, también tuve que hacer la revisión de las mujeres del linaje de mi padre, que en mi caso han tenido una profunda influencia. Como verás, mi linaje femenino está formado por muy poquitas mujeres, no provengo justamente de un sistema familiar donde ha habido numerosos hijos e hijas. Si echo la vista atrás hasta mi bisabuela materna, cuento un total de seis mujeres, teniendo en cuenta a las tías. Y por parte de mi padre, solo está mi bisabuela y mi abuela paterna, y después yo. Pero tengo muy claro que soy quien soy por lo que me ha llegado de ellas. He podido ver con mucha claridad la herida materna que han llevado cada una, y tiene mucho sentido la que yo he tenido que sanar después con mi propia madre. Al final vine yo al sistema familiar a cortar con todos los nudos y a romper con creencias que habían restringido y condicionado a todas estas mujeres.

Identificar los patrones y las creencias transmitidas a través del linaje femenino

El deseo de que los bebés fueran varones imperaba en el anhelo colectivo de mi linaje. Mi abuela materna (mi *iaia*) había perdido a su primer bebé cuando estaba de cuatro meses de gestación, y los médicos de aquella época corroboraron que era un varón. Luego nació mi madre, y once años después, mi tía Montse. Siento que mi *iaia* vivió con culpa hasta el final de sus días por no haber mantenido a este primer bebé en su vientre y haber truncado el sueño de mi abuelo Enrique de tener descendencia masculina. Cuando mi madre se quedó embarazada de mí, deseaba que yo fuese un niño, pero trunqué su deseo expreso. Ella quería que fuese un varón para satisfacer el anhelo de mi abuelo materno y cumplir su sueño de tener en su linaje un «Kubala». Así que, para intentar cumplir con el sueño de mi madre y el anhelo de mi abuelo, tal y como te expliqué en el capítulo 2, me movía en todas mis relaciones y acciones cotidianas desde un masculino fuerte y a veces algo enfermo. Los dones y talentos puramente femeninos se encontraban bajo mínimos, porque tenía una sensación inconsciente de que todo lo referente a ser mujer pasaba por la sumisión, la complacencia, el cuidado, la crianza de los hijos y la organización del hogar. De hecho en mi familia, si querías trabajar, debía ser en «algo de mujeres» y sin destacar mucho.

El concepto de «linaje femenino» se refiere a la conexión,

la transmisión y la herencia de la sabiduría, las tradiciones, los valores y las experiencias entre mujeres a lo largo de generaciones. A menudo se utiliza en un contexto más espiritual o metafórico que en un sentido biológico. El linaje femenino puede incluir la transmisión de conocimientos sobre la salud de las mujeres, prácticas espirituales, rituales, mitos familiares, recetas culinarias o habilidades artísticas y artesanales, entre otros aspectos de la vida y la cultura. Se centra en la idea de que las mujeres comparten una conexión especial basada en la experiencia común de ser mujeres en diferentes épocas y contextos culturales.

Es importante destacar que el concepto de linaje femenino puede variar en su interpretación y significado según las perspectivas culturales, espirituales y personales de quienes lo utilizan. No es lo mismo la idea de linaje en la cultura occidental europea que en la cultura china o en la cultura mexicana o en la musulmana, por ejemplo. En este sentido, el patriarcado, sus creencias y sus patrones sociales marcan la evolución en las mujeres. A modo de ejemplo, en linajes chinos las mujeres pueden tener grabados a fuego en su ADN las bases del poder en los hombres, lo que supone un gran impacto en cuanto a que su individuación queda paralizada. Tienen que sortear mucha mayor resistencia para llegar a ser fieles a sí mismas, y están al servicio de la unidad familiar y de la continuidad de la línea familiar: las hijas deben obedecer y someterse a las madres. Esto viene dado por los mandatos clásicos confucianos. El linaje, tanto masculino como femenino, es crucial para la preservación de la familia y sus tradiciones. A lo largo de la historia china ha existido una clara distinción entre los roles de género, con expectativas particulares para las mujeres. Aunque estas expectativas han evolucionado con el tiempo, las mujeres han desempeñado un papel fundamental en la transmisión de valores culturales y prácticas familiares, y hoy en día sigue siendo así en gran parte. Recuerdo que acudió a la consulta una mujer de origen chino que sufría una rabia y una violencia muy profundas hacia sí misma. Tenía una conducta muy autodestructiva. Me explicó que cuando tuvo a su primer bebé, a los dos meses lo separaron de ella sin su consentimiento y lo enviaron a China durante dos años con la familia materna para que aprendiera el idioma y la cultura de sus ancestros (una práctica muy habitual en las familias chinas que viven lejos de su país). Ella se quedó en Barcelona, destrozada y rota por dentro, sin posibilidad de romper el silencio impuesto y acatando los mandatos familiares de su cultura. Tenía tanta ira dentro que en lugar de explotar contra la familia, lo hacía contra ella misma para no infringir los mandatos familiares. Tenía elección para oponerse y alejarse de su clan, pero las creencias eran mucho más poderosas y dominantes. Estaba muy perdida y a la vez desesperada por no saber cómo controlar y calmar su cólera. Esta mujer llevaba dentro de su alma un anhelo de independencia para tomar sus propias decisiones, pero lo que se esperaba de ella no tenía nada que ver con lo que sentía y opinaba. Si el resto de los miembros escuchaban su grito de desesperación, había peligro de que se perdieran las tradiciones milenarias.

Te recomiendo que veas, si aún no lo has hecho, la película de dibujos animados *Red* (2022), de la casa Pixar, donde la protagonista, una adolescente de origen chino, es la encargada de romper con las creencias limitantes de su linaje femenino.

La transmisión de valores a través de generaciones es lo que prevalece. Sin embargo, como en muchas culturas, estos conceptos están en constante evolución en respuesta a los cambios sociales y culturales.

Pero ¿por qué las familias se rigen por creencias infranqueables y no permiten que cada miembro muestre sus peculiaridades? ¿Por qué en muchas sociedades y culturas las familias son más importantes que el propio individuo? Esta pregunta tiene una clara y lógica respuesta que nos transporta al pasado más remoto en la historia de la humanidad.

Cuando los humanos se juntaron para vivir en comunidad se hizo principalmente para que todos los individuos se sintieran a salvo; es decir, era por un motivo puramente de supervivencia. Dado que el entorno era bastante hostil en muchos lugares del planeta, sus habitantes se dieron cuenta de que si se unían, tenían más posibilidades de sobrevivir. Estos grupos de personas fueron desarrollándose y organizándose para que existiera armonía y abastecimiento para todos y todas. Y para ello tuvieron que regular la convivencia. Con el paso de los siglos, estas reglas pasaron a convertirse en normas inquebrantables, y luego se transformaron en leyes, verdades que nadie podía cuestionar. Quien infringía dichos mandatos era castigado con el repudio de su clan, la expulsión de la comunidad y posiblemente con la muerte. Si alguien era exiliado de la comunidad, se quedaba sin protección y, por consiguiente, estaba destinado a morir solo. Es decir, fuera del clan había pocas probabilidades de sobrevivir. Por lo tanto, las creencias que cada sistema familiar ha forjado a fuego en sus individuos tienen un objetivo primordial: protegerlos. En pleno siglo XXI, esta realidad puede sonar muy lejana en las sociedades capitalistas y occidentales. Sin embargo, aún hay culturas donde cambiar las creencias o rebelarse contra el sistema familiar significa traicionar al propio linaje. No hace falta irnos muy lejos para ver que aún existen países, como Irán o Afganistán, donde la mujer, si infringe un mandato social y familiar milenario, puede ser incluso ejecutada en público.

Cada sistema social adopta una serie de creencias limitantes, pero hay ciertos temas comunes que a menudo se encuentran en las transmisiones de mujeres a mujeres de un mismo clan, supeditado a los mandatos del mismo patriarcado y cuyo denominador común es que prevalezca el sentido de la unión familiar por encima de la persona. Aquí van algunos ejemplos:

- *Roles de género y expectativas.* Las creencias sobre los roles de género y las expectativas asociadas con ser mujer en una determinada sociedad son a menudo transmitidas a través del linaje femenino. Esto puede incluir expectativas sobre el matrimonio, la crianza de los hijos, la carrera, la sexualidad, lo femenino y otros aspectos de la vida.
- *Valores familiares y éticos.* Las creencias éticas y los valores familiares a menudo son transmitidos de generación en generación. Estos pueden incluir la importancia de la lealtad familiar por encima de una misma, la honestidad, la solidaridad y otros principios que dan forma a la identidad de la familia. En la mayoría de los clanes a las mujeres se les inculca de manera encubierta que deben mostrarse complacientes, sumisas, agradables y preocupadas por generar bienestar en los que las rodean.
- *Religión y espiritualidad.* Muchas veces, las creencias religiosas y espirituales son transmitidas a través de las mujeres del mismo clan. Estas pueden desempeñar un papel clave en la enseñanza de prácticas religiosas, rituales y valores espirituales a las generaciones más jóvenes.
- *Historias y narrativas familiares.* Estas a menudo incluyen mitos, leyendas y experiencias personales que influyen en la percepción que tiene la familia de sí misma y de su lugar en la sociedad. Este tipo de tradiciones suele darse más en familias conservadoras, o con negocios generacionales, o de la nobleza, con apellidos únicos o de renombre social, etc.
- *Educación y éxito.* Las creencias sobre la importancia de la educación y el éxito a menudo son transmitidas a tra-

vés del linaje femenino, incluyendo mensajes sobre la autonomía financiera, la independencia y la búsqueda de logros personales. Muchas veces estas enseñanzas que nos llegan de madres a hijas son muy incoherentes porque nos empujan a destacar, pero no demasiado, a ganar dinero pero no más que la pareja, a ser independientes pero siempre preocupadas por todos, a ir a por nuestros sueños pero sin eclipsar a los hombres...

- *Cuidado y apoyo mutuo.* La importancia del cuidado y el apoyo mutuo entre mujeres de la familia puede ser un patrón común transmitido a través del linaje femenino, donde se insiste en que las mujeres deben apoyarse las unas a las otras en tiempos de dificultades. Aunque no en todas las sociedades podemos encontrar estas redes de apoyo intrafamiliares, sobre todo en las grandes urbes, porque en los pequeños núcleos poblacionales aún podemos ver este tipo de sostén.
- *Concepciones de belleza, autoimagen y autocuidado.* Dichas creencias son transmitidas de madres a hijas, y pueden influir en las actitudes respecto a la apariencia física, la autoestima y la autoaceptación. La manera como nos relacionamos con el cuerpo, con nuestro ciclo menstrual, la importancia de practicar ejercicio físico, etc., nos viene a través de las enseñanzas, acertadas o no, de las mujeres que nos preceden.

Claro está que no todas las mujeres dentro de una familia o linaje necesariamente comparten las mismas creencias, ya que las experiencias individuales pueden variar significativamente... ¡y menos mal! Aunque eso no significa que una mujer que esté en proceso de sanar y encontrar su poder personal deje de ser una amenaza para el equilibrio dentro de una familia tóxica.

Históricamente, nuestra cultura occidental se ha mostrado

reacia a la idea de las mujeres como seres individuales. Sin embargo, tal y como siempre menciono en mis charlas, las mujeres de Europa occidental, así como las estadounidenses, somos las que quizá más posibilidades tenemos de sanar la herida materna. La familia es un estandarte importante, pero cada vez somos más mujeres fieles a nosotras mismas con capacidad y valor de separarnos de sistemas familiares disfuncionales y asfixiantes. Tenemos más libertad para poder escoger y para iniciar una ruptura con nuestro linaje femenino. Esto no significa renunciar y dar la espalda a tus ancestras, sino tomar impulso para evolucionar y cortar los hilos que nos someten a las decisiones y a los poderes patriarcales y cambiar las creencias limitantes por otras sanas y estimulantes, transmitiéndolas a las nuevas mujeres.

Tradicionalmente, a las mujeres se nos ha enseñado que es un noble acto cargar con el dolor de los demás, que el cuidado emocional es nuestro deber y que deberíamos sentirnos culpables si nos desviamos de esta función. En dicho contexto, la culpa no tiene que ver con la consciencia, sino con el control. Este sentimiento de culpa nos mantiene atadas a nuestras madres, nos debilita y hace que ignoremos nuestro poder. Tenemos que darnos cuenta de que no hay ningún motivo real para sentirnos culpables. El rol de cuidadora emocional nunca ha sido un rol exclusivamente nuestro, tan solo forma parte de nuestro legado de opresión. Si lo miramos así, dejaremos de consentir que la culpa nos controle.

Comprender cómo influyen en nosotras las experiencias de nuestras madres y ancestras

Los conflictos que nos atenazan tienen su origen en las experiencias que hemos vivido, principalmente durante la infancia, pero también en los sucesos que marcaron el embarazo de nuestra madre, nuestra concepción e incluso lo que vivieron nuestros antepasados. Las experiencias y decisiones que nuestras ancestras tomaron en su momento acaban influyendo en las elecciones que hacemos en nuestra vida, en cómo percibimos las cosas y en por qué nos comportamos como lo hacemos. Reconocer y comprender este legado es fundamental para curar nuestras heridas y para evolucionar como mujeres, ya que nos permite tomar decisiones más conscientes y positivas, y, cómo no, reescribir la historia.

Comprender de qué modo las experiencias de nuestras madres y ancestras pueden influir en nosotras se encuentra en la intersección de la genética, la epigenética, las experiencias compartidas y los valores heredados.

Por un lado, como lo ha demostrado la genética, heredamos genes de nuestra madre, de nuestro padre y de nuestros ancestros, lo que puede influir en nuestra predisposición a ciertos rasgos físicos y de personalidad. Por otro, las experiencias traumáticas en la vida de nuestra madre, padre, abuelas, etc., pueden afectar a la expresión génica en las generaciones futuras. A esto se le conoce como «herencia epigenética». Justamente la epigenética estudia los cambios en la actividad genética que no implican alteraciones en la secuencia del ADN. Esto significa que las experiencias y el entorno de los padres pueden influir en la salud y el desarrollo de las generaciones futuras sin que haya una alteración directa en la secuencia del ADN. Dicho de una manera más simple, somos candidatas para heredar las heridas emocionales de nuestra madre y del resto de los miembros del sistema familiar, los hayamos conocido o no. Además, nuestra madre también se encargó de transmitirnos su experiencia a través del modo en que nos cuidaba, educaba y se relacionaba con nosotras, impactando, ya fuese de manera positiva o no, en nuestro desarrollo emocional y mental, como hemos visto a lo largo del libro. Y, además, a través de ella y de nuestro padre, nos llegaron las tradiciones familiares, las creencias culturales y los valores forjados de generación en generación, afectando mayormente en la formación de nuestra identidad y en nuestras experiencias individuales.

Dentro de la epigenética encontramos la rama conductual, que se centra en el estudio de las experiencias traumáticas pasadas de un organismo, o de sus antepasados recientes, y se ha constatado que dejan cicatrices moleculares que se adhieren a su ADN. Esta disciplina científica nos ofrece una nueva perspectiva que explica los mecanismos por los cuales heredamos la información emocional relacionada con las experiencias de nuestro sistema familiar. Demuestra empíricamente que, además de heredar rasgos físicos, también heredamos patrones conductuales, creencias y conflictos. Todo ello acaba por determinar nuestra forma de percibir y experimentar la realidad. La epigenética conductual demuestra, entre otras cosas, que la reacción emocional de una persona a cierto evento producirá una química determinada en su cuerpo y, por tanto, dejará una impronta precisa en su código particular. Esta señal adquirida en el código propio es susceptible de ser transmitida de generación en generación. Cuando nos disponemos a hacer una constelación familiar en la consulta, siempre explico a quien nunca ha oído hablar de este tipo de terapia que lo mismo que heredamos el color de los ojos, de la piel, la forma de la nariz, de las orejas, etc., también heredamos comportamientos, experiencias traumáticas y vivencias del pasado de las que no se ha hecho el duelo y que nada tienen que ver con nosotras. Todos estos acontecimientos y traumas que sufrieron nuestras ancestras provocaron reacciones emocionales que crearon en el cuerpo la segregación de una química precisa originando determinadas improntas en el código de herencia que se transmiten de generación en generación, al igual que puede transmitirse el color de los ojos entre los miembros de generaciones sucesivas.

Bert Hellinger, durante toda su carrera profesional y hasta su muerte, hizo miles de constelaciones familiares en grupo de las cuales extrajo profundas comprensiones y fue testigo de los efectos a gran escala que supuso la Segunda Guerra Mundial (1939-1945) en los descendientes de las familias que vivieron sus horrores. No solo en los hijos e hijas, sino también en los nietos y bisnietos. Recuerdo una constelación familiar en grupo que presencié en el Institut Gestalt de Barcelona durante mi primer año de formación que me marcó poderosamente. Joan Garriga dirigía ese día el taller y una mujer de origen belga quería trabajar la dificultad que tenía en que su proyecto profesional prosperase. Había un miedo dentro de esta mujer cuya razón ella desconocía. Constelando pudo ver que ese miedo venía de una experiencia traumática vivida por su madre cuando tenía solo 6 años, durante la ocupación nazi del pueblo belga donde vivía con sus padres. Aquella mujer no pudo escapar en camión junto con todas las familias judías antes de que los alemanes llegaran al pueblo, y se quedó sola, en medio de la nada y a merced de otras personas. El miedo que experimentó el cuerpo de su madre siendo niña dejó una profunda impronta que luego su hija heredó y que dificultaba sus ganas de avanzar en la vida.

En esta línea, un dato histórico que siempre me ha parecido otro claro ejemplo para explicar la herencia epigenética conductual fue el efecto en los hijos de prisioneros de la Guerra de Secesión (1861-1865). Los investigadores se centraron en los soldados unionistas que fueron prisioneros de guerra de los confederados entre los años 1863 y 1864, pues soportaron unas condiciones de vida extremadamente duras. La malnutrición y el hacinamiento eran la norma; las muertes por diarrea y escorbuto, muy frecuentes. Los hijos de estos prisioneros, en concreto de los que peores condiciones sufrieron, murieron sobre los 45 años, solo los hijos varones, tal y como comprobaron los autores del estudio tras revisar miles de historiales de vida. Hoy en día, los descendientes de estos prisioneros siguen teniendo peores niveles de salud en general.

Es innegable que nuestro árbol genealógico deja huellas, más aún cuando hay situaciones que se repiten —más o menos reformuladas— de una generación a otra. Ya sea un hecho traumático, un secreto o un conflicto no resuelto, los eventos del pasado pueden afectar a nuestro presente. Pero claro, hay muchas mujeres que no han conocido a sus abuelas y ancestras, ni siquiera saben nada de su historia familiar, no tienen manera de conocer qué lugar están ocupando en su linaje. En esa línea, ¿cómo puedo saber si estoy influenciada por las vivencias de mis antepasadas?, ¿cómo sé si algo que está sucediendo en mi vida y no me permite avanzar es una carga que llevo y que no es mía? Por fortuna, cada una de nosotras podemos trabajar para hacer conscientes los enredos emocionales heredados, incluso hechos del pasado cuya existencia desconocíamos. Este procedimiento resulta asombrosamente rápido con las constelaciones familiares (el trasfondo se muestra en tan solo una sesión, más aún si se hace en un grupo de personas).

Cuando no respetamos el orden de llegada de nuestros antepasados (por ejemplo, si nos paramos en la vida como padres de nuestros padres, o cuando excluimos a alguien del clan o faltamos el respeto a su memoria alejándonos de la gratitud hacia la vida, o cuando rompemos el equilibrio entre el dar y el tomar) pueden aparecer síntomas, conflictos, accidentes o enfermedades que nos revelen el desorden en cuestión.

Yolanda, de 46 años, estaba en un momento de su vida profesional muy estancada, sin prosperar en su proyecto y sin vibrar en la abundancia. Venía a terapia para resolver sus nudos emocionales con sus padres y su negatividad en cuanto a su propósito de vida. En una constelación familiar individual pudo ver la fidelidad ciega que anidaba en su corazón hacia las mujeres de su linaje, tanto del materno como del paterno. La sensación de escasez predominaba en las mujeres de su sistema familiar y ella, por amor ciego a su padre, a su madre y a sus abuelas, también se movía con una herida de no merecer. El trabajo consistió en comprender que esa carga no era suya y que la estaba tomando como herencia sin ella ser consciente. El movimiento de su alma era soltar esa sensación de escasez y abrirse a la abundancia, por ella y por honrar a las mujeres y hombres de su linaje que vivieron de espaldas a la prosperidad por razones culturales e históricas. Finalmente, Yolanda era libre de hacerlo de manera diferente y empezó a darse cuenta de que merecía recibir frutos y resultados positivos de su labor en el presente.

Todo esto que he explicado no significa que si tu bisabuela sufrió abusos sexuales cuando era pequeña, tú ahora tendrás conflictos con tu sexualidad, por ejemplo. Quizá ni siquiera cargues con este dolor enquistado en el cuerpo de tu antepasada. Pero a lo mejor lo está llevando tu madre. Todas somos aspirantes a heredar, pero no necesariamente vamos a cargar con todo ese legado. Podemos decir que estamos en manos del destino, que es quien determina qué miembro del sistema familiar expiará un asunto del pasado ancestral.

En resumen, nuestras madres y ancestras nos influyen a través de la genética, la epigenética, las experiencias compartidas y los patrones de comportamiento aprendidos. Al ser conscientes de estas influencias, podemos tomar decisiones sobre nuestra propia vida dejando de repetir las cargas familiares, buscando un equilibrio saludable entre la comprensión de nuestras raíces y la autonomía personal. Quién sabe si te ha tocado a ti cortar con todos estos traumas heredados y sanar parte del linaje.

Sanar las heridas maternas

Tu herida materna real se dio porque tu madre también llevaba su herida materna con su propia madre, es decir, con tu abuela, y tu abuela también llevaba un vacío de madre en relación con su propia madre... y así de generación en generación. Y es que cada mujer que no sintió los abrazos de su madre se queda mirando hacia el pasado y no logra cortar el cordón, dejando desprotegidos a sus propios hijos. Así que tu madre no te dio lo que necesitabas porque justamente ella tampoco lo recibió de su propia madre y sigue esperando que le llegue. ¿Cómo lo hace? Puede ser que a través de ti esté buscando lo que su propia madre no le pudo entregar. En ese hilo, al final solo podemos dar lo que tenemos o recibimos: si yo no recibí un maternaje apropiado, donde todas mis necesidades emocionales o la gran mayoría quedaron cubiertas, me costará maternar a mis hijos, ya que no recibí energía de vida de mi madre. Además, puede darse que inconscientemente también esté intentando «salvar a mi madre», por lo que no puedo mirar a mis hijos como tal porque mi esfuerzo y energía están puestos en mi progenitora. Así que la historia se repite luego de mi hija a sus descendientes.

Esta carencia y este dolor interno de no recibir lo que necesitaba de mi madre se arrastran hacia la descendencia posterior. En consecuencia, si hoy quiero que mis hijos no hereden el sufrimiento que yo llevo dentro, aunque crea que lo esté haciendo diferente a mi madre, debo liberarlo, desde mis ancestras, aunque no las haya conocido. Si no somos conscientes de este legado de heridas primarias, los traumas tendrán mayor fuerza para movilizarnos desde el inconsciente familiar y seguiremos repitiendo las historias que nos traen dolor o que bloquean nuestra posibilidad de crecimiento.

Desde la instauración firme del patriarcado, la maternidad pasó de ser una experiencia vital en la mujer de gozo, placer y mucha espiritualidad, a ser una empresa de fabricación de seres humanos al servicio del patriarca de la familia y de la comunidad. Se perdió de vista la individualidad de las personas y se dejaron de respetar los procesos biológicos y sexuales en la crianza de los bebés. Las mujeres tuvieron que empezar a reprimir sus instintos salvajes de cuidado de sus cachorros para atender las necesidades de los hombres, desconectándose de su sexualidad y poder personal. Se volvieron domesticadas, complacientes, sumisas y ciudadanas de segunda. La imagen de la madre empezó a forjarse desde el sacrificio, el martirio, el sufrimiento y la abnegación. Lo podemos ver muy claramente con la imagen de la Virgen María, por ejemplo. Los niños y niñas dejaron de ser vistos como seres sintientes e hijos de la vida, y pasaron a ser propiedades, así que se convirtieron en adultos y adultas con niños y niñas interiores heridos. Este es el legado que nos ha llegado, no exclusivamente de familias concretas, sino de la misma civilización.

Nuestras ancestras, en su mayoría, no pudieron ni siquiera ver con claridad esta disfuncionalidad con sus madres. Lo que sucedía en la familia lo tomaron como lealtad, respeto y orden. Tampoco se cuestionaron si esas dinámicas estaban bien o mal por ser tóxicas, y si lo hacían, corrían el peligro de ser abandonadas. Si veían a sus madres sufriendo, ellas sentían que algo tenían que hacer para salvarlas. Pero reparar el daño infligido a las madres no sirve para deshacer el sufrimiento que ellas vivieron. Ahora, en pleno siglo XXI, las mujeres, sobre todo las occidentales, podemos resistirnos a la tentación de creer que sufrir de la misma manera que lo hizo nuestra madre es una forma de solidarizarnos con ella y con las demás antepasadas. En tu deber como mujer que desea sanarse a sí misma y a todo su linaje, solo podemos hacer el duelo y seguir adelante.

Para las mujeres de las generaciones pasadas, como te decía, recuperar su poder personal equivalía al abandono. Esta creencia aún existe. Hay mujeres en el presente que sienten un miedo extraño y aplastante de que sus madres morirán si ellas llegan a tener éxito y ser felices, un sentimiento enraizado en situaciones reales que les sucedieron a temprana edad. Es importante entender esto a nivel personal y cultural, porque de este modo conseguimos liberarnos de un antiguo patrón que ha limitado a las mujeres durante siglos y ha perpetuado la herida de madre de mujer a mujer. Estamos conectadas a la historia infantil que vivió nuestra madre, y también a la de todas las mujeres que la antecedieron. Las heridas que llevamos de ellas vienen de sus niñas lastimadas, y repetimos las corazas que ellas mismas crearon para protegerse de nuevas heridas porque ellas nos maternan de la misma manera en que fueron maternadas. Esto ocurre debido a nuestra alta fidelidad al linaje femenino, con el que nuestro inconsciente se identifica más intensamente.

La necesidad social de una mujer sumisa que depende emocionalmente de los demás, desconocedora de su poder personal, refleja nuestra necesidad colectiva más profunda de encontrar a alguien que nos haga de madre y que no nos abandone. En realidad, es una proyección de nuestras niñas interiores heridas que esperan ansiosas a una madre que nunca acude. Tenemos que renunciar a este imposible sueño colectivo y ser capaces de resolver el dolor personal para así curar el social, algo que conseguimos cuando gestamos y parimos a nuestra propia madre interior. Si no somos capaces de hacer el duelo y de aprender a ser nuestra propia madre, corremos el riesgo de traspasar la herida de la madre a la generación siguiente. Soltar esta herencia dolorosa y sanar a nuestra niña interior implica también conocer las heridas que heredamos y los patrones emocionales que derivan de ellas y que nos condicionan. Por eso es importante conocer la historia de las mujeres de nuestro linaje. Así es como logramos cortar con tanto trauma infantil heredado y podemos acompañar a los niños del presente desde la empatía y el entendimiento.

Sin embargo, además del duelo personal, hay que hacerlo también a nivel cultural. Las situaciones en el mundo exterior reflejan este creciente imperativo interior de mirar hacia nuestro propio dolor. Hay un interesante paso evolutivo dentro de la herida de la madre y es que, si escuchamos la llamada interior, sentimos el dolor de la falta de madre y así lo podemos transmutar en el mayor número de mujeres posible. Y cuanto mayor sea esta metamorfosis, más alta será la transformación cultural y planetaria.

Primero viene el feminismo sano, que es la fuerza que nos empuja a acercarnos las unas a las otras y a empezar a divisar la posibilidad de recobrar nuestro poder personal. Después, tal y como dice Bethany Webster, llega el momento de sanar la herida materna, que es el movimiento necesario para soldar la unión entre nosotras, con estandartes firmes y confiables, y recomponernos internamente, donde caben hombres y mujeres. Y es que la herida materna va más allá de la relación de una mujer con su madre real. Va al corazón del desequilibrio de valores en nuestra cultura.

Sanar tu herida materna no significa que estés traicionando a tus antepasadas ni que dejes de pertenecer a tu linaje femenino. Al contrario, toda la consciencia que traemos para nosotras mismas se extiende hacia el resto del linaje y, por ende, hacia la comunidad. Todo aquello que como sucesoras sanamos en nuestra vida, honra todas las dificultades que tuvieron que atravesar nuestras ancestras y ancestros. Y para ello necesitamos ser conscientes de que hoy tenemos múltiples oportunidades de sanación que nuestras antepasadas no tuvieron. Hoy somos libres para decidir y para reparar nuestro dolor primario, para dar un lugar a todas las niñas de nuestras ancestras y para acompañar a los niños y niñas de nuestra vida con conciencia y amor.

La importancia de la abuela materna y de la abuela paterna

El día que nací, tanto mi madre como yo estuvimos a punto de morir en el parto. Como mi madre tuvo que ser sedada en su totalidad y mi padre priorizó estar a su lado en lugar del mío, las primeras personas que me cogieron en brazos nada más salir del paritorio y me dieron el primer beso de amor fueron mis dos abuelas: Carmen y María. A ambas las llevo en un lugar muy especial de mi corazón. Y aunque quizá para otras personas de ambos clanes sientan que no hayan sido buenas madres, para mi fueron las dos mujeres más importantes de mi vida. Mi abuela Carmen, la madre de mi padre, siempre me amó mucho y aunque la batalla continua que tenía con mi padre no me dejó estar mucho con ella, la siento cada día a mi lado. El poco tiempo que pasamos juntas sé que me disfrutó mucho, me abrazó tremendamente y me enseñó a crear maravillas con las manos. Tenía mucha fuerza e impulso para lograr lo que se proponía. Eso sí que lo he tomado de ella. Mi abuela María, mi *iaia*, la madre de mi madre decía que se ama igual a las nietas que a las hijas, y así lo sentí. Aunque fue una mujer pasiva, silenciosa y al servicio de la familia, algo que no he heredado de ella, siempre me escuchaba con respeto y no me cuestionaba lo que opinara o hiciera. Tenía un gran sentido del humor y un amor muy grande por los suyos. No obstante, mi tía materna, Montse, no lo veía de esta misma manera y por eso el vínculo con ella estaba muy fragmentado.

Las dos abuelas son muy importantes para la mujer porque pueden ofrecer un sostén para su vida cotidiana. La abuela materna ve a la hija a través de la nieta y ofrece a esta última la transmisión de la información del linaje, su continuidad. La abuela paterna tiene la posibilidad de transmutar todas las experiencias negativas que tuvo con el hijo y buscar formas alternativas más respetuosas con su propia nieta.

Muchas mujeres anhelan encontrar a través de sus abuelas un refugio seguro, una fuente de alimentación espiritual, alguien que nos cuide en ausencia de nuestra madre. Ellas son una parte esencial en la vida de una mujer porque nos enseñan a amar, a cuidar y a ser responsables. Siempre hago referencia a las abuelas como seres esenciales, y no tengo en cuenta ni sus egos ni sus comportamientos tóxicos.

Por la parte de los egos, sí que es cierto que hay abuelas que también pueden ser como las madres: manipuladoras, narcisistas, pasivas, controladoras... En definitiva, pueden ser abuelas patriarcales. Aunque por mi experiencia personal y profesional, las abuelas, quizá más una que otra, ocupan un lugar especial en el corazón de la mujer. Por lo general, han tenido relaciones disfuncionales con sus propios hijos e hijas, pero al llegar la nieta se produce un cambio de paradigma y el vínculo es distinto, la cercanía se vuelve más amorosa y la relación, más funcional.

Me encuentro en consulta con muchísimas mujeres que fueron criadas por sus abuelas, sobre todo por la materna; lo curioso es que luego sus propias madres crían a sus nietos y nietas, con lo que se produce un salto generacional en cuanto a la crianza. Cuando la mujer se convierte en madre, es muy joven e inmadura a nivel emocional y sigue buscando el amor de su propia madre a través de sus hijos e hijas, por lo que queda «fuera de servicio» como cuidadora principal. Con el paso de los años, esta madre inmadura crece y se hace, en cierta manera, más responsable de aquella crianza deficiente que le dio a su hija por lo que intenta reparar su falta a través de la crianza de sus propios nietos. Esto puede suponer, en algunos casos, un arma de doble filo, porque, por un lado, hay una intención de subsanar la falta que cometió en su día con su propia hija, pero, por otro, le quita el poder de acompañar a sus propios hijos. Y aunque te puede herir escucharlo, se coloca en una posición de arrogancia: «Yo lo hago mejor que tú».

La abuela materna ve a la hija a través de la nieta y le ofrece conectar con su parte femenina, a tener intuición, a confiar en sus instintos. Le confiere transmisión del linaje femenino y una sabiduría que viene de experiencias pasadas. Esto sería lo ideal, pero no siempre es así.

La abuela materna está considerada como una figura importante en la historia familiar y en la transmisión de patrones emocionales y de comportamiento. Y esto se da a través del ADN mitocondrial, que solo se encuentra en el linaje materno. En nuestra abuela materna está la clave de muchos de nuestros comportamientos y experiencias vitales, en la información que heredamos epigenéticamente y que se transmite de generación en generación a través de nuestro linaje femenino. Ella puede tener una influencia significativa en la vida de la nieta, especialmente en lo que se refiere a la relación con la madre y a la dinámica familiar en general. Todo lo que la abuela vivió, sintió y experimentó queda en la impronta de cada célula de la nieta. La mujer lleva la información de la abuela materna, desde el momento en que se quedó embarazada de la madre. Tomar conciencia de ello puede permitirle a la mujer sanar comportamientos inconscientes que frenan su autorrealización.

Pero ¿cómo puede ser que haya heredado aspectos de mi abuela, no solo biológicos, sino también emocionales y energéticos, si no la conocí?

Cuando descubrí que yo había estado dentro de los ovarios de mi *iaia* María, muchos temas con mi madre cobraron aún más sentido. Me explico. Tus ancestros en general te entregan herramientas para la vida, las cuales forman parte de tu psique. Sin embargo, el linaje femenino tiene una particularidad muy especial: cuando estabas en el vientre materno ya tenías en tus ovarios la cantidad fija de óvulos para el resto de tu vida. De igual forma, tu madre, cuando estaba en el vientre de tu abuela, ya tenía una cantidad de ovocitos también. Y uno de ellos fuiste tú. Así que las mujeres, antes de transformarnos en humanas, pasamos inevitablemente por estar dentro del cuerpo de nuestra abuela materna. Esta información genética, que se transmite a través solo de las mujeres, se llama ADN mitocondrial. Para comprenderlo a un nivel científico, la información genética no es lo único que heredaste en el ADN. También recibiste las vivencias de tus predecesoras gracias a esta cercanía biológica que solo ocurre en las mujeres. Las vivencias de tu abuela materna te afectan porque la mitad de ti ya estaba dentro de tu madre cuando tu abuela estaba embarazada de ella en forma de ovocito. Todo esto y mucho más es información que queda grabada en cada célula del feto. Si eres un varón, tu personalidad actual se relaciona también con las mujeres de tu pasado.

Como nos demuestra la epigenética conductual, el ambiente emocional en el que se desarrolló el embarazo de la abuela materna (positivo o negativo) dejará algunas marcas epigenéticas en los ovocitos que iniciaron su ciclo dentro de su vientre y que se manifestarán cuando ese ovocito cumpla todo su ciclo, o sea, cuando esa mujer que lo llevaba tenga hijos e hijas. Y esto nos puede ayudar mucho a comprender de dónde venimos y de qué patrones de comportamiento necesitamos liberarnos.

¿Por qué la mujer, y no el hombre, transmite la información mitocondrial?

El ADN mitocondrial del padre se encuentra en la cola del espermatozoide y esta parte se desprende al unirse la cabeza al óvulo, de manera que solo se transmite a la descendencia la información contenida en el ADN mitocondrial de la madre. El ADN mitocondrial se pasa exclusivamente de madres a hijos y por eso se dice que contiene la herencia del linaje materno.

Y tú, ¿cuánto te pareces a tu abuela materna? ¿Estás repitiendo sus patrones, conductas o acciones?

Conectar con nuestras madres y ancestras a través de rituales de sanación y honra

¡Cuán poderoso resulta sentirnos apoyadas y sostenidas por las mujeres de nuestro linaje, que es una tarea que forma parte de nuestro camino de sanación en relación con nuestra madre! Por un lado, debo consolar y recuperar a mi niña interior dándole voz y validación. Por otro, tengo que entender la historia de mi madre y aceptarla tal cual es o fue. Y por último, debo revisar y dar un lugar a todas las mujeres de mi linaje, tanto del paterno como del materno. También hay que hacerlo con los hombres, pero más concretamente con las mujeres, porque de ellas tomamos lo femenino sagrado y maduro.

Sé que muchas veces hay historias y conflictos que tienen como resultado rechazar a las mujeres del linaje; sin embargo, es clave avanzar hacia una reconciliación con ellas para poder soltar también aquello que nos está bloqueando y saboteando nuestra evolución como mujeres. Recuerda que tal vez estás aquí para cortar con todos esos nudos energéticos que en su día estancaron a las mujeres y no les permitieron evolucionar y ser libres.

A las mujeres de nuestro linaje podemos tomarlas desde el corazón. Es genial cuando algunas de ellas todavía están vivas, cuando aún tenemos tiempo para disfrutar del contacto físico. Y en el caso de que estén en otro plano almático, o simplemente no tengas relación con ellas, podemos invocarlas de varias maneras para que hagan su función de guías y veladoras. Lo más común, por ejemplo, es a través de alguna visualización o a través de rezos de petición o agradecimiento.

No importa que tu linaje femenino sea una fuente de amor o de dolor, porque en cualquier caso debes lograr sentirte blandita cuando las visualices o representes, mirar a cada una con amor y darles un lugar en tu corazón. Solo desde ahí sus pasados dejarán de controlarte en el presente, ya no serán una carga pesada en la vida y se transformarán en una fuente de fuerza y sabiduría.

EJERCICIOS

Ritual para conectar con la matriz de tus ancestras y con su energía de creación.

Las ancestras viven en nuestro interior. Ellas están en nuestro ADN y, además, en el campo de información invisible que llevamos. Una manera que tengo de representar este linaje mostrándome como una de ellas es a través de unas muñecas matrioshkas, donde la más pequeñita soy yo, la que me sigue es mi madre, la siguiente por tamaño mayor es mi abuela y así hasta mi tatarabuela. Cada muñeca encaja perfectamente, una dentro de la otra. Las muñecas representan la esencia de cada mujer con su vientre, el cual contiene energía y transmite información de una generación a otra. Cuando cojas la muñeca más pequeña dices: «Esta muñeca soy yo», y la introduces dentro de la muñeca que la sigue por tamaño, y dices «Fui sostenida en el vientre de mi madre», luego introduces las dos muñecas juntas en la siguiente y dices: «Los óvulos de mi madre se formaron completamente mientras ella estaba en el cuerpo de su madre. Así que yo también estaba en el vientre de mi abuela». Continúa encajando las muñecas, hasta que las cinco estén una dentro de la otra, y dices: «Mi abuela lleva la energía de la matriz de su madre y de su abuela, por lo que también estoy conectada con ellas».

Constelación familiar de tu linaje de mujeres a través de una visualización (escanear código QR y escuchar).

Escuchar.

Maternarte no tiene por qué ser un camino pesado y solitario. Invoca a tu tribu de ancestras a que te acompañen y guíen desde lo invisible. Siente cómo cada una de esas mujeres estuvo en la Tierra y abrió camino para ti, y como tú hoy eres libre de cambiar la historia y sanar.

Constelación familiar de tu linaje de mujeres a través de una representación con muñecos, piedras u otros objetos.

Te propongo un ejercicio de recolocación para que puedas hacerlo sobre todo cuando notes que necesitas reforzarte y sentir que perteneces a algo más grande que tú misma. También te permitirá tomar conciencia de cómo está tu vínculo con las mujeres de tu sistema familiar. Darte cuenta de ello te permitirá dejar de repetir patrones que no son tuyos y te lastiman, y te puede ayudar a sentirte más sostenida y enraizada en tu vida cotidiana. Puedes hacerlo con playmobils, piedras, vasos, plantillas en el suelo o simplemente cerrando los ojos y visualizando:

1. Escoge un muñeco, piedra, vaso o plantilla que te represente y sitúate tú primero encima de una mesa o en suelo.
2. Luego escoge otro muñeco, piedra, etc., que represente a tu madre y la colocas delante de ti.
3. Detrás de tu madre, colocas a tu abuela materna y a tu abuela paterna. Es preciso que las mires a todas. Si fuiste adoptada, puedes colocar a ambas madres, la biológica y la adoptiva, y a las respectivas abuelas. No importa que no las conocieses, que ya hayan fallecido, que la relación fuese pésima o que fuese maravillosa.
4. Si quieres, puedes poner a más mujeres por detrás de tus abuelas; es decir, puedes colocar a más ancestras, pero siempre por orden de llegada a la vida.

5. Date unos minutos, respira relajadamente, siente que están disponibles y repite: «Os veo, os reconozco como mi linaje femenino. Yo soy la pequeña, vosotras sois las grandes. Yo soy una de vosotras, yo pertenezco. Honro el dolor que padecisteis en vuestra condición de mujer por la época que os tocó vivir. Honro a vuestras niñas interiores heridas a las que muchas veces les faltó amor. A todas vosotras os llevo en mi corazón con mucho respeto y orgullo ya que fuisteis, sois y seréis siempre grandes mujeres dignas de admirar. Estoy aquí gracias a todas vuestras experiencias vividas. Gracias, gracias, gracias».
6. Quédate unos minutos más sintiendo esa fuerza que te llega de ellas, quizá más de una que de otra. Observa también las sensaciones de tu cuerpo mientras experimentas este encuentro. Aprovecha este momento y diles directamente aquello que te apetece; luego espera por si ellas quieren responderte. Te sorprenderá la magia que puede surgir con este ejercicio.
7. Transcribe todas las sensaciones y frases que han surgido de ti, y aquello que te han dicho estas mujeres.

Estar reconciliada con todas las mujeres de tu linaje te otorga una visión de pertenencia, comunión y respeto, no solo de tu clan familiar, sino también de las comunidades de mujeres allá donde estés. Insisto: no importa que las hayas conocido o que ya hayan fallecido.

Rituales para las memorias uterinas.

El útero podemos compararlo con características similares a la propia Madre Tierra ya que también incluye la matriz, el núcleo de vida o el centro energético con esencia puramente femenina. Por lo tanto, a través de nuestro útero —ya sea físico o energético, si ya no lo tienes— podemos recuperar la conexión primaria con nuestro linaje materno. Recuerda que todas ya estuvimos en el útero de nuestra abuela, bisabuela, etc. Por consiguiente, dentro de nuestro «caldero sagrado» tenemos las memorias de nuestras ancestras.

Cualquier ritual de memorias uterinas o ritos del útero ayuda a liberar los mandatos, las creencias y las programaciones inconscientes que hemos interiorizado sobre nuestro cuerpo, la sexualidad y la menstruación. También sirve para tratar el dolor menstrual, el síndrome premenstrual y los desequilibrios ginecológicos, armonizar y regular el ciclo menstrual, despertar la energía creativa y sexual, y liberar emociones reprimidas que han sido almacenadas en el útero generación tras generación.

Hoy en día se están recuperando estas prácticas ancestrales y cada vez son más las comunidades de mujeres que las ponen en práctica.

Te recomiendo que busques información por tu zona geográfica donde celebren el 13.º rito del útero de Munay-Ki.

Este ritual fue el primero que tomé hace años y que me llevó a tomar conciencia de la importancia de sanar nuestra energía femenina y movernos desde nuestra ciclicidad.

Tomar conciencia del hilo rojo del linaje materno.

El hilo rojo es una metáfora que simboliza la unión sanguínea que existe en nuestro linaje matrilineal. Representa un hilo de lana teñido de rojo de la misma sangre del ciclo menstrual, que nos une a todas las mujeres: nuestras madres, abuelas, bisabuelas... y así hasta el pasado más remoto de nuestra línea ancestral. Sabiendo que todas las mujeres sangramos, puedes darte cuenta de que sin este poder natural y femenino ninguna hubiese podido dar luz. Eres un eslabón de una cadena de generaciones que comenzó antes del tiempo y continuará hasta mucho después de que te hayas ido.

Cuando una mujer honra su hilo rojo, recibe y envía todas las bendiciones del árbol, por lo que estas fluyen.

Independientemente de cómo sea la relación con tu madre biológica y de los recuerdos que guardes de ella, también menstruaba cada mes en tu casa cuando eras niña. Y luego te uniste a esa ciclicidad en tu adolescencia. Así que ambas menstruabais juntas, tal vez sin hablar de ello, a menudo sin honrar la regla y probablemente con algún malestar emocional o físico que no fue reconocido o compartido. Reconocer esta conexión nutre profundamente nuestra alma, de la misma manera que sentirnos desconectadas de nuestro linaje materno nos lastima en más aspectos de los que podemos imaginar.

Sabiendo esto y teniendo muy presente que tú eres una de ellas que menstrúa o menstruaba cada mes sangre que lleva también su ADN, escribe sobre el hecho asombroso de que tú y todas tus antepasadas maternas habéis sangrado cada mes para poder dar vida. Reconoce que sin la menstruación ninguna de vosotras hubiera podido dar a luz. Celebra que formas parte de esta cadena de mujeres que sangran. Honra el hecho de que todas estamos unidas a través de la conexión profunda y visceral de nuestro tiempo de Luna: nuestra menstruación mensual.

Consigue una madeja de hilo rojo y hazte una pulsera con ella, dándole varias vueltas, pues cada una de ellas representará a una mujer de tu linaje. Ese hilo en conexión con tu cuerpo te recordará siempre cuán conectada estás a tus ancestras.

Nombrar en voz alta a cada mujer del linaje y tu parentesco con ella.

Di primero tu nombre y luego qué parentesco os une. Por ejemplo: «Yo soy Sandra, hija de Rosa María, nieta de María, bisnieta de Vicenta, sobrina de Montse, sobrina nieta de Rosita...». También puedes incluir a las mujeres del linaje paterno. Si fuiste adoptada, hazlo con ambas familias.

Si tienes hijos, siéntate en silencio con él o ella y nombra a tu linaje materno. Luego invítale a nombrar el suyo, que será el mismo que el tuyo, y además incluirá su nombre y el tuyo como su madre.

Compartir los nombres y vivencias de las mujeres de tu linaje materno con tus hijos e hijas, recordándolas a todas y reconociendo el vínculo tácito entre vosotras, es una experiencia que nos ancla profundamente a la Tierra. Trae continuidad y conciencia. Es un regalo para ti, para tu progenie y para las generaciones venideras.

7

Sanamos una, sanamos todas

> Y será así hasta que, finalmente, un día nazca un nuevo círculo... que será el millonésimo círculo, el decisivo, y que iniciará para la humanidad la era pospatriarcal.
>
> JEAN SHINODA BOLEN,
> *El millonésimo círculo*

Después de todo lo que has leído hasta el momento sobre la relación con tu madre, la niña que habita dentro de ti con sus heridas, la responsabilidad que tenemos ahora de adultas de crear dentro de nosotras a una madre interior que haga precisamente de cuidadora de esa niña y de lo que podemos acarrear de nuestro linaje femenino, en este capítulo quiero mostrarte otro tipo de herramientas y recursos que también te pueden servir muchísimo para acompañar a esa sanación y no sentirte sola en este sendero complejo y a veces doloroso.

Llevo muchos años de travesía en el sendero de mi crecimiento personal. He asistido a decenas de lugares y espacios para encontrar sosiego y coordenadas de GPS en la búsqueda de mi centro. Estos espacios físicos me han permitido estar con más personas que evidentemente han tenido las mismas o parecidas inquietudes. Cuando empecé a estudiar constelaciones familiares, éramos unos 50 alumnos el primer año, y durante del fin de semana nos llegábamos a juntar incluso 70 personas porque se mezclaban los estudiantes habituales con asistentes puntuales. Fue muy enriquecedor y nutritivo compartir con otros seres humanos los designios de nuestras almas y los enigmas de nuestros sistemas familiares. En estos grupos me sentía una más, algo que no había experimentado nunca, ni con mis grupos de amistades (muy escasos, por cierto), ni en la escuela, ni en el instituto, ni en la universidad. Sentía que pertenecía porque no me juzgaban por mi manera de ser. Al contrario, me juntaba con hombres y mujeres capaces de sentir compasión y empatía por las personas que íbamos a esta formación y por la historia que pudieses llevar contigo. Hoy en día me sigo relacionando con algunas mujeres que conocí en esos días y a las que amo profundamente.

Sin embargo, donde realmente empecé a encontrarme de verdad, a reconciliarme con mi femenino y con la mujer que me habitaba, a reconectar con mi parte más blandita y ligera, fue en los círculos de mujeres.

Desde tiempos inmemoriales, el ser humano ha necesitado vivir en poblados y en comunidades, todos juntos, para poder protegerse ante cualquier ataque externo. Algunas especies de animales también lo hacen y viven en manadas para cuidar de todos sus miembros. Pero en el caso de las personas, necesitamos tejer redes de apoyo, no solo para defendernos de situaciones hostiles, sino también para ayudarnos en temas relacionados con lo racional, lo emocional y lo espiritual, compartir momentos de ocio y diversión, hacer intercambios comerciales, pedir ayuda en determinados momentos, etc.

Dentro de las comunidades extensas de hombres y mujeres también se forman pequeños grupos con afinidades y características comunes. De lo más reciente que me viene a la mente, y que en España sobre todo ha sido muy típico, cultural, femenino y social, son las reuniones de mujeres que se hacían frente a los lavaderos públicos en los municipios rurales para socializar entre ellas. Entre colada y colada, se explicaban los temas del día, los secretos de alcoba, o compartían las recetas o los remedios para curar heridas, las maneras de criar a los hijos, etc. Esos ya eran círculos de mujeres, aunque ellas seguramente no eran conscientes. También me viene al recuerdo el caso de las *redeiras* de Galicia, que aún existen; un oficio duro y sacrificado, el de coser las redes de los pescadores, pero que también permite compartir intimidades y pedir apoyo a las otras mujeres si así lo necesitan.

Otro tipo de encuentros intencionados y diseñados para estar en sororidad son las «tiendas rojas», también llamadas «carpas rojas» o «tipis lunares». En tiempos remotos, estos lugares servían de retiro a las mujeres porque por entonces la menstruación se consideraba un momento sagrado del ciclo y de la vida. Allí menstruaban en comunidad y se dedicaban a descansar, conversar, tejer, soñar... y al terminar esta fase volvían a la comunidad, donde las esperaban con entusiasmo para escuchar los mensajes que traían. Esta tradición se ha vuelto a recuperar, y hoy en día existen algunos lugares donde se organizan estas quedadas y se comparten momentos íntimos teniendo presente la fase del ciclo menstrual de cada mujer.

En cualquier parte del mundo donde unas pocas mujeres se puedan juntar, por el motivo que sea, puede surgir la magia, el respeto y la admiración mutua, ya sea mientras producimos para la sociedad, para descansar, para celebrar un rito de paso o para honrar los ritmos de la naturaleza. Existe la idea de que cuando las mujeres se reúnen es para criticar y desprestigiar a otras, lo que provoca resistencias para reunirnos y escoger a las personas adecuadas. Estos casos no los considero círculos de mujeres, sino relaciones insanas y tóxicas, para nada constructivas y que, además, nos incomodan. Debemos aprender a escuchar más a nuestra voz interior y a nuestra intuición para saber dónde acudir para que otras mujeres conscientes y presentes nos abracen y nos sostengan.

Pero ¿qué es en realidad un círculo de mujeres?

Aparentemente es un espacio donde se reúnen y conversan. Sin embargo, cada vez que alguna mujer aporta algo, genera un cambio importante en el resto del grupo. El formato es circular porque en sí es una forma arquetípica que resulta familiar a la psique de la mayoría de las mujeres, pues es personal e igualitaria. No hay jerarquía y permite que todo miembro participe de manera equitativa, colaborando y cooperando. Esto permite que surja un acercamiento emocional mejorando cualquier resultado ya sea en el lugar de trabajo o en una comunidad. A nivel colectivo, hay cierto anhelo general en pertenecer a círculos de este tipo. De hecho, en los últimos años los hombres también están apostando por este tipo de formato en encuentros y talleres que, como acabo de explicar, permiten abrirse emocionalmente, algo que a ellos les cuesta infinitamente más que a nosotras.

El círculo es un grupo de apoyo para tu vida, que te acompaña a dar los pasos que necesitas y que puede sustentarte en tu metamorfosis. También es un lugar para tomar conciencia de lo inmersas que estamos en el patriarcado y, desde el amor y la conciencia, transformar la sociedad en un mundo más tranquilo y amoroso.

¡Fíjate cuán importante es estar en comunidad con otras mujeres y su poder para sanar más rápido sabiendo, además, que no estás sola! Así que ten presente los pasos que voy a exponer para lograr esa curación en manada.

Busca la sororidad con otras mujeres

Un círculo puede abarcar cualquier tema que te propongas, puede ser de oración, de meditación, de yoga, de sanación, de canto, de rito de paso, de celebración, de productividad, de creatividad... He visto muchos tipos, desde rituales de paso como la menarquia, hasta grupos donde las mujeres confeccionan sus propias compresas menstruales. Formar parte de uno de ellos seguramente nacerá de una necesidad real sin cubrir, así que dale a tu niña lo que necesita y participa en uno de ellos, ya sea con solo una amiga o con 50 mujeres. Hoy en día, y más después de la pandemia, los círculos han crecido exponencialmente en cantidad y ya los podemos encontrar incluso online.

La primera vez que asistí a uno fue en febrero de 2018. Era un encuentro del 13.º rito de Munay-Ki, una ceremonia sagrada que te acompaña para sanar, empoderar y nutrir tu ser interior y, al mismo tiempo, para liberar memorias de dolor y sufrimiento heredadas del linaje femenino. Duraba solo dos horas. Fue precioso vibrar con otras mujeres que sentían la llamada de reconectar con su femenino y con sus ancestras. ¡Qué belleza experimentar algo así! ¡Cuánto amor y cuánta sororidad sentí aquel día! Resonó tanto aquel encuentro en mi interior, que sentí que ese era otro sendero que tenía que transitar: descubrir el poder de mi energía femenina, la cual había desterrado de mi vida para poder sobrevivir en mi familia y en mi entorno. Moverme con energía masculina me había ayudado a protegerme del exterior. Pero ahora ya no estaba en peligro y podía abrirme a rescatar capacidades y dones femeninos que había rechazado e incluso había olvidado.

En octubre de 2018 me uní al grupo de 28 mujeres (28 son los días que duran las cuatro fases lunares) de la Formación Mujer Consciente de Carmen Hernández Rosety. He de confesar que tenía un miedo terrible a estar con tantas mujeres, algo que siempre había rechazado y de lo que había huido. Me consolaba saber que mi amiga Mercè me acompañaba y eso me hacía estar un poco más segura. El primer día me planté en una sala alquilada por Carmen en Barcelona, y mi presencia era tiesa, seca y rígida. Mi mandíbula estaba apretada y mi perineo, cerrado. Lo que vino meses después ya lo has averiguado en este libro. Para mí es muy evidente el poder y la fuerza que podemos llegar a emanar y succionar en estos grupos de mujeres respetuosas y conscientes. Estar allí me hacía sentir dentro de un vientre energético y calentito. Después de la formación, y a fecha de hoy, seguimos teniendo un grupo de WhatsApp donde, aunque no nos veamos mucho, podemos celebrar y alegrarnos por nuestros logros y también ayudarnos las unas a las otras.

Pasado el tiempo, yo también empecé a dirigir círculos de mujeres donde he seguido conociendo a hermosas mujeres, algunas de las cuales forman parte de mi vida personal; los cursos online que he creado y dirijo, la comunidad de Instagram de Malas Hijas, mi centro de terapias para la mujer Espai Obert del Vallès, los grupos de yoga que se han creado en dicho espacio... Me doy cuenta de que estar en tribu da mucha seguridad y permite que las mujeres se sientan cómodas, justamente porque no hay jerarquías ni tampoco juicio. La vida me ha enseñado la importancia de esa tribu entre las mujeres y la capacidad que tenemos nosotras de sanar y mostrarnos reales, sin hipocresías ni falsedades. Por eso aporto mi granito de arena en facilitar espacios y lugares para reencontrarnos, lo mismo que han hecho mis maestras del sagrado femenino, y lo mismo que harán las mujeres que están bebiendo de mí. Todo esto te lo cuento para que, con ejemplos concretos, veas el poder que tiene unirnos.

Además, me doy cuenta de que esas mismas mujeres que necesitan ser sostenidas también agradecen poder sostener a sus compañeras, porque al final todas resonamos en la misma frecuencia. Cuando una mujer vibra en una emoción, la otra, al estar presente, percibe lo que aquella está emitiendo. No capta la emoción tal cual, sino una vibración que despierta algo dentro de su cuerpo, que puede diferir de su sentimiento, pero que antes le genera una sensación física muy vívida.

La genialidad de estos círculos de mujeres es que las que participamos en ellos llevamos después este espíritu recuperado al resto de nuestra vida. Comprender sus principios básicos te permite ser consciente del movimiento revolucionario y evolucionista que a simple vista es difícil de captar. Puede parecer que son solo grupos de mujeres que se reúnen y conversan. Sin embargo, por propia experiencia, la aportación de cada mujer y cada grupo tiene una dimensión mucho más trascendente. Llevamos demasiado tiempo enjauladas y separadas las unas de las otras, viviendo dentro de edificios de hormigón y en grandes urbes. El mundo necesita que nos juntemos para devenir en mujeres medicina y mujeres brújula para otras mujeres y hombres.

Abraza tu singularidad y salta del rebaño

Las mujeres que anhelan encarnar su verdad cortan los ciclos de los traumas familiares y expresan con mayor plenitud su poder y su potencial. Las que lo consiguen están aquí, con nosotras, respaldándonos y animándonos. Para llegar a este momento en el que estoy escribiendo este libro, yo también tuve a mi lado a mujeres que me apoyaron y me sostuvieron. De hecho, creo que nunca habría sido capaz de escribirlo si antes no hubiera vivido experiencias de este nivel. Y, claro está, esas mujeres también tuvieron apoyo en su momento. Ha sido necesario que hubiera mujeres de todos los tiempos, valientes, que hayan renacido de sus propias cenizas. Ellas tuvieron o han tenido que romper con las creencias de su clan, alejarse de lo familiarmente conocido, separarse de sus madres para poder crecer y extender sus alas, recuperando nuestra faceta femenina y en comunión con nuestro masculino.

Este despertar surge en un momento de la historia donde empezamos a entender que cada vez que condenamos el sentir, el decir lo que pensamos y el vivir desde el placer, matamos nuestra singularidad y, por consiguiente, todo lo que tenga que ver con nuestro femenino, haciendo que nuestros cuerpos se vuelvan rígidos, fríos e infértiles. Por consiguiente, existe una urgente necesidad global de que las mujeres recuperemos nuestra esencia femenina y sagrada. Esto se consigue a través del encuentro con el Yo interno y real, y entendiendo la información que cargamos en el útero heredado de nuestras antepasadas y el significado que le damos a la vida, a la sexualidad plena y al placer. Esto significa que para recuperar nuestra sexualidad en toda su riqueza necesitamos ver las creencias que nos limitan, que nos poseen poderosamente desde el inconsciente, y transformarlas para ser libres. Comprender que los pensamientos y emociones afectan al funcionamiento de la energía en el cuerpo femenino nos sirve para descifrar el lenguaje único de nuestro cuerpo individual. Como explicaré en el siguiente apartado, en la sociedad y la cultura en que nos ha tocado vivir, la energía femenina suele estar bloqueada y es una realidad a la que nos enfrentamos día a día sin saberlo. Prevalece lo masculino. Asimismo, si lo recuerdas, en el capítulo 2 comentaba que la madre nos transmite toda esta información justamente a través de su cuerpo y de su relación con su propia energía femenina y masculina; y en el capítulo 6, que todos estos registros y patrones femeninos limitantes son transmitidos de generación en generación a través del linaje femenino. No obstante, a través de todas estas mujeres también nos llega el legado de una sabiduría que es la que nos indica lo que nos conviene a nivel sexual, pero esa parte la heredamos en un estado de letargo en la mayoría de nosotras. Este saber está en nuestro ADN, porque la sexualidad está íntimamente ligada a la naturaleza y, por lo tanto, a sus ciclos. Sin embargo, lo tomamos de nuestras ancestras en estado de pausa o en estado de repulsa debido a la represión ejercida en nosotras y a los abusos que llevamos siglos sufriendo.

Por todo ello, una de mis premisas es «desobedece a tu madre y a tu clan femenino para poder honrarlas y darles el lugar que les corresponde». Rompe las reglas que las limitaron para poder ser ellas mismas. Salte del rebaño, sé la oveja negra y conviértete en el inicio de una nueva era de mujeres libres, con poder personal y reales.

Reconecta con tu esencia femenina

Antes de que las sociedades patriarcales se volviesen dominantes y sometieran a las mujeres y a los niños, la fertilidad, la sexualidad y la naturaleza iban de la mano y se consideraban un mismo fenómeno. Las mujeres conocían el modo de controlar naturalmente su fertilidad y comprendían la importancia del placer sexual como una parte natural de la experiencia humana. No estaban condicionadas por ninguna norma social y manejaban a la perfección su sabiduría interna femenina. Hoy en día esto es imposible porque estamos desconectadas de las energías naturales de la Madre Tierra y, además, disponemos de una baja vitalidad. La mujer está íntimamente ligada a su cuerpo a través de sus ciclos vitales. Si queremos sanar nuestra relación con nuestra sexualidad y con nuestro femenino, lo cual es nuestro derecho, tenemos que comenzar por nosotras. Si conectamos con la totalidad de nuestro cuerpo, nos empoderamos. Esta unión completa resulta peligrosa para el patriarcado. Las amenazas que emanan los cuerpos femeninos han hecho que la mayoría de las religiones occidentales se inventaran extraños y dudosos dogmas donde rara vez consideran la sexualidad femenina y la maternidad partes componentes de un mismo todo. Suelen separar la maternidad de la sexualidad, produciendo una división virgen/ramera en nuestra psique, que ha sido la causa de un gran sufrimiento para muchas mujeres. Esto lo han conseguido a través del juicio a su sexualidad, a su ciclicidad, a su sangrado mensual, a su gozo por la vida, a su necesidad de descansar cuando lo necesitan, a su opinión, a sus deseos y a ir a por sus sueños como algo pecaminoso. Justamente este adoctrinamiento cultural a través de los dogmas religiosos ha sido clave para el sometimiento y la represión sexual, anestesiando nuestro poder y naturaleza femenina.

En pleno siglo XXI, este control sobre nuestros cuerpos y sobre nuestro poder femenino se ha disfrazado con hipócritas mensajes sociales donde las mujeres modernas parecemos convencidas de que la realización personal pasa por encontrar la pareja perfecta, por ejercer una profesión, por tener además una vida más allá del cuidado de los hijos, con un cuerpo de medidas similares a las de las modelos... En los últimos tiempos también se ha hecho hincapié en la igualdad entre los sexos por medio de los movimientos feministas, lo que ha llevado a que las mujeres quieran parecerse a los hombres e incursionar en su campo laboral. Este ha sido un paso necesario para empezar a divorciarnos de la sociedad patriarcal y para que logremos que nos tengan en cuenta. Sin embargo, el gran error y la inteligente trampa ha sido que empecemos a creer que, para tener éxito en lo laboral, en lo económico, en lo social y en lo político debamos conformarnos con una versión más masculina de nosotras mismas, lo cual, en cierto modo, nos ha hecho ceder nuestro poder como mujeres. Para ello hemos bloqueado aún más la energía femenina para manejarnos más con la energía masculina que, aunque creamos que nos ayuda a lograr nuestros sueños, también está enferma. Por otro lado, hemos creído también que es prioritario satisfacer a esa fuerza masculina sin cubrir nuestras necesidades.

Para llegar a estos objetivos solo hay una posibilidad: seguir desconectadas de nuestros cuerpos, del placer y del instinto y convertirnos en soldadas disciplinadas y domesticadas. Estamos muy secas y agotadas por tanto esfuerzo continuo. No nos damos tiempo a saborear las vivencias, reduciendo al máximo los tiempos de reposo y relajación, sin escuchar nuestra alma. Somos seres complacientes que atendemos a nuestro cuerpo solo cuando debemos lucirlo para gustar al otro, o cuando nos duele mucho. No lo escuchamos ni lo disfrutamos de manera habitual. Desconectamos de nosotras mismas, de la sabiduría de nuestra carne y de nuestro ciclo, perdiendo así toda nuestra fuerza natural. Lo femenino maduro brilla por su ausencia. Como consecuencia, el ciclo menstrual, una de las cualidades femeninas que más nos unen a la naturaleza, ya que es cíclico como ella, también se ha visto agredido.

Entonces, ¿cómo conectar con lo femenino maduro?

Con toda esta sabiduría heredada de las mujeres que nos preceden y grabada con letra borrosa, ni siquiera sabemos qué cualidades divinas responden a la energía femenina. Si además has mamado la creencia de que hay que vivir más desde lo masculino, ahora es difícil saber qué cualidades femeninas encontramos en una misma. Lo sé porque yo también he estado en ese lado de la balanza. Por tanto, tenemos que reconectar con ello, porque dentro de ti coexisten.

A continuación, dejo siete prácticas que te ayudarán a irradiar poder femenino y volver a tu cauce natural:

1. Danzar o bailar es una práctica poderosa para ayudarte a salir de tu mente y habitar tu cuerpo. Encuentra algo de privacidad donde puedas bailar tan salvaje o sensualmente como quieras. Pon tu canción o lista de reproducción favorita, cierra los ojos, respira profundamente y percibe lo que se siente al estar en tu cuerpo. Si esta música pudiera tomar forma, ¿cómo se movería? A continuación, deja que tu cuerpo exprese la música como si la estuviera traduciendo en lenguaje.
2. Maravíllate sintiendo y observando la belleza a nuestro alrededor y en nosotras. Es hora de dar otro aire a tu espacio y hogar, con nueva decoración que te nutra y te haga sentir bien contigo misma. A través de tu vestimenta también puedes manifestar tu femenino, aquello que te hace sentir bien, evitando los estandartes de moda. Cuanto más color y estampado haya, más activarás tu femenino. También ten presente que lo femenino cambia continuamente; recuerda que somos cíclicas, y que según en qué momento del mes y de tu fase menstrual estés, querrás vestir de una manera u otra. Encuentra tu propia definición de belleza en ti misma y observa cómo te sientes cuando lo expresas con tu ropa.
3. Estable el autocuidado como una rutina; por ejemplo, hacer algo no planificado un día cualquiera. Es una de las mejores cosas que puedes hacer cuando quieras entrar en tu energía femenina. Permitirnos fluir y estar en el momento presente puede ser uno de los sentimientos más relajantes y liberadores: meditar, caminar por un bosque, bañarte en la playa de noche, estar estirada todo el día en la cama, etc.
4. La creatividad femenina dentro de todas nosotras está asociada con la energía creadora y la energía vital, similar a la energía de las emociones fluidas o sin tiempo.

Nuestros vientres están diseñados para crear vida, después de todo. Expresa tu creatividad a través de la artesanía, la pintura, el baile, la ropa y el ganchillo, la cocina, escribir o plantar un jardín. Eso es poner tu energía femenina en acción.

5. Expresa tu sensualidad. Nuestros cuerpos femeninos tienen mucho poder y sabiduría. Podemos conectarnos con nuestros sentimientos e intuición más fácilmente que una persona masculina asociada, pero necesitamos confiar en nuestros cuerpos y corazones para escuchar estos mensajes. Una manera de conectarnos más con ellos y salir del pensamiento lógico es intentar incorporar más sensualidad a nuestras vidas. Esto significa usar intencionalmente los sentidos para experimentar la vida con placer. Puedes darte un baño caliente con aceites esenciales, decorando tu entorno con velas o pétalos, sintiendo el agua caliente en tu piel, oliendo el aroma a lavanda o eucalipto, escuchando la salpicadura de las gotas, saboreando un trozo de chocolate negro o una copa de vino tinto.
6. Reconocer y conectar con el funcionamiento de las cuatro fases de tu ciclo menstrual, cómo te sientes en cada una de ellas, sacarles partido en tu vida diaria, aceptar esta ciclicidad y aliarse con ella es una manera muy sanadora y muy efectiva de liberar tu energía femenina.
7. Salir a la naturaleza, y cuantas más veces mejor; conectar con ella, con los sonidos que te ofrece, caminar descalza por la hierba o la tierra húmeda, mojarte bajo la lluvia, abrazar un árbol, envolverte de los olores que desprende, meditar y visualizar que estás fusionada a ella, etc. También ayuda respetar el medioambiente y preocuparnos por él en cada pequeño gesto del día a día, como el reciclaje. Todo esto despierta en nosotras

> aquellas partes dormidas que nos empoderan y nos dan fuerza. Somos cíclicas como la misma naturaleza y nos nutrimos de la energía que la Madre Tierra (Pachamama, en algunas culturas) nos ofrece sin pedir nada a cambio. Todas somos hijas de ella y estamos íntimamente ligadas.

Al hilo de poner en marcha estas prácticas, algo primordial en nuestra reconexión con lo femenino es estar con otras mujeres que nos ayuden a descubrirnos a nosotras mismas y a nutrir nuestra alma femenina.

Me gustaría hacer una mención a Myriam Peña Sánchez-Garrido, quien en su libro *La mujer oceánica* dice que cuando las mujeres nos juntamos, bebemos del río de la vida. Recobramos la sabiduría indomable y salvaje propia de los ciclos. Devolvemos a nuestros cuerpos lo que es suyo: la vida. Según la comunidad científica, cuando las mujeres nos reunimos, segregamos grandes cantidades de oxitocina (la hormona del amor). Por eso sabemos, quienes lo hemos experimentado, que estar en un círculo de mujeres es algo altamente nutritivo y potencialmente revitalizador, y que dentro de nosotras empieza una fiesta parecida a una experiencia sexual. No importa la edad que tengas ni la sabiduría alcanzada, lo que sobresale es la hermandad que se crea y lo sanador que puede llegar a ser.

Cultiva una relación amorosa y consciente contigo misma: es un beneficio comunitario

Cuanto más me reencontraba con mi niña interior, más la recuperaba y más la abrazaba, el amor hacia mí misma aumentaba cada día más. Esto me permitió ir descubriendo quién era yo realmente, qué cualidades y capacidades necesitaba mostrar al mundo y demostrarme a mí misma que sonaban con fuerza e impulso en mi interior. Reconocí partes de mí que habían sido castigadas, juzgadas y criticadas, y ahora las podía ver con una mirada amorosa y más amable. Empecé a darles un buen lugar en mi vida y en mi Yo. Por ejemplo, recuerdo que de niña me etiquetaron en casa y en la escuela como una niña «mandona», quedando en mi psique como una cualidad negativa. Pero en realidad, como buena leonina, tenía el don de liderar a grupos de manera proactiva, aunque nunca me habían acompañado y alentado a hacerlo desde un lugar positivo, sino desde una calificación despectiva y crítica, como si fuese malo. Era muy consciente de que sacar a la luz aquellos talentos y cualidades de mi Yo esencial era un servicio a la vida, a la comunidad, por lo que no podía seguir ocultándolos. El hecho de conseguir cultivar una relación consciente conmigo misma me permitía ser amorosa con las habilidades de mi niña interior, y así le daba permiso para mostrarlo al exterior.

Llegar hasta aquí, como habrás podido comprobar, o quizá ya lo sepas por haberlo vivido en carne propia, no es nada fácil. Nos encontramos tan enfocadas en cuidar y satisfacer las necesidades de los demás, que dejamos de lado nuestros propios deseos para vivir en carencia. Ya sabes: somos las buenas niñas que nos dijeron que teníamos que ser. Sin embargo, y así lo hemos visto durante todo este libro, es fundamental recordar que no podemos dar amor, cuidados genuinos y aportar cambios positivos al mundo si no nos amamos y cuidamos a nosotras mismas primero. Así que recuerda este mantra: «Soy mi máxima prioridad».

El automaternaje, dedicar tiempo y energía a actividades que nos traigan alegría y satisfacción, como estar con otras mujeres, ir a terapia, practicar la autocompasión y el amor propio, reconocer y aceptar nuestras imperfecciones, dejar de juzgarnos y autoexigirnos, etc., nos ayuda a desarrollar una relación más saludable con nosotras mismas. Esta reivindicación por nuestra niña interior, nuestro Yo real y la madre interior que logramos parir dentro de nosotras nos convierte inevitablemente en un ejemplo para nuestras hijas, sobrinas, alumnas y nietas. Además, al despertar un manantial de sabiduría que ya nos viene por herencia femenina, tenemos pleno derecho a dar de beber a estas niñas reales del presente y a las futuras generaciones, tanto femeninas como masculinas. Esto implica estar en presencia y comprometidas en su crecimiento y desarrollo de la manera más sincera y amorosa posible. Debemos fomentar una comunicación abierta y afectuosa en la que nuestras hijas se sientan seguras para expresarse y ser ellas mismas. Pero claro, para llegar hasta aquí, antes hemos tenido que repararnos y sanarnos. Y no importa en qué momento de tu vida adquieras la fuerza suficiente para hacer el cambio. Lo glorioso de todo este proceso de sanación es que lo que tú estás haciendo por ti también impactará positivamente en los de tu alrededor. Hasta ahora, el patriarcado, que ha sido nuestro mayor opresor en cuanto a las relaciones maternofiliales, ha estado protegido. Las madres y las hijas, que son las oprimidas por el *statu quo* machista, han seguido oprimiéndose las unas a las otras. Ha llegado el momento, pues, de acabar con esta manipulación y abuso de poder sobre nosotras, siendo conscientes de la responsabilidad que tenemos en reparar este vínculo divino entre ambas. Es por ello por lo que debemos ser un ejemplo positivo para nuestras hijas al mostrarles cómo nos amamos y valoramos a nosotras mismas, por ser individuales y únicas. Esto incluye practicar ese automaternaje frente a ellas, hablar positivamente sobre nosotras mismas y nutrir nuestra autoestima. Al hacerlo, les enseñamos el valor de amarse a sí mismas y les damos las herramientas necesarias para cultivar relaciones amorosas y conscientes en sus propias vidas. De la misma forma que hubieses querido que te iniciase y te empoderase en la vida tu madre, así querrás y desearás hacerlo con las nuevas generaciones.

Estoy convencida de que al cultivar una relación amorosa y consciente con nosotras mismas y con nuestras hijas estamos construyendo un legado femenino fuerte y poderoso. Estamos sentando las bases para que las futuras generaciones de mujeres —y también de hombres— se amen y valoren a sí mismas. Estamos contribuyendo a romper patrones de autoexigencia y críticas destructivas, y estamos forjando un futuro donde las mujeres se sientan completas, empoderadas y capaces de alcanzar su pleno potencial, saliéndose del rebaño y siendo fieles a ellas mismas.

Este cambio tan positivo, que de hecho ya se está dando en muchos lugares del planeta, contribuye a la construcción de una nueva sociedad que valora y respeta a las niñas, a los niños y a las mujeres en todas sus dimensiones.

Después de haber recuperado y haber hecho presente en tu día a día a tu niña interior, de haber escuchado tus necesidades genuinas y haberlas cubierto, y, lo más difícil de todo, haber hecho el duelo por tu madre, entonces podrás celebrarte como esa hija adulta, libre y madura. Ya dejas de esperar de tu madre que te dé todo aquello que quedó pendiente en tu infancia, ya no demandas atención y validación, renuncias a seguir mirando hacia atrás buscando su aprobación, no necesitas su permiso para ser y para hacer, ya no tienes más hambre de ella, así que no te ha de alimentar más porque ya puedes hacerlo por tus propios medios. Si bien es cierto que vamos a estar sanando siempre, porque esto no se acaba nunca y es, de hecho, nuestra experiencia humana, la realidad es que lo hacemos con más recursos, herramientas y respeto hacia nosotras mismas y nuestros ritmos internos. Vivimos con auténtica resiliencia. Eso nos lleva a poder gozar del presente y poner el foco en el futuro con menos miedo y más impulso.

Debido a este nuevo paradigma en nuestra psique y en nuestra condición de hija, la mujer renacida que ocupa su lugar de adulta ante su madre no solo se libera a ella, sino también a su progenitora y a todo su linaje femenino. Dejar de pedir a mamá hace que ella pueda bajar también la tensión y la rigidez con la hija. Y muchas veces, de manera muy curiosa, puede acercarnos más en la relación. Llegar a este punto de evolución como ser humano nos permite ver y sentir a las demás personas con compasión, con más entendimiento, y además dejamos de estar enfadadas, tristes y/o desvitalizadas. Estamos más presentes, somos reales y podemos ofrecer nuestros dones y talentos a la comunidad. Sanar en lo personal nos permite adentrarnos en algo que es universal. Cuando rompemos con las creencias limitantes que derivan de la familia, la sociedad y la cultura, nuestra fuerza vital se libera de los mecanismos de protección y se crea un nuevo espacio en nuestro interior, un lugar donde encontrar potentes energías que pueden beneficiar a todos los seres vivos.

Así pues, cuando nos desenredamos de todo enfado y resentimiento hacia la madre, cuando abandonamos la lucha interna y externa con ella, podemos tomarla como nuestro principio en el mundo y celebrarlo. Estás viva gracias a la decisión que tomó ella de parirte; estás aquí leyendo este libro porque tu alma —o como quieras llamarlo en función de tus creencias espirituales— decidió reencarnarse para tener una experiencia humana a través de tu madre. Ella es tu inicio, ella es el origen, ella es la vida. Reconecta con esta experiencia vibrante para convertirte en un maravilloso recurso para los demás. Pero eso sí, celébralo cuando estés lista.

En estos tiempos todas podemos alzar nuestra voz para generar cambios positivos en una misma y a nivel colectivo. Es por ello por lo que hay un resurgir de manadas creándose en distintos lugares del planeta, mujeres valientes que van más allá de sus límites y se sienten infinitas. Pero, además, y es algo que me alegra enormemente, están resurgiendo nuevos hombres que necesitan moverse con otra energía masculina más sana, respetuosa y en comunión con la energía femenina. Son las conocidas como «nuevas masculinidades». ¡Qué belleza poder caminar de la mano tanto de hombres como de mujeres con estas ganas y esta voluntad de hacer un cambio profundo en ellos para mejorar la humanidad! Es una gran esperanza.

Apoyarnos entre nosotras es primordial para seguir evolucionando y para reencontrarnos con nuestras partes reales y auténticas. Cuanto más solidarias seamos las mujeres en comunidad, más crecimiento y sanación global conseguiremos. Cuanta más empatía y compasión resurja de nuestros corazones y vísceras, más podremos evolucionar a un mundo más amable y respetuoso. Y es que a través de nuestro dolor original sagrado es como nos convertimos en esa madre amorosa para nosotras mismas y, por consiguiente, para toda forma de vida.

8

Los diecisiete rostros de la Mala Hija

> Y la oveja negra encontró a otra oveja negra con la que consiguió ser la envidia de las ovejas blancas.
>
> ANÓNIMO

Cuando vi hace años la película *Brave*, de Disney Pixar, me maravilló la fuerza y el impulso de la protagonista, Mérida, en querer liberarse de los patrones familiares limitantes, sobre todo los impuestos por su propia madre, la reina. Con el paso del tiempo veía a mi hija reflejada en Mérida... y tiempo después me vi a mí misma. Como son dibujos animados, y además de Disney, la protagonista nos cae bien, nos despierta cariño y aceptamos su rebeldía, viendo a su madre como la rígida, la intransigente y la seca. Pero si esto lo trasladamos a la realidad, a nivel social ya no está tan bien visto que una hija quiera separarse de la madre y ser libre de creencias que la aprisionan y de la obligación de tener que cuidar a su madre y procesar una fidelidad absoluta. A las que nos rebelamos como Mérida se nos tilda de ser Malas Hijas. Pero eso ya lo sabes, llevas todo el libro dándote cuenta de ello.

La Mala Hija es la oveja negra del sistema familiar, como bien dice un texto que corre por las redes sociales desde hace años. Venimos no solo a sanar la relación con nuestra madre, sino también a cortar con los lazos estranguladores de nuestro linaje y con los mandatos del patriarcado para allanar también el camino de las generaciones que vendrán. Cualquier sistema, tanto el familiar, como el social, político, económico, sanitario e incluso el educativo (este no podía quedar fuera de esta lista) o incluso las amistades, tiene el propósito de homogeneizarnos y de convertirnos en copias idénticas unas de otras. La diversidad suele rechazarse y cuesta sostener a una persona que desafía a lo corriente. Nacemos libres y morimos siendo copias. Así de triste.

Las Malas Hijas somos esas mujeres valientes que se atreven a ser diferentes en un mundo que les dice que encajen en el molde de la mujer perfecta y abnegada. Nos negamos a renunciar a nuestra singularidad para conectar con nuestra esencia y felicidad. Por tanto, no podía faltar este último capítulo como la guinda de mi sabroso pastel. Me apetecía mucho escribirlo y dejarlo para el final, como una alegoría de lo que supone ser una Mala Hija. Parece ser que en los últimos tiempos está bastante bien valorado utilizar el concepto de «malas madres» o «malas mujeres». Vamos, que las madres y las mujeres que se rebelan contra el sistema y contra todas las ataduras y estereotipos están bien aceptadas. ¿Por qué no también las Malas Hijas? Al fin y al cabo, todas somos hijas, y desde ese rol también podemos alzar nuestra voz en contra de tabús y juicios hacia nuestro sentir.

Hace tiempo creé un *reel* con 17 facetas que describen lo que es ser una Mala Hija. Son 17 rostros con los que puede definirse (de manera positiva, claro está) una mujer que decide romper con su linaje materno y sanar sus heridas de infancia. Quizá haya más, pero para mí estos 17 engloban a la perfección todas las cualidades y los beneficios de ser una Mala Hija. Conforme vayas leyendo, te darás cuenta de que es el contenido de este libro comprimido en 17 dimensiones.

De los primeros correos que empecé a recibir de mujeres que me seguían y que realizaron mi curso gratuito «Poniendo Mirada en mi Herida Materna», hubo una seguidora en concreto que me dijo: «Me declaro una Mala Hija». Me encantó leerlo.

1. *La Mala Hija es la que no le importa ser imperfecta.* Renunciar al perfeccionismo es decir «sí» a tu humanidad. La Mala Hija se da permiso para cometer errores, y los toma como un aprendizaje y no como una tragedia en la que flagelarse. Deja de sentirse culpable por sus fallos. Camina sabiendo que puede tropezar en cualquier momento, y es así como se muestra real y segura. No mide sus palabras porque confía en su certeza y su veracidad. No evalúa todas sus acciones porque sabe que las hace con conciencia y corazón. Su imperfección la hace ser libre.
2. *La Mala Hija es la que decide suspender todo contacto con su madre.* La Mala Hija se protege de toda hostilidad externa y se aleja de quien la lastima, intenta destruir o perjudica. En ese contexto también entra su madre. No hace diferencia alguna con ninguna persona. Decide poner límites tan drásticos a su madre por razones de necesidad o seguridad, como en casos de relaciones tóxicas, acoso, violencia o situaciones similares.
3. *La Mala Hija es la que pone límites saludables a la madre.* Significa poner barreras para protegerse de la contienda de manera sana, sin tener que hundirla en la miseria. Lo sabe hacer conociendo el tipo de madre que tiene. Llegados al extremo, es capaz también de tomar

la decisión de suspender todo tipo de relación con ella. Establece este tipo de barreras saludables porque le permite dedicar más energía a su propia necesidad de automaternarse y de maternar a sus hijos y proyectos. Establece límites sólidos y correctos, soltando la culpa, y se muestra como su máxima autoridad. Puede a la vez ser compasiva con su madre, sin renunciar a su poder personal y autoprotección.

4. *La Mala Hija es la que honra a su linaje*. Una mujer libre se divorcia de su linaje femenino si así lo siente. No se desvincula de sus ancestras, sino de sus creencias y mandatos limitantes y castrantes. No destierra de su corazón a estas mujeres de su misma sangre. Da igual si las conoció o no. Sabe perfectamente que es la mujer que es gracias a las experiencias que vivieron todas ellas, tanto las buenas como las no tan buenas. Corta con todo lo opresivo y cura su propia herida materna heredada de su clan para dejar de transmitirla. Honra a todas estas mujeres: madre, abuelas, tías, bisabuelas... y es capaz de ver con compasión las niñas que han habitado y que habitan en sus psiques. Adopta una visión de futuro y acepta el honor de ser una poderosa pieza en el puzle colectivo de una nueva era de poder femenino, aunque despotriquen en su contra.
5. *La Mala Hija es la que se cuida a sí misma por encima de los demás.* La Mala Hija abandona el rol de la complaciente y servicial impuesto por un patrón cultural y social patriarcal, y diseña a su propia madre interior bondadosa y generosa. Reconoce sus propias necesidades y prioriza su bienestar en las diferentes áreas de su vida. No le importa que la llamen «desagradecida» o «egoísta» porque sabe que no está fallando a nadie y está siendo amorosa consigo misma. Se prioriza por delante

de los demás porque es muy consciente de que si ella se cuida y se materna, tendrá entonces energías poderosas para sostener a los demás si así lo requiere el momento.

6. *La Mala Hija es la que sabe que es inocente por no sanar a su madre.* La Mala Hija se da cuenta de que ella no es responsable de la felicidad de su madre y que es inocente si renuncia a hacerlo. Lo acepta y abandona el rol de maternante para pasar a ser la hija. Se da cuenta de que a ella no le tocaba adoptar el papel de su abuela materna, y que, si su madre no puede evolucionar y crecer como ser humano, a ella no le toca hacerse cargo de ello. Nos han hecho creer que es loable sentir que le debemos todo a nuestra madre y qué buenas somos cuando nos hacemos cargo de su bienestar emocional. Muchas hemos pasado a hacer de madres de nuestras propias madres. Pero la realidad maternofilial es bien distinta, y las hijas no somos las encargadas de su sostén emocional. Esta es una función que le correspondía a nuestra abuela, es decir, a su madre. Si no se dio esa labor natural y maternal, entonces es responsabilidad de ella el automaternarse y no buscar a través de la hija a su progenitora.
7. *La Mala Hija es la que no espera ya nada de su madre.* La hija que se convierte en adulta, madura, responsable de su vida, independiente y libre deja de esperar la validación y la aprobación constante de su madre y, por ende, del resto de las personas. Escucha su voz interior, que es quien la autoriza y le da su beneplácito para ser y hacer. Ya no demanda a su progenitora el amor que nunca le llegó en la forma que ella necesitaba porque ahora se lo da a sí misma.
8. *La Mala Hija es la que dispone de su cuerpo con plena libertad y gozo.* Una Mala Hija se sentirá segura y única, conectada con su propio cuerpo. Lo reconoce como

parte de ella, al cual cuida, satisface y goza. Sabe que su sexualidad y la vida van de la mano. No le importa si tiene una talla culturalmente aceptable o si sus rasgos están dentro de los cánones y estereotipos de belleza. Escucha la sabiduría de lo que le transmite su cuerpo y confía en los mensajes internos que le enseña, atendiéndolos correctamente. Busca su propia autocura antes de acudir al médico a la mínima. Mueve su cuerpo, lo toca, lo acaricia, lo nutre, lo limpia, lo hidrata y le da amor.

9. *La Mala Hija es la que se ama por encima de todas las cosas.* Ha estado muchos años amando más a su madre y a los demás que a sí misma, y ahora se quiere y se respeta como la que más. Esa es su máxima prioridad. Sabe que teniendo amor propio es capaz de amar a las otras personas con sinceridad y franqueza. Se ama, se escucha, se cuida y se abraza.
10. *La Mala Hija es la que escucha a su intuición y se deja guiar por ella.* La Mala Hija tiene un gran poder de conectar con la sabiduría interna y con su maestra interior. La escucha, la atiende y lleva a cabo lo que le susurra al oído. Medita y canaliza información que parece como surgida de la misma magia, pero en realidad es el resultado de su propia reconexión intuitiva. Sabe que cuando está premenstruando o menstruando, los mensajes que llegan a su mente son más acordes con su realidad interior y con su sagacidad. Sus presentimientos rara vez fallan porque confía en su claridad, objetividad, discernimiento y desapego. Tiene desarrollados sus cinco sentidos, al igual que un animal salvaje, y una buena clarividencia. Su voz interior es su guía.
11. *La Mala Hija es una mujer independiente.* La Mala Hija es una mujer que ocupa su lugar en el mundo.

Sabe lo que hay destinado para ella y así cumple su misión para la que ha venido a la vida. Sabe que es única, que no hay nadie más como ella. Y lo sabe porque dirige su vida como a ella mejor le sienta y a la vez se sitúa donde sabe que ha de estar. Se da de comer a sí misma y no depende de nadie. Ama a otras personas, se empareja o se relaciona con ellas si cree que la complementan, y se separa sabiendo que igualmente todo le irá bien.

12. *La Mala Hija es soberana de su vida.* La Mala Hija es una mujer salvaje que ha dejado de ser una soldado disciplinada y ahora es una persona libre de dogmas y reglas de domesticación. Respeta las normas sociales para entablar una mínima convivencia en la sociedad capitalista, pero no se deja engañar por la moralidad convencional, sino por un sentido de la justicia equitativo para ella y para el resto. Está a favor de los decretos y las leyes honestos y éticos que favorecen y protegen la vida y al planeta. Pero no se deja engatusar por quienes venden humo, solo velan por sus propios intereses y violan el sentido en sí de la existencia. Allá donde la señalen como a una mujer de la que no se puede fiar, sabrá que está siendo soberana de sí misma.
13. *La Mala Hija es la que respeta el poder personal de los otros.* Una mujer liberada de la galera de los mandatos de su familia y de su madre tiene capacidad para no quitarles poder a los demás, en especial a los más vulnerables y a los que están disponibles para ella. Se rige por la igualdad, la colaboración, la reciprocidad, la buena voluntad, la proximidad, la aprobación, la empatía, la conexión con la vida, el crecimiento y la ayuda. No manipula, no sobreprotege, no domina, ni controla, ni niega a la otra persona. Confía en las

capacidades, cualidades y habilidades de las otras personas y es capaz de ver la individualidad y la particularidad de cada ser humano. No se siente superior, pero tampoco se sitúa por debajo de nadie. Se relaciona con sus hijos e hijas, pareja, amigas, compañeros de trabajo y familiares desde una relación de mutualismo. Sabe que todos y todas son también piezas claves en el gran puzle de la humanidad.

14. *La Mala Hija no duda en pedir ayuda.* Una mujer libre reconoce que a veces necesita ayuda dentro de su imperfección. Sabe que no es una *superwoman*. Tiene la capacidad de dejarse sostener por algunas personas de confianza. No tiene miedo a la traición o al juicio. Muestra su vulnerabilidad y se nutre del abrazo, de la escucha o del silencio de sus acompañantes. Esto hace que aligere una gran mochila de piedras que lleva a los hombros, y que se abra de nuevo a la frescura, a la fe y al amor.
15. *La Mala Hija empatiza con los demás sin malgastar su energía.* La hija adulta y libre empatiza con los demás sin malgastar su energía. Es capaz de comprender y ponerse en el lugar de los otros sin agotarse emocionalmente. Para lograrlo, ha de establecer límites, practicar la escucha activa, usar un lenguaje adecuado, cuidar su bienestar emocional y no asumir la responsabilidad de los problemas de los demás. Es así como puede ser compasiva y comprensiva sin perder su luz y su fuerza.
16. *La Mala Hija empuja a otras mujeres a sanar.* La Mala Hija hace que todas las otras hijas adultas accedan de una manera más fácil a su evolución. Es conocedora del momento histórico que se está viviendo a nivel mundial y de la importancia de aprovechar la coyuntura para seguir creando cambios globales de peso.

Sabe que es una pieza clave para resignificar las relaciones humanas y se acepta como motor de cambio. El hecho de haber reconectado con su femenino servirá como ejemplo a otras mujeres de su comunidad, región o país. Es una mujer medicina con capacidad y fuerza para respaldar a sus amigas, hermanas y compañeras. Las inspira, las anima a seguir buscando su lugar en el mundo y a que abandonen el rebaño para reencontrar a su ser auténtico.

17. *La Mala Hija es en realidad la Buena Hija.* La Mala Hija viene a romper con todas esas cadenas que limitan y reprimen la libertad de las mujeres de su linaje. Ella es la oveja negra que viene a sanar —aunque al principio no sea consciente— a su sistema familiar. Decide, si lo considera bueno para ella, salirse de su clan para poder crecer y encontrarse con ella misma. Es una mujer que va más allá de la dinámica predominante que ha mantenido la estabilidad familiar durante generaciones. Es cierto que lo más seguro es que reciba el ataque y el repudio de su propio clan, y también que solo se podrá salvar a sí misma. Pero en lo más profundo de su gran acto de rebeldía late un enorme sentido de responsabilidad como agente de cambio. Ella desafía las normas y fomenta la diversidad de pensamiento. Desobedece a su madre y a su padre para honrarlos y acabar con la opresión que ellos también sufrieron siendo pequeños. En su recuperación, sana a su linaje femenino, y también al masculino, alterando los patrones patriarcales que solo están para conservar una paz superficial, por lo que ella no está dispuesta a seguir ese protocolo.

Epílogo

A lo largo de este libro hemos explorado estrategias y herramientas para ayudarte en esta peregrinación. Te he brindado recursos y perspectivas para lograr la libertad emocional como hija. Hemos reconocido tácticas para ayudarte en este viaje hacia la reconstrucción del vínculo con tu madre y tu propia libertad. Y he querido incluir todas esas partes internas y sistémicas necesarias de ser miradas y reconocidas: desde la niña interior, en todas sus etapas, pasando por tu madre real y tu madre interior, las ancestras que habitan en tu corazón y el resto de las mujeres de tu alrededor.

Es por ello por lo que quiero felicitarte y celebrarte por haber llegado al final de este libro. Tal vez se han resuelto muchas dudas que tenías en relación con tu vínculo materno y las dinámicas establecidas entre tu madre y tú. A lo mejor en algún momento te ha explotado la cabeza porque las ideas se escapan de tu comprensión, o porque has hecho una conexión en lo más profundo de tu ser que te ha desvelado algo muy guardado en tu inconsciente. Quizá te sientas totalmente comprendida, hayas encontrado un remanso de paz con mis textos o incluso en algún momento hayas pensado: «Sandra, ¿de verdad que no estás contando mi historia?». O puede que te haya costado mucho entender que realmente pueden existir disfuncionalidades en las crianzas maternas y te resulte muy difícil de creerlo. Si este es el caso, lo comprendo, pues resulta muy doloroso darse cuenta de que mamá, en quien más confía una desde el minuto cero del nacimiento, pudo estar ausente emocionalmente cuando éramos niñas. Se ha idealizado tanto el rol de madre que hay personas que sienten que es imposible que una madre no ame incondicionalmente a sus hijas e hijos. Pero ya hemos visto en este libro que es posible que esto suceda si la misma mujer maternante careció de amor absoluto y sincero y de protección de su propia progenitora, fuese por la razón que fuese, o incluso si padece de alguna enfermedad mental. De todas maneras, y a modo de recordatorio, el libro está dirigido al papel que desarrollamos como hijas, porque todas somos hijas, y no como madres, aunque inevitablemente sé que, si tienes hijos, te habrás colocado en ese lugar. Tengas la opinión que tengas de este libro, como bien comentaba en la nota inicial, mi intención es abrir conciencias y no herir ni sentenciar a nadie. Si así ha sido, vuelvo a disculparme.

No todas las mujeres han de llevar la misma herida materna, ni la misma dimensionalidad, ni han de suspender todo contacto con su madre para protegerse de ella. Hay personas que sienten que han recibido amor verdadero de ella, que les han llegado las energías de un buen maternaje. Hay otras cuya herida es pequeñita y tan solo han de poner luz a un aspecto concreto de la relación con la mujer que les dio la vida. Pero, por desgracia, en la mayoría de nosotras no ha sido así. De ahí la importancia de entender cómo son las dinámicas maternofiliales en esta sociedad patriarcal y cómo se transmiten disfuncionalmente de generación en generación.

Pero antes de concluir, quiero añadir una curiosidad que todavía no te había contado y que tiene que ver con el proceso de gestación y parto de este libro. En octubre de 2022 me hicieron la lectura de mi carta natal y de mi revolución solar.

Paula, la astróloga que me ayudó en ello, me dijo que veía en los siguientes meses un libro escrito por mí, algo que permitiría que mi mensaje llegase lejos, a muchos lugares del planeta. Yo no me había planteado en serio escribir porque no me veía capaz. Pensaba: «¿Qué tengo yo que ofrecer al mundo?». En mayo de 2023 contactó conmigo por Instagram Gonzalo Eltesch, de Penguin Random House Grupo Editorial, con una interesante propuesta. Inmediatamente sentí que algo bueno había en ese mensaje, así que nos conocimos por videollamada y Gonzalo me ofreció un contrato con ellos para escribir sobre la herida materna y el linaje femenino. ¡No me lo podía creer! Lo que Paula me había dicho hacía unos meses estaba tomando forma... Evidentemente, dentro de una serie de dudas, le dije que sí. Pero aquí no había acabado todo... A la semana y media contactó conmigo otra gran editorial (muy famosa e importante en todo el mundo) proponiéndome lo mismo que Gonzalo y Penguin Random House. ¿Cómo iba a desconfiar de lo que la existencia me estaba presentando en mi camino? Parecía como que había desplegado una alfombra roja solo para mí... Después de varias negociaciones, fluyendo desde la verdad de los sucesos que iban llegando y siguiendo a mi instinto y voz interior, aposté por Penguin Random House. Gonzalo pasó a ser mi «ginecólogo editorial» y Ariane, que se incorporó luego, en «mi comadrona editorial». Ambos me han sostenido para gestar y parir a este hijo en forma de libro.

¿Y por qué te explico esto? Si no hubiese sido una Mala Hija, si no me hubiese divorciado de mi madre y de mi linaje femenino para poder sanar y cortar con las creencias que nos estaban limitando a las mujeres, si no hubiese puesto valor, coraje y paciencia en mi camino de sanación con mi herida de madre, no habría podido escribir estas páginas y no existiría la comunidad de Malas Hijas en Instagram y, por consiguiente, no hubiese podido ayudar a otras mujeres en este mismo camino. Hace muchos años, durante mi formación en constelaciones familiares, una de mis maestras, Marianne Franke, me dijo en mi propia constelación que yo había llegado a la vida para acompañar a otras mujeres en sus propios procesos curativos y que mi historia me otorgaba la experiencia y la sabiduría para hacerlo. En ese momento tampoco entendí bien a qué se refería. Pero con el paso de los años esto fue tomando forma hasta llegar a convertirse en una gran comunidad de mujeres que nos sostenemos las unas a las otras.

Si no hubiese sido una oveja negra, tampoco habría podido tomar finalmente a mi madre en mi corazón porque nunca hubiese mirado a mi niña herida, enfadada y rechazada.

Cuando una mujer se embarca en esta aventura de reparar el vínculo con su madre y curar las heridas de su infancia, puede no ser consciente del grado de dolor con el que ha de lidiar. Muchas mujeres sienten la llamada de iniciar un cambio en su vida, de modificar la relación con su madre justo cuando aparecen sombras y dejan de ver luz en su corazón. Algunas transitan este viaje personal con fuerza y decisión; otras saltan del barco a media travesía porque no pueden sostener el dolor que les causa ver que su propia madre estuvo ausente en su crianza, que sigue sin estar disponible en el presente y que se vieron totalmente solas siendo niñas. Es desolador ver a la persona que más has amado y has venerado como la que menos te ha protegido, sostenido y amado incondicionalmente. Es desgarrador ese momento clave en el que te das cuenta de cómo es la verdadera historia entre ella y tú. Por otro lado, también es cierto que hay mujeres que dudan de que la energía de la madre y su disponibilidad puedan afectar profundamente a ellas y a sus descendientes.

En cualquier caso, al final necesitarás buscar ayuda y acudir a terapia. Este proceso es complejo y hacerlo sola resulta demasiado temerario ya que no nos enseñaron a escuchar los ecos en lo más profundo de nuestro corazón y a mostrar nuestra verdad. Al contrario, nos dijeron que lo más loable era cuidar y hacer de vertedero emocional de los otros y no mostrar nuestro enfado o desacuerdo.

Ser una Mala Hija supone una oportunidad de crecimiento, de expansión, de sanación y de recuperación. Recuerda que si decides serlo, serás más que la etiqueta que te acabarán imponiendo. Tienes el poder de reescribir tu historia y de encontrar amor, curación y empoderamiento en tu vida. Es tu derecho legítimo y divino.

Yo te he mostrado toda la medicina conseguida, lo que me ha hecho tanto bien y ayudado, partiendo desde mi propia biografía, de las historias de las mujeres que me consultan, de los relatos de mis alumnas, de los comentarios de las seguidoras de Malas Hijas en redes sociales, de mi formación y de mis amplias lecturas e investigaciones.

Recuerda que eres una persona valiosa y capaz de vivir una vida llena de amor, alegría y autenticidad, independientemente de la relación con tu madre. En este camino hacia la libertad puedes ser amable contigo misma y darte el tiempo necesario para crecer y sanar. Confía en tu intuición, nombra las carencias de tu infancia, pon voz a los deseos que tu niña quiere mostrar y ten fe en tu capacidad de crear una vida llena de amor, alegría y propósito. Ten muy presente que no estás fallando ni a tu madre ni a tu linaje, sino que te estás siendo fiel a ti misma.

Te abrazo,

Sandra

Agradecimientos

Esta parte del libro es la más emotiva ya que aquí doy gracias a todas esas bellas almas que me han acompañado desde el minuto cero en esta excitante travesía (algunas incluso muchos años antes ya empezaron a labrar para mí el principio de este camino).

A mis hijos Francesc y Emma, porque ellos vinieron con la tarea de sacudir mi mundo interior para poder darme cuenta de que tenía que sanar mis heridas más profundas. *Gràcies per preguntar-me sempre com portava aquest llibre. Us estimo fins a l'infinit.*

A mi compañero Jose, que me apoyó en primera instancia y ha disfrutado del proceso de escritura. *Gràcies per guardar-me el secret d'aquest embaràs literari i per la teva paciència infinita amb mi.*

A mi madre, por aguantar su parto, quedarse en la vida y tener fuerzas para que yo naciese. Eres la madre que necesitaba para poder estar donde estoy ahora.

A mi *iaia* María y a mi abuela Carmen, porque ellas fueron las primeras que me cogieron en sus abrazos y de las que recibí el primer beso de amor verdadero. Y a mi tía Montse, porque fue la persona más disponible, más cariñosa y la que más disfrutó de mi presencia en mi temprana infancia.

A mis Evas (la Villanueva y la Márquez), a Gemma, a María Ángeles, a María José, a Mercè, a Juanita, a Yolanda y a Patricia. Fuisteis las escogidas para conocer este «bebote» cuando aún era una diminuta semilla. Sabía que vosotras estaríais ahí para alegraros de corazón y sostenerme en este viaje literario. Habéis sido mi tribu y vuestro amor sé que ha sido sincero y real.

A Elena y a Ernesto.

A Paula Traverso, por aquella magnífica carta natal y revolución solar de 2022. Fuiste un faro hacia un camino que aún desconocía.

A Gonzalo, mi «ginecólogo» editor que apostó por mi embarazo literario, y a Ariane, mi «comadrona» editora, que hizo unas cuantas ecografías y resolvió muchas dudas.

A Carmen Hernández Rosety, mi maestra y guía espiritual. Me diste de beber en un momento crítico de mi vida y me miraste desde el corazón, totalmente vacía de juicio. Eres una fuente para mí... y lo sabes.

A todas mis consultantes, a mis alumnas de mis cursos y a todas las mujeres que seguís en la comunidad de Malas Hijas. Gracias por confiar en mi trabajo y en mi misión. Lo tengo claro: sin vosotras, Malas Hijas habría sido imposible.

A Bethany Webster, a Maureen Murdock, a Laura Gutman y a Alice Miller. Sus obras han sido muy importantes y fundamentales para entender mi herencia y mi herida materna.

Bibliografía

Bradshaw, John, *Volver a casa: Recuperación y reivindicación del niño interior*, Móstoles, Gaia, 2015.

Capacchione, Lucia, *Recovery of Your Inner Child*, Nueva York, Simon & Schuster, 1988.

Evans, Patricia, *El abuso verbal en las relaciones*, Stoughton (Estados Unidos), Adams Media, 2017.

Felipe-Larralde, Mónica, *Cuerpo de mujer: Reconectar con el útero*, Santa Cruz de Tenerife, Ob Stare, 2012.

García Legar, Mariana, *La rueda de Izpania: Fiestas ancestrales de la Tierra y espiritualidad matrística en la península ibérica*, en Mariana García Legar (ed.), Barcelona, 2017.

Garriga Bacardí, Joan, *¿Dónde están las monedas?: Las claves del vínculo logrado entre hijos y padres*, Móstoles, Rigden Institut Gestalt, 2017.

Gibson C., Lindsay, *Hijos adultos de padres emocionalmente inmaduros*, Málaga, Sirio, 2016.

Gray, Miranda, *Luna roja: Emplea los dones creativos, sexuales y espirituales del ciclo menstrual*, Móstoles, Gaia, 2022.

Gutman, Laura, *El poder del discurso materno*, Madrid, Urano, 2021.

—, *La maternidad y el encuentro con la propia sombra*, Barcelona, RBA, 2006.

Hellinger, Bert, *Felicidad que permanece: Lo esencial de las constelaciones familiares*, Móstoles, Rigden Institut Gestalt, 2014.

—, *Los órdenes de la ayuda*, disponible en: <https://ordenesdelamor.org/los-ordenes-de-la-ayuda/>.

Laborda, Yvonne, «10 pasos para Sanar a Nuestro Niño Interior Herido», disponible en: <https://yvonnelaborda.com/10pasos-para-sanar-nuestra-herida-primaria-por-yvonne-laborda/>.

Lee Cori, Jasmin, *La madre emocionalmente ausente: Cómo reconocer y sanar los efectos invisibles del abandono emocional infantil*, Málaga, Sirio, 2023.

Miller, Alice, *El cuerpo nunca miente*, Barcelona, Tusquets, 2005.

—, *El drama del niño dotado: En busca del verdadero yo*, Barcelona, Tusquets, 1985.

Moffitt, Phillip, «Healing Your Mother Wound», *Yoga Journal* (sept/oct 2002), pp. 67-71.

Murdock, Maureen, *Ser mujer: Un viaje heroico*, Móstoles, Gaia, 2006.

Northrup, Christiane, *Madres e hijas. Sabiduría para una relación que dura toda una vida*, Barcelona, Urano, 2006.

Peña Sánchez-Garrido, Myriam, *La mujer oceánica: Una visión transformadora de la sexualidad femenina*, Móstoles, Gaia, 2018.

Roth, Gabrielle, *Mapas para el éxtasis: Enseñanzas de una chamán urbana*, Barcelona, Urano, 2010.

Segrelles, Marta, *Abraza a la niña que fuiste: Una guía para sanar las heridas del pasado, reconectar con tu interior y transformar tu mente*, Barcelona, Bruguera, 2023.

Shinoda Bolen, Jean, *El millonésimo círculo: Cómo transformarnos a nosotras mismas y al mundo*, Barcelona, Kairós, 2012.

—, *Las brujas no se quejan: Un manual de sabiduría concentrada*, Barcelona, Kairós, 2011.

Webster, Bethany, *Sanar la herida materna*, Málaga, Sirio, 2021.

Ximena Nohemí, «Claves acerca de la madre interior y el maternarse a sí misma», disponible en: <https://www.cantarosagrado.cl/2020/01/02/claves-acerca-de-la-madre-interior-y-el-maternarse-a-si-misma/>.

—, «El encuentro entre la madre interna y la niña interior», disponible en: <https://www.cantarosagrado.cl/2017/01/27/el-reencuentro-entre-la-madre-interna-y-la-nina-interna/>.

—, «Sanar la madre interior exigente», disponible en: <https://www.cantarosagrado.cl/2022/07/18/sanar-la-madre-interior-exigente/>.